陰謀の日本中世史

呉座勇一

角川新書

まえがき

私たちは陰謀が大好きである。正確に言うと、陰謀の存在を想像したり、陰謀の真相を解き明かそうとしたりすることが大好きである。たとえばケネディ暗殺は、没後半世紀を経た今でも、根強い人気を誇る。書店に足を運べば、雑誌や単行本などで、ありとあらゆる「陰謀」について知ることができる。陰謀の全貌《ぜんぼう》を鮮やかに「解明」した本は、「まるで上質の推理小説のようだ」などという讃辞《さんじ》を受ける。

日本中世史の分野における、陰謀の横綱は「本能寺《ほんのうじ》の変」であろう。本能寺の変の「真相」を論じた本は枚挙に暇《いとま》ない。出版された本の数だけで考えれば、本能寺の変こそが日本中世史の最大のテーマと言っても過言ではない。

だが日本中世史学界において、本能寺の変はキワモノでしかない。日本中世史を専門とする大学教授が本能寺の変を主題として刊行した単著となると、藤田達生《ふじたたつお》氏の『謎とき本能寺の変』（講談社現代新書、二〇〇三年）ぐらいしか思い浮かばない。書店や図書館には本能寺の変の真相に迫っている（らしい）本があふれているが、実のところ、あれらの本の著者は、日本史学界の研究者ではなく、歴史作家や在野の歴史研究家なのである。

誤解しないでいただきたいが、別に私は「大学などの研究機関に籍を置く研究者が偉く、それ以外の研究者は問題外である」と言いたいわけではない。在野にも優れた歴史研究者は大勢いる。そういう話ではなく、学界の興味関心は本能寺の変などの陰謀にはほとんど向けられていないということを強調したいのである。

極端に言えば、学界の研究者の多くは、陰謀の研究を低級だと見下している。陰謀についてあれこれ考えるなどというのは、素人のやることであって、プロの研究者はもっと高尚な研究をやるべきだと思っているのだ。日本史学専攻の学生が、卒業論文では「織田《おだ》信長《のぶなが》の楽市政策」を扱いたいと申し出ても何の問題も起こらないが、「本能寺の変の黒幕は誰か」について書きたいなどと言おうものなら、指導教員に叱られるのがオチである。歴史上の陰謀をめぐる議論ほど、歴史学界と一般社会との温度差が顕著なものはあるまい。

それも無理のないことである。本能寺の変の歴史的意義は、織田信長が死んだこと、そして明智《あけち》光秀《みつひで》の討伐を通じて豊臣《とよとみ》秀吉《ひでよし》が台頭したことにある。つまり結果が大事なのであり、光秀の動機はどうでもいい。仮に明智光秀を操る黒幕がいたとしても、その事実は後世に何の影響も与えない。明智光秀の単独犯行か共犯者がいるのかといった議論は、謎解きとしては面白いかもしれないが、学問的にはあまり意味がない。前掲の藤田氏の著作にしても、織田信長の権力をどう評価するかという点に主眼が置かれていて、単なる興味本位で書かれた本ではない。

しかしながら、人々が日本史の陰謀に心を惹《ひ》かれている以上、学界の人間も研究対象として正面から取り上げる必要があるのではないだろうか。前述のように、優れた在野の研究者は確かに存在するが、悪貨が良貨を駆逐するというか、自称「歴史研究家」が妄想を綴《つづ》ったものが大半を占めていることも、また事実である。それらの愚劣な本を読んで「歴史の真実」を知ったと勘違いしてしまう読者が生まれてしまうのは、憂慮すべき事態である。

もちろん、「陰謀の〝真犯人〟探しは一種の〝遊び〟であって、そう目くじら立てることもないではないか」という意見もあろう。確かに、本能寺の変の「黒幕」が豊臣秀吉だろうと徳川家康《とくがわいえやす》だろうと、現代を生きる私たちには大した問題ではない。

けれども、冒頭で述べた通り、私たちは数々の陰謀論に囲まれて生きている。たとえば東日本大震災に関しても、「アメリカの地震兵器によるもの」との陰謀論が流れた。この珍説を信じる人はさすがに少なかろうが、より巧妙な陰謀論は多数あり、騙《だま》されていると思《おぼ》しき人をしばしば見かける。陰謀論に引っかからないためにも、何が陰謀で何が陰謀でないかを見極める論理的思考力を身につける必要がある。

そこで本書では、先行研究を押さえつつ、日本中世史における数々の陰謀・謀略を歴史学の手法に則《のっと》って客観的・実証的に分析していきたい。なお、本書で扱う陰謀・謀略の中には、読者にとってなじみの薄いと思われるものも含まれている。これは、なるべく多くの陰謀を俎上《そじょう》に載せることで、陰謀の法則性を導き出したいからである。本能寺の変について明らかにしたければ、本能寺の変だけを見ていてもダメで、歴史上の陰謀との比較が必要なのである。

とまあ、前置きはこのぐらいにして、陰謀渦巻く中世日本に皆様をご案内しよう——

なお、資料の引用にあたっては、一般書としての読みやすさを考慮して一部を現代仮名遣いに変更している。また、固有名詞も正字は避けた。

目次

第一章　貴族の陰謀に武力が加わり中世が生まれた

第一節　保元の乱

保元の乱の政治的背景

保元《ほうげん》の乱・平治《へいじ》の乱は、武士の世の幕開けを告げた戦乱として有名で、教科書でも特筆大書されている。この二つの戦乱に勝利したことで、平清盛《たいらのきよもり》は急速な昇進を遂げ、やがて平氏政権を樹立することになる。けれども、この二つの戦乱は、華々しい合戦よりも、ドロドロとした陰謀の割合の方が大きい。

一言で説明するならば、保元の乱は、王家（天皇家）と摂関家における家督争いである。

失脚していた崇徳《すとく》上皇と藤原頼長《ふじわらのよりなが》が結びついて反乱を起こしたものの鎮圧された、というのが通説である。王家や摂関家における家督争いは珍しいことではないが、それが武力を伴った点に保元の乱の画期性がある。

まずは崇徳上皇と藤原頼長の失脚の経緯を簡単に追ってみよう。崇徳は鳥羽《とば》天皇の第一皇子として、元永《げんえい》二年（一一一九）に生まれた。保安《ほうあん》四年（一一二三）、鳥羽天皇は崇徳に譲位した。これは鳥羽の意思ではなく、当時の最高権力者である白河《しらかわ》法皇（鳥羽の祖父）の意向に基づくものであった。

大治《たいじ》四年（一一二九）に白河法皇が没すると、二七歳の鳥羽上皇が院政を開始した。保延《ほうえん》五年（一一三九）、鳥羽院の寵愛《ちょうあい》する得子《とくし》（のちの美福門院《びふくもんいん》）が皇子を出産すると、鳥羽はすぐさま皇子（体仁《なりひと》親王）を皇太子にした。永治《えいじ》元年（一一四一）、鳥羽は崇徳に譲位を迫り、体仁親王は即位、近衛《このえ》天皇が誕生した。

この時、崇徳は二三歳。成人の天皇でありながら、政治の実権は鳥羽上皇に握られ、飾り物の存在であった。その上、譲位を求められて憤懣《ふんまん》やるかたなかっただろうが、近衛を崇徳の養子にするという案で妥協した。つまり崇徳は、近衛の養父として将来院政を行うことを鳥羽から約束されたのである。

ところが譲位の宣命《せんみょう》には、「皇太弟」に譲位すると書かれていた。院政を行うことができるのは天皇の直系尊属、すなわち父か父方の祖父だけである。崇徳が弟の近衛に譲位するのでは、崇徳が院政を行う道は閉ざされる。鳥羽に騙《だま》されたと悟った崇徳は鳥羽を恨んだ。

このように鳥羽が実子の崇徳を冷遇したのは、崇徳の出生を疑ったからと言われている。鎌倉《かまくら》初期の説話集『古事談』によれば、崇徳は鳥羽中宮の待賢門院璋子《たいけんもんいんしょうし》と白河院の密通によって生まれた子であり、鳥羽は崇徳を「叔父子《おじご》（形式的には子だが実際には叔父）」と呼んで疎んじたという。

しかし、崇徳はまだ復権を諦《あきら》めたわけではなかった。崇徳は第一皇子である重仁《しげひと》親王を美福門院の養子とした。これにより近衛天皇が跡継ぎをもうけないまま没した場合には、重仁親王が即位することも可能になったのである。そして重仁が即位すれば、実父崇徳が院政を行うことになる。

久寿《きゅうじゅ》二年（一一五五）、近衛天皇は一七歳の若さで死去した。近衛に皇子がいなかったため、後継天皇を決める王者議定《おうじゃぎじょう》が開かれた。重仁親王が最有力候補であったが、美福門院のもう一人の養子である守仁《もりひと》（のちの二条《にじょう》天皇）の将来の即位を前提に、守仁の父で崇徳の弟である雅仁《まさひと》親王の即位が決まった。後白河《ごしらかわ》天皇の誕生である。

この決定を主導したのは、崇徳院政成立に伴う自身の失脚を恐れた美福門院や、雅仁の乳父《めのと》（養育係）の信西《しんぜい》らと考えられる。信西は俗名を藤原通憲《みちのり》という。儒学を家業とする藤原南家の末裔《まつえい》の家に生まれたが、父の早世により高階経敏《たかしなのつねとし》の養子となり、鳥羽法皇に仕えた。実家・養子先の家格が低いため朝廷での出世を諦め、少納言を最後に出家したが、抜群の学才を鳥羽法皇に買われて、徐々に存在感を増しつつあった。後白河を擁立すれば、朝廷の政務を取り仕切ることができると信西は思ったのだろう。かくして崇徳はまたも政治的抑圧を受けたのである。

藤原頼長の失脚

この時、崇徳《すとく》院と共に政権中枢から疎外されたのが藤原頼長《ふじわらのよりなが》である。男子に恵まれなかった摂関家当主の藤原忠通《ただみち》は、二三歳年下の頼長を養子に迎えた。だが、その後、男子を次々と得た忠通は、実子に跡を継がせたいと考え、頼長への譲渡を渋りだした。藤原頼長が養女の多子《たし》を近衛《このえ》天皇の后としようとしたところ、忠通はこれに対抗して養女の呈子《ていし》を推した。久安《きゅうあん》六年（一一五〇）、鳥羽《とば》法皇は二人の争いに巻き込まれることを恐れ、多子を皇后、呈子を中宮とする折衷案を出した。

頼長の入内《じゅだい》工作に横槍《よこやり》を入れるという忠通の振る舞いに激怒したのが、忠通・頼長の父である大殿（摂関家の隠居）藤原忠実《ただざね》である。忠実は忠通を勘当し、彼に譲った藤氏長者の地位や家産を奪い返して頼長に与えたのである。この摂関家の御家騒動に対し、鳥羽法皇は明確な態度を示さず、忠通を関白に留《とど》めたまま、頼長を内覧に命じた。

内覧とは天皇へ奏上する文書と天皇から下される文書をあらかじめ見ることを職掌とする役職で、摂関がいる場合は摂関に対し内覧の宣旨が出されることが一般的である。天皇の補佐役たる関白と内覧が併存する状況は異常であり、鳥羽の苦悩が察せられる。

政務を主導したのは、博覧強記で鳴る内覧頼長であったが、頼長の保守的で峻厳《しゅんげん》な政治姿勢は、鳥羽院の側近グループの反感を買った。忠通は入内工作の際に呈子を美福門院の養女にしていたため、美福門院も忠通を支持した。この結果、頼長は鳥羽院の信任を失い、次第に孤立していく。

近衛天皇死後の王者議定では、妻の喪に服していたため参加できなかった藤原頼長の排斥も議題に挙がったと思われる。近衛天皇が亡くなったのは藤原忠実・頼長父子が呪詛《じゅそ》したからだという噂が世間で流れ、後白河《ごしらかわ》天皇の即位に際して頼長に内覧の宣旨は下らなかった。ここに頼長の失脚は決定的なものとなった。

崇徳と頼長に謀反の意思はなかった

保元《ほうげん》元年（一一五六）六月、鳥羽《とば》法皇が危篤に陥った。すると信西《しんぜい》らは、源 義朝《みなもとのよしとも》（頼朝《よりとも》の父）・源義康《よしやす》（足利《あしかが》氏の祖）に後白河《ごしらかわ》天皇の里内裏（臨時の内裏）である高松殿《たかまつどの》（現在の京都市中京区《なかぎょうく》姉小路通《あねこうじどおり》新町《しんまち》西入《にしいる》津軽町《つがるちょう》）の、源光保《みつやす》・平盛兼《たいらのもりかね》らに鳥羽法皇の御所である鳥羽殿（現在の京都市南区上鳥羽《かみとば》、伏見区《ふしみく》下鳥羽《しもとば》・竹田《たけだ》・中島《なかじま》）の警備を命じた。

七月二日、鳥羽法皇は死去した。崇徳《すとく》上皇は臨終の前に見舞いに訪れたが、対面することは許されなかった。父子の和解の機会は永遠に失われた。葬儀はその日のうちに行われた。

同五日、後白河天皇は京中の武士たちの活動を禁止すると共に、検非違使《けびいし》（京都の治安を守る役職）の平基盛《もともり》（平清盛《きよもり》の次男）・平惟繁《これしげ》・源義康らを召集した。藤原忠通《ふじわらのただみち》に仕えている公家《くげ》である平信範《のぶのり》の日記『兵範記《へいはんき》』は「鳥羽院が崩御したため、崇徳上皇と藤原頼長《よりなが》が手を組んで挙兵し、反乱を起こそうとしているとの噂があるので、その用心であろう」と記している。保元の乱の顚末《てんまつ》を叙述した軍記物『保元物語』も、崇徳と頼長の謀議を描いている。

昔の研究は、概《おおむ》ね『兵範記』や『保元物語』の記述に基づいて、保元の乱勃発《ぼっぱつ》に至る経緯を論じた。すなわち、政治的圧迫を受けていた崇徳上皇と藤原頼長が、武力発動による勢力挽回《ばんかい》を企て、彼らの反乱を事前に察知した後白河天皇方が防衛態勢を整えた、というのである。

しかし、右の記述が事実だとすると、崇徳上皇方のクーデター計画はあまりに杜撰《ずさん》である。次に取り上げる平治《へいじ》の乱を見ても分かるように、クーデターというものは、誰にも知られぬうちに迅速に行わなければ成功しない。後白河方は鳥羽法皇が亡くなる前から合戦に備えて軍勢を集めており、既に警戒されている状況で崇徳が決起しても勝ち目はない。そもそも、当時宇治《うじ》で謹慎していた藤原頼長と、鳥羽にいた崇徳が密談するのは極めて困難であろう。

　実のところ、崇徳にはあわてて挙兵する動機がない。王家の嫡流であった崇徳と異なり、崇徳の弟である後白河は皇位継承者と周囲からみなされていなかった。後白河本人もそのことを自覚していたようで、当時流行していた俗謡である「今様《いまよう》」に熱中して、鳥羽法皇や公家たちを呆《あき》れさせた。和歌に優れた崇徳とは対照的と言える。美《び》福門院《ふくもんいん》・信西らの後白河擁立は相当に強引なものだった。教養が乏しく中継ぎの天皇にすぎない後白河に王者の威厳はなく、公家たちは先行きを不安視した。

　美福門院も中級貴族出身の身分の低い女性であり、近衛・鳥羽が亡くなった今となっては、その権威に翳《かげ》りが生じていた。藤原忠通にしても、鳥羽の後援で関白の地位を保っていただけで、摂関家の財力と武力は弟の頼長に握られていた。鳥羽の威光を笠《かさ》に権勢をふるった側近たちについては言わずもがなである。鳥羽の死によって、後白河─美福門院─藤原忠通ら朝廷の主流派は一転して窮地に陥ったのである。

　豊臣秀吉《とよとみひでよし》死後、石田三成《いしだみつなり》ら五奉行が次第に権力を失ったことからも分かるように、鳥羽という後ろ盾を失った後白河らの権力が漸次衰えていくのは明白であり、崇徳や頼長が事を急ぐ必要はない。後白河の失政を待って返り咲けば良いのである。元木泰雄《もときやすお》氏が指摘したように、正統な皇位継承者である守仁《もりひと》親王に万一のことがあれば、重仁《しげひと》親王が即位し、重仁の父である崇徳上皇による院政が開始されることもあり得たのである。

したがって、政変を仕掛ける動機は崇徳側よりも、むしろ後白河側にある。橋本義彦《はしもとよしひこ》氏は、後白河陣営が武士たちを動員した上で崇徳・頼長に謀反の嫌疑をかけ、彼らを挙兵へと追い込んだと論じた。現在の学界では、基本的に橋本説に沿って保元の乱を把握している。要するに、保元の乱を起こしたのは崇徳側ではなく、国家権力を掌握していた後白河側であると考えられているのだ。

この**「加害者（攻撃側）と被害者（防御側）の立場が実際には逆である可能性を探る」**という手法は、陰謀研究の基本である。だが単純なテクニックであるだけに、濫用すると説得力がなくなる。逮捕・起訴された人が「私は検察・警察に嵌《は》められた被害者だ」「国家権力の陰謀だ」と訴える光景がしばしば見られるが、そうした主張の大多数がウソであるのと同じである。何でもかんでも陰謀と叫べば良いわけではないのだ。

信西が崇徳・頼長を追いつめた

保元《ほうげん》の乱における平清盛《たいらのきよもり》の立場は微妙であった。清盛自身は鳥羽《とば》法皇に重用されていたが、清盛の継母池禅尼《いけのぜんに》は重仁《しげひと》親王の乳母《めのと》だった。このため清盛はなかなか去就を明らかにしなかった。鳥羽存命中の院御所・内裏の警備にも平氏一門は参加していない。

平清盛は当時、最大の武力を誇る武士であり、彼の動向が政変の帰趨《きすう》を決めると言っても過言ではない。崇徳《すとく》・頼長《よりなが》を早い段階から敵視していた後白河《ごしらかわ》陣営が当初、慎重に動いていたのは、鳥羽が亡くなりその葬儀が終わるまでは大規模な軍事行動を控えるという考えもあっただろうが、清盛がどちらにつくか読めなかったからだろう。

だが結局、平清盛は後白河陣営に加わった。七月五日に清盛の次男の基盛《もともり》が後白河のもとに参じたのは、その意思表示である。これによって決定的な優位に立った後白河陣営は、崇徳・頼長を露骨に挑発するようになる。翌六日、平基盛らは頼長に仕える武士である源《みなもとの》親治《ちかはる》（大和《やまと》源氏）を東山の法住寺《ほうじゅうじ》付近で逮捕した。

同八日、後白河は諸国の国司に対して、藤原忠実《ふじわらのただざね》・頼長父子が全国の摂関家領荘園から武士を動員することを阻止するよう命じた。同日、源義朝《みなもとのよしとも》らの武士が頼長の本邸である東三条殿《ひがしさんじょうどの》を強制捜査し、証拠品を押収すると共に屋敷を封鎖した。これにより頼長は公式に謀反人と認定された。一連の挑発は後白河側近の信西《しんぜい》の献策によるものだろう。

七月九日の夜中、崇徳上皇が鳥羽田中御所（鳥羽殿の中の邸宅の一つである田中御所）を脱出し、白河北殿に入った。重仁親王を敵中に残しての移動であり、計画的なものとは考えられない。頼長が謀反人と断定されたのを見て、身の危険を感じたのだろう。崇徳側は早速軍勢を召集している。

翌十日の晩、宇治から駆けつけた藤原頼長が合流する。平忠正《ただまさ》（清盛の叔父）・源頼憲《よりのり》が軍勢を率いて頼長に付き従っていた。忠通の息子の慈円《じえん》が後に記した歴史書『愚管抄《ぐかんしょう》』は、崇徳と頼長があらかじめ打ち合わせ済みであったかのように述べるが、それにしては頼長の白河到着は遅い。河内祥輔《こうちしょうすけ》氏が指摘するように、頼長は事前に崇徳の行動を知らされていなかったと見るべきだろう。

もともと頼長はさして崇徳と親しくない。それどころか、後白河が即位し守仁《もりひと》が皇太子になると、頼長は守仁への奉仕を申し出たのである（ただし鳥羽法皇に断られる）。後白河陣営の陰謀によって政治的に抹殺されそうになった崇徳と頼長が急遽《きゅうきょ》手を結んだというのが実情であろう。彼らの行動は多分に自衛的なものであった。けれども崇徳と頼長が白河北殿を拠点として軍勢を集めたことで、後白河方が以前から広めていた「崇徳と頼長の謀反」という風説が裏書きされてしまったのである。

保元の乱は合戦というより「陰謀」

崇徳《すとく》方には平家弘《たいらのいえひろ》ら崇徳に年来仕えてきた武士が参加したが、彼らは大した戦力にはならなかった。崇徳方の主力となったのは、源為義《みなもとのためよし》（義朝《よしとも》の父）・同頼賢《よりかた》（為義の四男）・同為朝《ためとも》

（為義の八男）らである。為義一族は長年、藤原頼長《ふじわらのよりなが》に仕えており、その縁故ゆえに崇徳方に参じたと考えられる。ただし、突然の召集ということもあり、その兵力はさほど多くはなかった。『愚管抄《ぐかんしょう》』は、頼長が自軍の兵力の少なさに失望した様を描いている。劣勢を覆すべく、源為朝は軍議の場で夜襲を献策するが、頼長は却下し、大和国《やまと》（現在の奈良県）からの援軍を待つことにした。

一方、以前から周到に合戦の準備を整えていた後白河《ごしらかわ》方は、大軍の動員に成功した。主力は平清盛《きよもり》と源義朝である。摂関家の私兵を中核とする崇徳方に対し、後白河方は国家権力によって武士たちを広範に動員できるのだから、圧倒的に有利であった。

後白河陣営でも軍議が開かれた。信西《しんぜい》・源義朝は即時開戦を主張したが、関白藤原忠通《ただみち》は煮え切らない態度をとった。河内氏が推測するように、大軍の集結を見た忠通は、武力行使に及ばなくても崇徳・頼長を屈服させることができるかもしれないと迷い始めたのだろう。

上皇に攻めかかるという乱暴な行為に、最上級貴族である藤原忠通が抵抗感を持ったのは当然だろう。実際、大多数の公家は、崇徳の白河北殿はもちろん、後白河の高松殿《たかまつどの》にも参ろうとせず、事態を傍観していた。後白河に与《くみ》して崇徳を討つなどという考えは、公家たちの頭の中には全くなかったのである。忠通は公家社会の〝世論〟を前に逡巡《しゅんじゅん》した。だが、忠通は信西らに押し切られ、白河北殿への攻撃が決定する。

十一日の鶏鳴《けいめい》（午前二時頃）、後白河天皇は武士たちに守られながら高松殿を出て、藤原頼長から接収した東三条殿《ひがしさんじょうどの》に入った。これと同時に、攻撃部隊が出動する。平清盛が三〇〇騎を率いて二条《にじょう》大路から、源義朝が二〇〇騎で大炊御門《おおいのみかど》大路から、源義康《よしやす》が一〇〇騎で近衛《このえ》大路から白河北殿に向かった。最大兵力を擁するのは清盛だが、正面攻撃を担当したのは義朝である。義朝は、大功を立てて政治的地位を一挙に上昇させようと張り切っていたのである。

夜明け頃から攻撃が開始された。軍記物『保元《ほうげん》物語』は崇徳方の源為朝の剛勇を描いているが、かなりの部分は創作であろう。後白河方が白河北殿に隣接する藤原家成《ふじわらのいえなり》邸に放火したため、午前八時頃には白河北殿が類焼し、崇徳・頼長らは敗走した。戦闘が始まる前に勝敗はほぼ決まっており、その意味で保元の乱は合戦というより「陰謀」であろう。

藤原頼長は逃走中に流れ矢に当たって死亡し、崇徳上皇は讃岐《さぬき》に配流となった。義朝のもとに出頭した為義をはじめ、崇徳方の武士たちは軒並み死刑となった。崇徳の政治的抹殺を最初から最後まで主導し、後白河方の勝利を導いた信西は、乱後の朝廷を牛耳っていく。

保元の乱 関係図

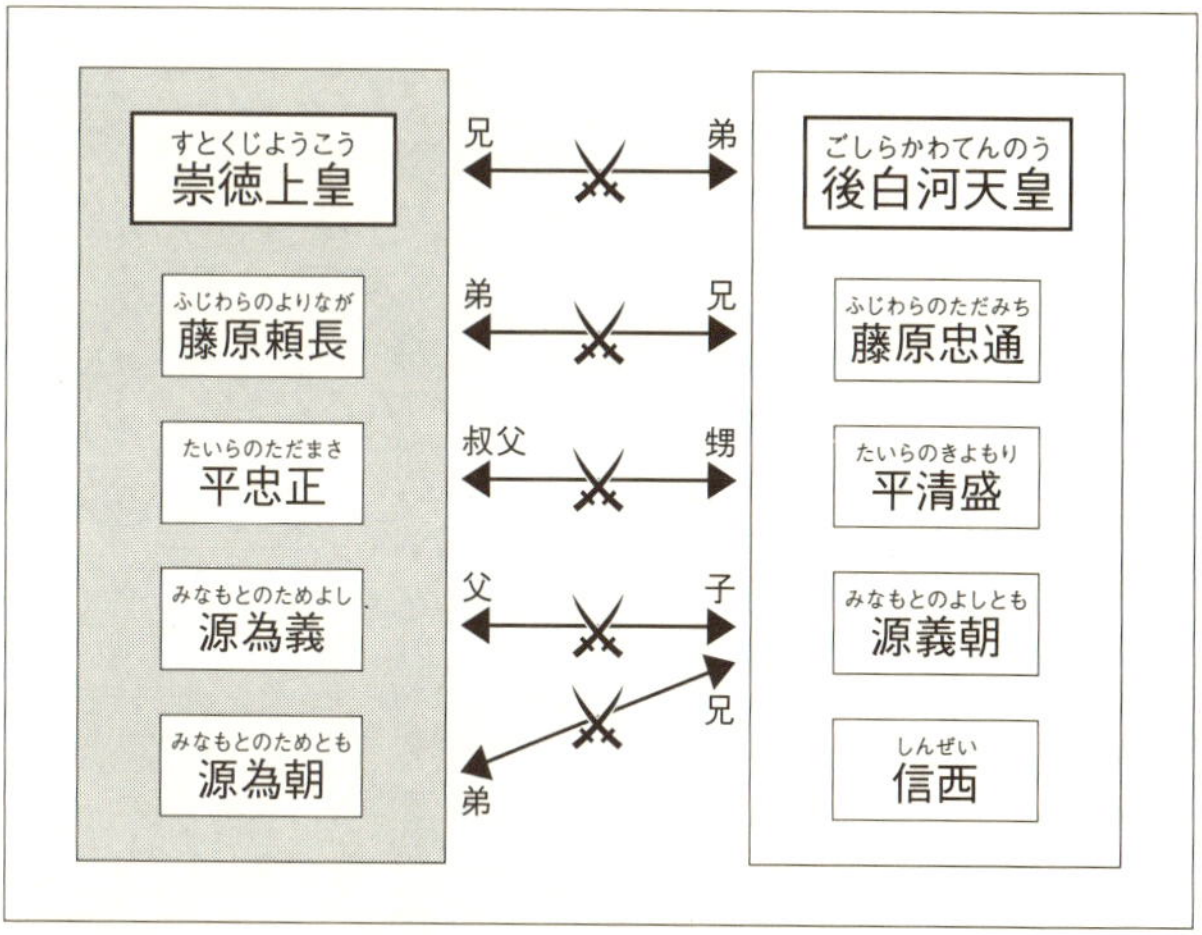

保元の乱 位置関係図

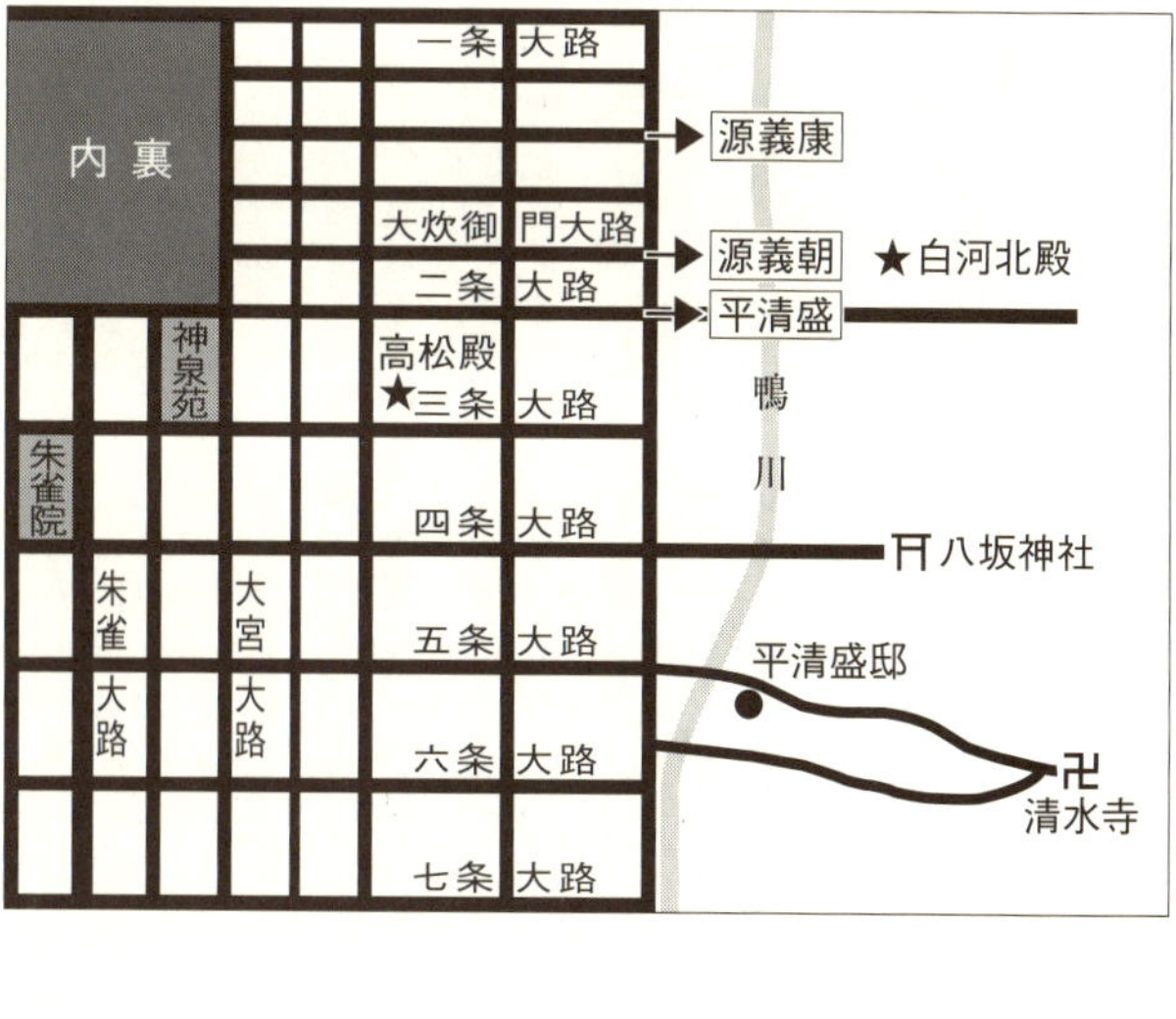

第二節　平治の乱

平治の乱の経過

平治《へいじ》の乱は、保元《ほうげん》の乱よりも複雑な陰謀である。平治の乱は、大きく二段階に分かれる。第一段階は、藤原信頼《ふじわらののぶより》・源義朝《みなもとのよしとも》らによるクーデターである。そして第二段階は、平清盛《たいらのきよもり》によるクーデター政権の打倒である。以下に大まかな経緯を記す。

平治元年（一一五九）十二月四日、平清盛が熊野《くまの》参詣《さんけい》に出発した。これを好機と見た藤原信頼・源義朝らは九日の夜半に挙兵し、後白河《ごしらかわ》上皇の御所である三条殿《さんじょうどの》を襲った。後白河は脱出を図るも捕らえられ、二条《にじょう》天皇と共に内裏に幽閉された。義朝らの軍勢は続いて信西《しんぜい》の屋敷を襲撃したが、信西は事前に危険を察知し、既に逃亡していた。だが義朝らの捜索の手が伸び、逃げ切れないと覚悟した信西は田原（現在の京都府綴喜《つづき》郡宇治《うじ》田原町《たわらちょう》）の山中で自害した（後に死体が掘り出され、京都でさらし首になった）。

藤原信頼らの一党は、信西の一族を一人残らず流罪に処した。また除目《じもく》（諸官職任命の儀式）を執り行い、義朝を従四位下播磨守《はりまのかみ》、頼朝《よりとも》を従五位下右兵衛権佐《うひょうえのごんのすけ》に任命した。

平治の乱 関係図

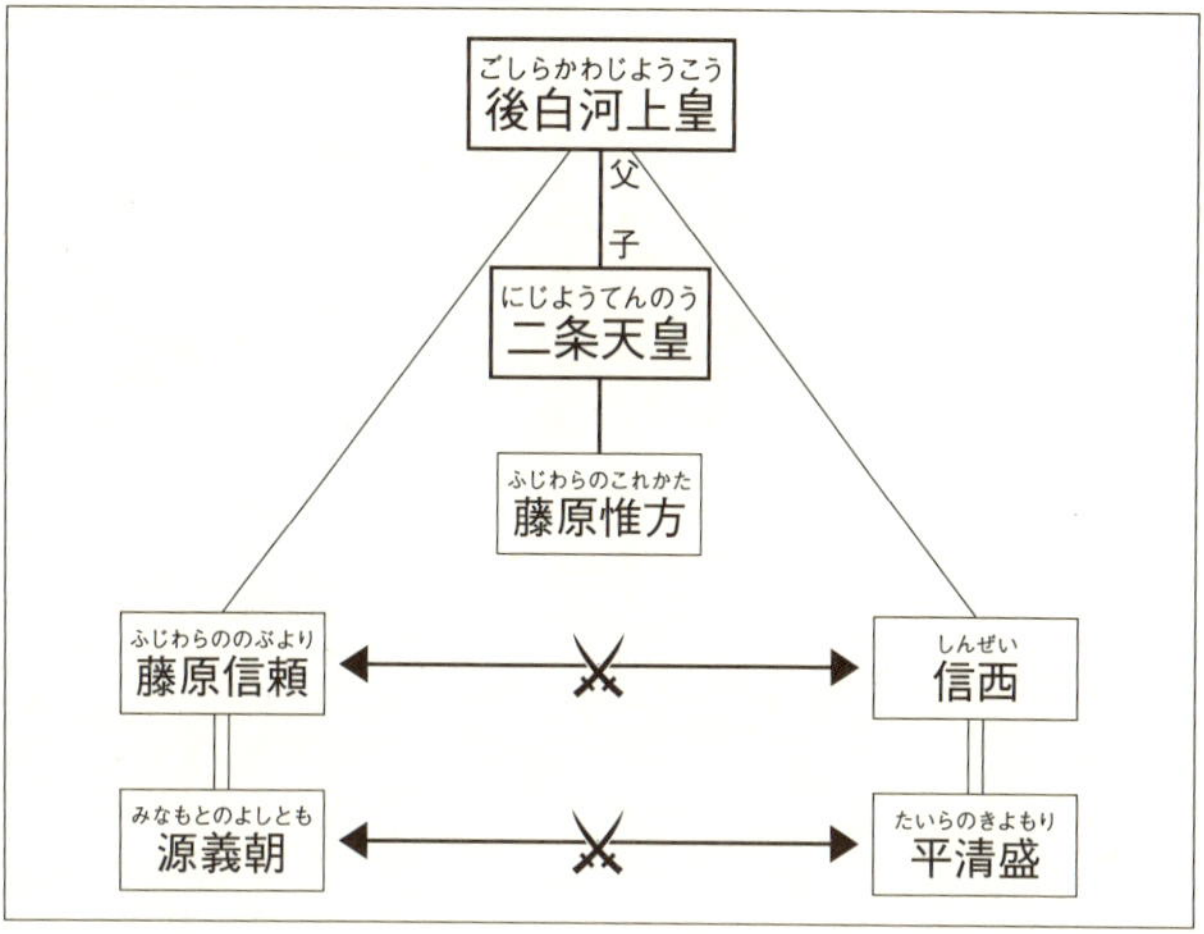

一方、紀伊《きい》国田辺《たなべ》で変事の急報を受けた平清盛は急いで引き返し、十七日には京都六波《ろくは》羅《ら》の自邸に入った。清盛は信頼に恭順を誓い、信頼を油断させた。

そして清盛はクーデターに参加した二条天皇側近の藤原惟方《これかた》・経宗《つねむね》と示し合わせ、二十五日の夜に二条天皇を内裏から脱出させることに成功した。二条天皇は六波羅の清盛邸に入り、廷臣たちも続々と六波羅に集まってきた。明けて二十六日、二条天皇から藤原信頼・源義朝追討の宣旨を得た清盛は、官軍として信頼・義朝がたてこもる大内裏を攻撃した。

信頼・義朝は平氏軍を撃退し、退却する平氏軍を追って六波羅へと向かった。だが、源光保《みつやす》（美濃《みの》源氏）・源頼政《よりまさ》（摂津《せっつ》源氏）らの武士が賊軍となった信頼・義朝から離反したこともあり、六条河原《ろくじょうがわら》の合戦で敗北した。信頼は捕らえられて斬首《ざんしゅ》され、東国に逃れて再起を図ろうとした義朝は尾張《おわり》の内海《うつみ》（現在の愛知県知多《ちた》郡美浜町《みはまちょう》）で長田忠致《おさだただむね》に謀殺された。義朝の長男義平《よしひら》・次男朝長《ともなが》も死に、義朝一門は壊滅状態となったが、三男頼朝は一命をとりとめ、伊豆《いず》国に流された。

保元の乱、平治の乱という二つの戦乱の過程で、多くの武士が没落・滅亡し、平清盛の一人勝ち状態になった。後の平氏政権の基盤は、両乱によって築かれたと言えよう。

平清盛の熊野参詣に裏はない

さて、小説などでは、平清盛《たいらのきよもり》がわざと京都を留守にして、藤原信頼《ふじわらののぶより》・源義朝《みなもとのよしとも》の挙兵を誘ったという清盛陰謀説が採られることがある。現在の学界では顧みられることのない説だが、本書は陰謀研究を主題としているので、この説も検討しておきたい。

まず大前提として、平治《へいじ》の乱に関する軍記物『平治物語』にしろ、『愚管抄《ぐかんしょう》』にしろ、熊《くま》野《の》参詣の途上でクーデター勃発を知って周章狼狽《ろうばい》する清盛を描いている。わずかな供しか連れていない清盛がパニックに陥るのは当然のことである。清盛は運良く紀伊《きい》の武士たちの協力を得ることができたため無事に帰京できたが、彼らに血祭りに上げられる可能性もあったのである。

徳川家康《とくがわいえやす》が石田《いしだ》三成《みつなり》を挙兵させるために、あえて会津《あいづ》征伐を挙行したという説がある（二九五頁を参照）。私はこの説も疑わしいと思うが、少なくとも家康は大軍を率いていた。三成が挙兵した場合、それに対抗できる兵力を手元に抱えていたのである。家康と比較すると清盛はあまりに無防備であり、反乱を起こすよう仕向けるのは危険すぎる。

なぜ、こういう無理のある説がまことしやかに語られるのか。それは、平治の乱が起こって最も得をしたのが平清盛であるからに他ならない。平治の乱によって、朝廷最大の実力者だった信西《しんぜい》も、清盛に唯一対抗し得る有力武士だった源義朝も死んだ。清盛の勝利に貢献した藤原惟方《これかた》・経宗《つねむね》も、平治の乱の翌年に後《ご》白河《しらかわ》上皇への不敬行為を理由に、清盛によって逮捕され、流罪となった。清盛が権力を拡大する上で障害になる存在は一掃されたのである。

だが、「平清盛が躍進した原因は平治の乱であるから、清盛が平治の乱を仕組んだに違いない」という考え方は、**結果から逆算した陰謀論**にすぎない。後世の人間である私たちは平氏政権の樹立を知っているから、清盛が早い段階から天下取りの野望を持っていたように思いがちである。しかし、本書のテーマから外れるので詳述は避けるが、平氏政権の樹立は幾つかの好運、すなわち偶然（二条《にじょう》天皇の急逝、建春門院滋子《けんしゅんもんいんしげこ》による後白河皇子の出産など）に支えられており、平治の乱の段階で清盛が朝廷の掌握を目指していたとは考えがたい。

平清盛は信西の嫡子成憲《なりのり》に娘を嫁がせており、信西との関係は良好であった。だからこそ、藤原信頼・源義朝は、信西殺害を阻止するであろう清盛が京都を離れる時を狙って蜂起《ほうき》したのである。清盛は信西政権における〝勝ち組〟であり、首尾良く鎮圧できるか分からないクーデターをあえて起こさせ、むざむざと信西を殺させて自己の政治的立場を危機に陥れるなど、百害あって一利なしである。

結果だけ見ると、平治の乱における平清盛の対応は水際だっており、「事前にクーデターを察知していた」「むしろクーデターを誘発した」と穿《うが》った見方が出てくるのも分からないではない。だが、仔細《しさい》に検討していくと、清盛はかなり危ない綱渡りをしており、一歩間違えれば命を落としていた。陰謀実行者が最終的な勝者となれず、別人を利する結果になったとしても、その別人が「黒幕」とは限らないのである。本能寺《ほんのうじ》の変後の「中国大返し」があまりにも鮮やかなため、豊臣秀吉《とよとみひでよし》が本能寺の変の「黒幕」とする珍説を唱える人もいるが（二三九頁を参照）、**最終的な勝者が全てを予測して状況をコントロールしていたと考えるのは陰謀論の特徴**である。

源義朝の怨恨

ところで、反逆者たちの動機はどのようなものだったのだろうか。まずはクーデターの軍事面の責任者であった源 義朝《みなもとのよしとも》の動機に迫ってみよう。

軍記物『保元《ほうげん》物語』・『平治《へいじ》物語』、そして『愚管抄《ぐかんしょう》』は怨恨《えんこん》説を採る。源義朝は保元の乱において最大の軍功を立てたにもかかわらず、信西《しんぜい》が主導した論功行賞においては、平清盛《たいらのきよもり》が莫大《ばくだい》な恩賞を得た一方（清盛が播磨守《はりまのかみ》、弟の経盛《つねもり》が安芸守《あきのかみ》、頼盛《よりもり》が常陸介《ひたちのすけ》に就任）、義朝の恩賞はわずかであった（位階が従五位下のまま）。しかも父為義《ためよし》の助命を嘆願したにもかかわらず信西に一蹴《いっしゅう》され、義朝は自らの手で父を処刑しなければならなかった。

そこで義朝は信西への接近を考え、娘を信西の子である是憲《これのり》に嫁がせようとしたが、信西に「私の息子は学問の道を修めているので、武士であるあなたの婿にはふさわしくない」と断られた。だが、その後、信西は清盛の娘を嫡子成憲《なりのり》の妻に迎えたため、義朝は屈辱を感じ、信西を憎悪するにいたったというのである。

この**怨恨説**を批判したのが、元木《もとき》泰雄《やすお》氏である。元木氏の怨恨説批判は多岐にわたる。まずは恩賞問題から見ていこう。

元木氏は、平清盛と源義朝の乱前の地位の違いに注目する。清盛の父である忠盛《ただもり》は鳥羽《とば》法皇の院近臣として栄達し、忠盛の跡を継いだ清盛も順調に昇進し、乱前には正四位下安芸守に昇っていた。これに対し、義朝の父である為義は鳥羽院政下で不遇をかこち、そのため義朝も鳥羽院政末期にようやく従五位下下野守《しもつけのかみ》に就任した。乱前の両者の地位に大きな開きがある以上、恩賞に格差があるのは当然のことであり、信西が「清盛以下平氏一門を優遇したのに対し、一族を犠牲にしながら奮戦した義朝を冷遇・抑圧した」という見方は当たらない、というのである。

さらに元木氏は、保元の乱の戦功によって左馬頭《さまのかみ》という重職に任じられ、河内《かわち》源氏始まって以来の内昇殿《うちのしょうでん》(宮中の清涼殿《せいりょうでん》の殿上の間に昇ること)を許されたことは、義朝にとって「破格の恩賞」であると論じ、「義朝が清盛に対する敵愾心を抱いたと考えることは困難である」と断ずる。すなわち、怨恨説の完全否定である。

確かに乱前の身分格差を考慮すると、平清盛と源義朝の恩賞格差は妥当という元木氏の主張にも一理あり、信西がことさらに義朝を冷遇したとは言えないかもしれない。だが、右の論理は、あくまで恩賞を与える側の論理である。恩賞を与える側が「公平だ」と考えたとしても、受け取る側が納得するとは限らない。現に義朝には当初、右馬権頭《うまのごんのかみ》のポストが提示されたが、義朝が不服を申し立て、左馬頭に変更されたという経緯がある。左馬頭で大満足だったかどうかは、義朝に聞いてみないことには分かるまい。

続いて信西との縁組問題である。元木氏は「清盛と義朝との官位の大きな相違を考えれば、信西が義朝の縁談を拒絶して清盛との縁談を進めたとしても、義朝が大きな遺恨を抱いたとは思われない」と推測する。

しかし古澤直人《ふるさわなおと》氏が指摘するように、源義朝が婿に望んだ是憲は当時、従五位下少納言信濃守《しなののかみ》と、信西の子息の中では官位が低い人物であった。これに対し清盛の婿となった成憲は信西の嫡子で、正四位下左中将播磨守の要職にある（清盛が播磨守から大宰大弐《だざいのだいに》に転任したため、その後任として）。同じ相手を婿に望んで清盛に敗れたのなら、「家格が違うから仕方ない」と諦めもつこうが、こうまであからさまに見下されては、義朝がいたく矜持《きょうじ》を傷つけられたとしても不思議はない。

源義朝の野心

源　義朝《みなもとのよしとも》の動機を語る史料は、軍記物を除けば、『愚管抄《ぐかんしょう》』しかない。それゆえに、通史類では、基本的には『愚管抄』に依拠して怨恨説を採用してきた。

けれども、元木《もとき》氏は『愚管抄』に依拠することじたいを批判する。治承《じしょう》・寿永《じゅえい》の内乱（いわゆる源平合戦）後に成立した『愚管抄』は、「源平対等史観」に毒されているというのだ。

周知のように、治承・寿永の内乱においては、平氏と源氏が天下の覇権をめぐって争った結果、平氏が滅び、源頼朝《よりとも》が鎌倉《かまくら》幕府を開いた。『愚管抄』の作者である慈円《じえん》は、治承・寿永の内乱における源平互角のイメージを平治の乱に遡及《そきゅう》させてしまい、あたかも平清盛《たいらのきよもり》と源義朝が武士として対等・互角の存在であるかのように叙述してしまった。だが実際には、義朝は清盛に大きく水をあけられており、義朝が清盛をライバル視することはあり得ない。だから清盛を贔屓《ひいき》する信西《しんぜい》を義朝が恨んでいたという『愚管抄』の記述は信用できない。以上が元木氏の見解である。

理屈としては分からなくもないが、『愚管抄』の記述を否定できる史料が存在するわけではないので、結局のところ元木説は「平清盛と源義朝との間には大きな身分的格差があった」という状況証拠のみに立脚している。問題は、義朝がその格差を挽回不可能なものと考えていたか否かにある。

源義朝の祖先は、前九年の役・後三年の役で名を馳《は》せた源義家《よしいえ》である。しかし後三年の役後、河内《かわち》源氏は骨肉の争いを繰り返す中で衰退していく。義家が正四位下にまで昇ったのに対し、義朝の父為義《ためよし》は従五位下で生涯を終えた。代わって台頭したのが伊勢《いせ》平氏、特に正衡《まさひら》流である。清盛の祖父正盛《まさもり》が白河《しらかわ》法皇の、父忠盛《ただもり》が鳥羽《とば》法皇の信任を得て急速な昇進を遂げ、清盛の家は公卿《くぎょう》（上級貴族）に準ずる家格に至る。ここに源氏と平氏の立場は逆転した。

だが、追い抜かれた側の河内源氏にしてみれば、伊勢平氏との勝負を簡単に諦めるわけにはいかない。むしろ追いつき追い越すという野心を抱いている方が自然だろう。もとより通常の方法で清盛に追いつくのは容易ではないが、折良く保元《ほうげん》の乱という未曾有《みぞう》の大乱が勃発した。古澤《ふるさわ》氏が指摘するように、朝廷の命を受けての討伐戦で大功を立てた場合、越階《おつかい》（一つ上の位階を飛び越えて、より上の位階に特進すること）すらあり得たのである。

平清盛の祖父の正盛の場合、京都で強盗を退治しただけで正五位上に昇り、藤津荘《ふじつ》という荘園で暴れていた平直澄《なおずみ》という弱小武士を討っただけで従四位下に叙された。天皇と上皇の争いだった保元の乱で、敵本営に果敢に突進して後白河方の勝利を決定づけた義朝が、破格の昇進によって清盛との差が縮まると期待するのは当然であろう。

先述のように、信西打倒後のクーデター政権は、義朝を従四位下播磨守《はりまのかみ》（信西の嫡男成憲《なりのり》が官職を剥奪《はくだつ》されたため、その後任として）、頼朝を従五位下右兵衛権佐《うひょうえのごんのすけ》に任命した。元木氏は、清盛は既に播磨守より格上の大宰大弐《だざいのだいに》に就任していたから清盛に対抗する意図はないと説くが、義朝が一気に清盛との差を詰めたことは否定できない。また元木氏が解明したように、まだ一三歳の頼朝が右兵衛権佐に就任したのは、際だった厚遇である。たとえ義朝の代では無理だとしても、息子頼朝の代で清盛一門に追いつける可能性は十分にある。

以上の検討に基づくと、義朝が信西を恨んでいたかどうかはともかく、清盛と並ぶ武家の棟梁《とうりょう》たらんという野心からクーデターに参加したと見るべきではないだろうか。

元木氏は義朝の怨恨も野心も否定し、義朝は信頼《のぶより》に従属しており、信頼に命じられるままにクーデターに参加した、という新説を提唱している。しかし元木氏が挙げた論拠は、義朝の軍事基盤である武蔵《むさし》国の国守（武蔵守）は信頼の弟であるということ、義朝が駿馬《しゅんめ》や武具を求めて交易していた陸奥《むつ》国の支配者である藤原秀衡《ふじわらのひでひら》（奥州藤原氏の当主）の舅《しゅうと》は信頼の兄であるということに留まる。義朝と信頼が早い段階から提携していた可能性はあるが、信頼に謀反への参加を持ちかけられたら断れないほどに義朝が従属的な位置にいたとまで言えるだろうか。

もしかすると元木氏は、藤原頼長《よりなが》―源為義の関係から類推して、藤原信頼―源義朝の主従関係を想定したのかもしれない。だが、摂関家当主だった藤原頼長と正三位権中納言にすぎない藤原信頼とでは立場が全く異なるし、零落していた源為義と清盛の後塵《こうじん》を拝しているとはいえ着実に力をつけてきている義朝の立場も違う。

元木氏は、一敗地に塗《まみ》れた義朝が、保元の乱に敗れて降伏した父為義と異なり、東国に逃れて再起を図ろうとしたことに着目し、「賊徒となっても降伏・自害せず、最後まで戦いつづけ、勝利によって立場を逆転できるという発想は、王権を相対化したものである」「このように王権をも相対化した東国武士たちによって、やがて鎌倉幕府が樹立されることになるのである」と述べている。このように王権から自立した武家の棟梁という義朝への評価は、義朝が信頼の爪牙《そうが》にすぎなかったという氏の主張と矛盾するのではないだろうか。

陰謀研究は、根を詰めてやっていると、どんどん深読みしていきがちである。だが推測を重ねる前に、史料を素直に読むという原点に立ち帰ることが重要だろう。

藤原信頼有能説には無理がある

続いて、乱の首謀者と目される藤原信頼《ふじわらののぶより》の動機を検証する。『平治物語《へいじ》』は信頼に関しても**怨恨説**を展開する。すなわち、信頼は無能であるにもかかわらず、後白河《ごしらかわ》上皇の寵愛を受けて急速な昇進を遂げた。だが、それに飽きたらず、身の程知らずにも大臣・近衛《このえ》大将の地位を望んだところ、信西《しんぜい》に阻まれたため、信西を深く恨んだというのである。

これに対し元木《もとき》氏は、藤原信頼が歴任した蔵人頭《くろうどのとう》、参議は実務能力を必要とする官職なので、信頼は無能とは言えないと論じた。敗者である信頼は、有能な信西とは対照的な、無能で強欲な人物として不当に貶《おとし》められたというのである。

だが当時、信頼より家格の高い清華家《せいがけ》の人々であっても、蔵人頭を経て参議に就任するのは三十代になってからというのが一般的だった。信頼は二六歳の若さで参議に就任しており、大天才か後白河の強引な人事かのいずれかであろう。普通に考えれば後者ではないだろうか。

また古澤《ふるさわ》氏が批判するように、信頼の蔵人頭在任はわずか四ヶ月弱、参議任官期間も約半年にすぎず（権中納言に昇任）、実務能力に長《た》けていたかを検証するにはあまりに短い。いくら後白河の寵臣であっても官職の階梯《かいてい》は一段一段昇らなくてはいけないから、任官して程なく昇任という手続きを踏んだと見るべきだろう。信頼にとって蔵人頭も参議も、より高い官職に就くために形式的に就任した〝通過点〟にすぎず、無能と断定できないにせよ、有能の証明にはならない。

元木氏が「藤原信頼は有能である」と強調するのは、「源義朝《みなもとのよしとも》は藤原信頼に従属していた」という主張と組み合わせることで、「公家が有力な武士を組織し、新たな武門として発展する可能性」を提示できるからである。その背景には、いわゆる**「武家発達史観」**に対する強い不満があるものと思われる。「武家発達史観」とは、日本中世史を武士の発達の歴史（それと表裏一体で進行する公家の衰退の歴史）として捉《とら》える歴史観を指す。元木氏は、鎌《かま》倉《くら》幕府の成立、武家政治の展開は歴史的必然ではなく、公家が武士の上に立つといった別の選択肢も存在した、と主張したいのだろう。

かつてほどではないにせよ、現在の日本史学界でも「武家発達史観」的な傾向があるのは確かである。歴史のIF《イフ》を探ることにも一定の意義はあろう。けれども、奇襲の成功に驕《おご》って逆転負けを喫した信頼には、太平洋戦争開戦劈頭《へきとう》の快進撃に慢心した日本軍に通じる愚劣さを感じる。仮に信頼が朝廷の政務をそつなくこなす能力を有していたとしても、新時代を切り開く豊かな構想力、大胆かつ細心な実行力を欠いていたと言わざるを得ない。

常人は陰謀を用いない

加えて元木《もとき》氏は、院近臣《いんのきんしん》家に生まれた信頼《のぶより》は大納言までの昇進が限界であるから、「いくら信任が厚いとはいえ、簡単に大将、まして大臣を望むとは考えがたく、それが挙兵の引き金になったとする見方は疑問である」と、通説に批判を加えている。源義朝《みなもとのよしとも》の怨恨説を否定した時と同様に、当時の朝廷の人事慣行を超越した特別扱いを望むはずはない、と断ずるのである。

しかし、公家社会のしきたりを尊重する常識人ならば、クーデターなど起こさないのではないか、という根本的な疑問が残る。私は常々**「歴史研究者は、研究対象に似てくる」**と感じている。中世の公家を研究する者は、彼らの価値観、思考様式を深く理解しなくてはならない。そうやって長年彼らに寄り添っていると、ものの考え方が知らず知らずのうちに彼らと似てきてしまう。当時の公家が「非常識であり得ない」と思うことは、その研究者にとっても「非常識であり得ない」ことになってしまうのである。

だが、当時の公家の視点で歴史事象を評価する限り、非常識な存在、型破りな存在を理解することが難しくなってしまう。古澤《ふるさわ》氏が指摘するように、藤原信頼の急激な昇進は既にこの時代の常識から逸脱しており、信頼がさらに欲張って大将を望んだとしても不思議ではない。

そもそも、元木説以前の通説（竹内理三《たけうちりぞう》・安田元久《やすだもとひさ》など）においても、藤原信頼の信西《しんぜい》への怨恨という要素がさほど重視されていたわけではない。私怨だけが理由で、これほど大がかりな陰謀を企てるはずがないからである。政界の第一人者である信西を抹殺した信頼には、次期政権を担う意欲と、それなりの政治構想があったはずである。それこそが動機の核心だろう。

しかしながら、クーデター政権はあっという間に崩壊してしまったため、信頼がどのような構想を抱いていたのか判然としない。先行研究が信頼の動機に深く踏み込まず、クーデターの目的について「信西の排除」とのみ説明してきたのは、このためである。

後白河院政派と二条親政派の対立

平治《へいじ》の乱の構図が不明瞭《ふめいりょう》なのは、後白河《ごしらかわ》上皇の寵臣である藤原信頼《ふじわらののぶより》が、二条《にじょう》天皇の側近である藤原惟方《これかた》（信頼の叔父）・藤原経宗《つねむね》、そして二条天皇に仕える武士である源光保《みなもとのみつやす》・源頼《より》政《まさ》と結託して乱を起こしている点にある。一般的に、後白河院政派と二条親政派は鋭く対立していた、と考えられているからである。

保元《ほうげん》の乱後、後白河天皇の信任厚い信西《しんぜい》が精力的に政治改革を進めた。しかし前節で触れたように、もともと後白河は守仁《もりひと》親王が成長するまでの中継ぎの天皇と位置づけられていた。保元三年（一一五八）八月、美福門院《びふくもんいん》が信西に対し、後白河から守仁への譲位を強く要求した（両人とも出家していたため、この会談は「仏と仏の評定」と呼ばれた）。この結果、守仁親王が即位し、二条天皇となる。

引き続き後白河上皇が政務をとったが、二条天皇の側近グループは後白河の院政を停止して二条天皇の親政に切り替えたいと考え始めた。その最大の障害が、後白河院政の主柱たる信西であることは論を俟《ま》たない。

藤原信頼は二条天皇の乳母の子である藤原惟方の母方の甥《おい》であり、この血縁によって両者が結合し得たという指摘は古くからなされている。しかし、親子兄弟が政治的に対立するのが当たり前の時代であるから、血縁関係だけでは説明しきれない。通説では、後白河院政派の信頼と、二条親政派の惟方らが、立場の違いを棚上げして、「反信西」という一点において野合した、と考えられている。

後白河黒幕説は成り立たない

ところが、河内祥輔《こうちしょうすけ》氏は右の通説を批判して大胆な新説を提起した。河内氏は平治《へいじ》の乱の政治的背景として後白河《ごしらかわ》院政派と二条《にじょう》親政派の対立を想定する従来の見解を完全に否定する。両派の対立は平治の乱後に発生したものであり、乱前の朝廷では二条親政の速やかな実現という合意が形成されていたというのである。

確かに両派の対立が露《あら》わになるのは平治の乱後であり、乱前から対立していたことを具体的に示す史料はない。信西《しんぜい》は後白河上皇の側近だが、もともとは鳥羽《とば》法皇の側近であり、鳥羽の遺志である二条親政の実現に反対するはずがないという河内氏の論理展開は一定の説得力を持つ。実際、信西も二条親政への移行は早晩避けられないと考えていた節があり、二条が即位する前から長男俊憲《としのり》を近侍させるという布石を打っている。

だが、ここで注意すべきなのは、藤原惟方《ふじわらのこれかた》ら二条親政派が二条天皇の親政の実現そのものを目的としているわけではないという点である。彼らは二条親政下で政治の実権を握ることを目論《もくろ》んでいた。信西は息子たちを朝廷の要所に配置し、二条親政開始に備えて周到に準備を進めていた。惟方らにしてみれば、二条親政が実現したところで、信西一門が権力を維持するのでは意味がない。信西と惟方らの利害が一致していると捉えるのは皮相な見方だろう。

さて河内氏は、後白河の寵愛によって異例の昇進を遂げた信頼《のぶより》が後白河の意に反する軍事行動を起こすはずはないとする。そして『愚管抄《ぐかんしょう》』の記述を読み直し、後白河が信頼らによって監禁されていないと主張した。

河内氏は従来、藤原信頼らのクーデターにより幽閉された被害者と見られてきた後白河上皇を事件の黒幕とみなす。後白河が側近の信頼に指示して信西を抹殺させたというのである。史料上に後白河の事件への関与が見られないという問題については、清盛《きよもり》の挙兵によって信頼が敗れたため、信頼は事件の全責任を押しつけられ、後白河の関与は隠蔽《いんぺい》されたと説く。

これは、前節で紹介した**「立場の逆転」**というテクニックである（二二頁を参照）。

後白河の動機については、後白河が二条を退位させて二条の弟（のちの守覚法親王《しゅかくほっしんのう》）を即位させるという計画を秘《ひそ》かに立てており、この計画に反対するであろう信西の抹殺を図った、と河内氏は推測している。つまり、鳥羽法皇の遺志を否定し後白河院政を継続するための「上からのクーデター」だというのである。しかし史料的根拠はなく、想像の域を出ない。

元木《もとき》氏が批判するように、仮に後白河が二条親政を阻止したいのならば、真っ先に殺すべきは藤原惟方ら二条の側近であろう。信西一門を標的にするのは筋が通らない。河内説は動機面の説明に大きな問題を抱えていると言わざるを得ない。

また、何らかの理由で後白河が信西を抹殺したかったとしても、後白河の御所である三条《さんじょう》殿《どの》を焼き討ちするという過激な方法を採る必然性はない。河内氏は『愚管抄』の記述を再検討し、藤原信頼・源義朝《みなもとのよしとも》らは三条殿に放火しておらず、三条殿が焼けたのは失火によるものだと主張する。だが古澤《ふるさわ》氏が批判するように、「三条殿は放火されていない」および「後白河は幽閉されていない」という結論を導いた河内氏の史料解釈はかなり苦しい。

もし失火だったとしても、その上、後白河が幽閉されていなかったとしても、信頼らの院御所襲撃が後白河の権威を傷つけるものであることは間違いない。後白河が信西を邪魔だと感じたならば、義朝あたりに信西の逮捕を命じれば済む話であり、大規模な軍事行動で人々を怯《おび》えさせる必要はない。信西の排除が後白河の意向に反すると考えたからこそ、信頼らは武力に訴えなくてはならなかったのである。したがって、後白河黒幕説は成り立たない。

いささか突飛に思える後白河黒幕説を河内氏が唱えたのは、一つには、後白河院政派の信頼と、二条親政派の惟方らとの提携の理由が説得的に論じられていないという通説の弱点に気がついたからだろう。河内説においては、惟方らは二条天皇側近であると同時に後白河上皇側近であり、また彼らは信頼のクーデターに荷担したというより消極的な支持を与えたにすぎないという形で、提携問題が処理されている。

確かに惟方らは後白河院庁別当を務めているが、公卿の多くは院庁別当を兼任するのが普通であり、肩書きだけで実態が伴っていない人物もまま見られる（実務を司《つかさど》るのは執事別当・年預別当）。藤原惟方は二条天皇の乳母子《めのとご》、藤原経宗《つねむね》は二条天皇の生母の兄であり、二条との関係の方が圧倒的に深い。彼らが二条親政を否定する軍事行動に同調することは考えられない。

史料的制約もあり提携の謎を十分に解明することは難しいが、クーデター政権が院政を停止し、二条天皇の権威を借りて政務を行っている以上、藤原信頼は二条親政の開始に同意したとする元木氏の主張が最も説得的である。

よって藤原信頼らのクーデターの狙いは、二条親政阻止ではなく、むしろ後白河院政を停止し二条親政を実現することにあったと言えよう。もっとも、それはスローガンにすぎず、真の目的は信西の排除による政権の掌握であった。

問題は権力を維持する工夫だった

河内《こうち》氏は「後白河の寵愛のみを頼りとした男が、後白河に叛いて何ができるのか」と疑問を投げかけている。この疑問が出発点となって、後白河《ごしらかわ》黒幕説を提起したのだろうが、寵臣が主君に反逆することは、歴史上、さして珍しいことではない。

しかし、河内氏の着眼には学ぶべき点もある。後白河の寵臣たる藤原信頼《ふじわらののぶより》が後白河を幽閉するという手法にそもそも無理があったからこそ、信頼の陰謀は破綻《はたん》したと考えられるのである。

藤原信頼のクーデターには正当性が乏しい。後世に成立したものではあるが、歴史書『愚《ぐ》管抄《かんしょう》』『今鏡《いまかがみ》』などは信西《しんぜい》の政治手腕を評価しており、おそらく同時代の公家たちの間でも信西の評判は悪くなかっただろう。己の権力欲のために信西を討った信頼への反感は、クーデター当初から公家社会に伏在していたと考えられる。

信頼の大義名分は二条《にじょう》親政の実現であるが、主君後白河への不忠という悪評を覆すには不十分である。既述の通り、信西は二条親政への移行を視野に入れており、親政実現のために信西を殺害する必要はない。『愚管抄』によれば、藤原惟方《これかた》や平清盛《たいらのきよもり》を引き込み逆転劇を演出したのは内大臣藤原公教《きんのり》であるが、彼は信西の長男俊憲《としのり》を婿に迎えている。元木氏が推定するように、公教は信西の殺害という悪辣《あくらつ》な手段によって権力を奪取した信頼に憤激し、信頼排撃を決意したのだろう。

信頼の致命的な失策は、言うまでもなく二条天皇を平清盛らに奪われ、賊軍に転落してしまったことにある。だが、二条天皇を厳重に監視するような態勢を恒常化できるはずもないので、警備の問題というより政権構想の問題である。二条天皇の名のもとに政務を進めるのであれば、藤原惟方・経宗《つねむね》の協力は不可欠であり、惟方らの離反を招いた時点で信頼は既に敗北の道を歩み始めたと言える。

河内氏は「なぜ信頼が主役になり、二条の外戚で地位も年齢も上の経宗が脇役に甘んじることになるのか」と事件の不自然さを指摘する。ここから河内氏は、事件の首謀者は経宗より格下の信頼ではなく経宗・信頼の主君たる後白河であるという新説を導くわけだが、私は「信頼が主役」だったからこそ、クーデター政権は二週間で崩壊したと考える。信頼は盟友義朝《よしとも》の武力を頼りにクーデター政権を主導しようとしたが、これが二条側近たちの反発を生んだのである。信頼の破滅は必至だった。

藤原信頼・源《みなもとの》義朝の失点として古くから指摘されているのは、平清盛を討たなかったことである。この点は『愚管抄』の作者慈円《じえん》も不審に思ったらしく、「まだ東国からの援軍が到着していなかったからだろうか」と推測している。おそらく、慈円の推理は当たっていよう。

陰謀実行の最大の難点は、**秘密裏に遂行しなければならないため、参加者を限定せざるを得ない**ことにある。保元《ほうげん》の乱の時は、義朝は東国にいる家臣を大量に呼び寄せているが、今回はクーデターなので堂々と兵を集めることはできない。義朝は手勢のみで蜂起するしかなかったのであり、毛利《もうり》攻めの兵力をそのまま織田信長《おだのぶなが》攻めに転用できた明智光秀《あけちみつひで》よりも、遥《はる》かに不利な条件を強いられた。当然、京都制圧が精一杯で、清盛討伐に割ける兵力はなかった。

あるいは清盛が恐慌をきたして、伊賀《いが》越えの徳川家康《とくがわいえやす》よろしく、どこぞに逃亡していれば、義朝も東国から援軍を呼んで兵力を増強できたかもしれない。だが清盛はすぐさま京都に引き返し、義朝にその時間を与えなかった。

『平治《へいじ》物語』には、源義平《よしひら》（義朝の長男）が摂津阿倍野《せっつあべの》（現在の大阪市阿倍野区）で待ち受けているという噂を耳にしていた清盛一行が、前方から来る武者を見て色を失ったところ、実は京都から清盛を迎えに来た家臣たちであったとの挿話が見える。この話が事実かどうかは分からないが、清盛が帰京の途次、家臣たちと合流し、相当の規模の軍勢を率いて京都に乗り込んだことはまず間違いないだろう。これを義朝が討つのは不可能である。平清盛を打倒することができない以上、藤原信頼・源義朝は清盛を取り込むしかない。実は、清盛の娘は信頼の嫡男信親《のぶちか》に嫁いでいた。元木氏が説く通り、政権掌握という既成事実を作り、主導権を確立してしまえば、清盛の協力を得られると信頼は判断したものと思われる。

しかしながら、新政権において義朝が昇進を重ねていく様を、武士として彼と競合する清盛が指をくわえて見ているはずがない。信頼・義朝両人の見通しは極めて甘かったと言わざるを得ない。

元木氏は「武力による権力奪取という行動自体は、まさに平清盛や源義仲《よしなか》の先蹤《せんしょう》ともいうべきものであり、結果から信頼を短絡的に批判するべきではない」と信頼を擁護する。だが、朝廷内での権力闘争を武力によって解決するという方法は、信西が保元の乱において実践済みであり、信頼の独創とは言い難い。

清盛不在の状況で義朝らを動員すれば、京都を軍事制圧するのはたやすい。問題は、クーデターによって獲得した権力を維持する工夫である。信頼はこの点にあまりにも無頓着《むとんちゃく》だった。信頼の失敗は、策士策に溺《おぼ》れるの教訓として受け止めるべきであろう。

第二章　陰謀を軸に『平家物語』を読みなおす

第一節　平氏一門と反平氏勢力の抗争

鹿ケ谷の陰謀

平治《へいじ》の乱の翌年、二条《にじよう》親政派の藤原惟方《ふじわらのこれかた》・藤原経宗《つねむね》・源光保《みなもとのみつやす》らが失脚した。これは、藤原信頼《のぶより》のクーデターに荷担しながらも、信頼を裏切ったことで、平治の乱後も政権中枢に居座った惟方らに対して、後白河《ごしらかわ》上皇や平清盛《たいらのきよもり》、そして公家《くげ》たちが強く反発したからだと考えられる。同年に二条親政派を支持していた美福門院《びふくもんいん》も死去し、後白河上皇が政務を主導するに至った。

だが二条天皇は成長するにつれて、後白河院政に反発するようになった。配流されていた藤原経宗が赦免されて帰京する一方、後白河の側近たちが二条天皇を呪詛《じゅそ》したとして配流された。「中継ぎの天皇」にすぎず権威に乏しい後白河上皇の政治力は後退していった。この間、平清盛は巧みに立ち回って、二条親政派・後白河院政派の双方と良好な関係を築いた。

だが永万《えいまん》元年（一一六五）に二条天皇は二三歳の若さで急逝する。二条は死去直前に自分の皇子に譲位し（六条《ろくじょう》天皇）、後白河院の政務主導をあくまで阻止しようとした。だが六条天皇の後見として期待された摂政藤原基実《もとざね》（藤原忠通の四男）も翌年に二四歳の若さで亡くなってしまった。かくして六条の祖父である後白河が政務をとることになった。

後白河上皇は六条天皇を退位させ、寵愛する平滋子《しげこ》が産んだ憲仁《のりひと》親王を天皇にしようと企図した。滋子は清盛の妻である時子《ときこ》の妹であったため、清盛も憲仁親王の擁立を支持した。ここに後白河と清盛の政治的提携が成立した。

仁安《じんあん》二年（一一六七）、平清盛は太政大臣に昇進した。翌年には憲仁親王が即位し（高倉《たかくら》天皇）、承安《じょうあん》元年（一一七一）には清盛の娘徳子《とくこ》が高倉天皇に入内《じゅだい》した。

しかし、後白河と清盛の蜜月《みつげつ》は長くは続かなかった。平氏一門の急速な昇進が、次第に後白河側近たちの警戒を招くようになったのである。安元《あんげん》二年（一一七六）、後白河と清盛の仲を取り持っていた建春門院《けんしゅんもんいん》滋子が三五歳の若さで死去すると、両者の対立は表面化することになる。その象徴として日本史の教科書にも載っている著名な事件が、翌安元三年六月に起こった「鹿ヶ谷《ししがたに》の陰謀」である。

平氏一門の栄枯盛衰を叙述した軍記物『平家物語《へいけ》』によれば、京都の東郊鹿ヶ谷にある僧俊寛《しゅんかん》の山荘に、後白河法皇とその側近である西光《さいこう》・藤原成親《なりちか》・平康頼《やすより》ら数名が集まり、平氏一門を討伐する計画を話し合った。実行部隊の責任者として多田行綱《ただゆきつな》（摂津《せっつ》源氏）という武士が呼ばれたが、酒宴での一同の狂態を見て陰謀の成就は見込めぬと悟り、平清盛に密告した。この結果、西光ら関係者は一斉に捕縛され、ある者は殺され、ある者は流されたという。

鹿ヶ谷事件の政治的背景

酔っぱらってふらついた藤原成親《ふじわらのなりちか》が酒の入った瓶子《へいじ》を倒し、「瓶子（平氏）を倒したぞ」とはしゃいだという、『平家物語《へいけ》』が記す鹿ヶ谷《ししがたに》の陰謀のエピソードはご存じの方も多いだろう、だが、鹿ヶ谷山荘で謀議が凝らされたというのは、事実なのだろうか。

実は、当時、比叡山延暦寺《ひえいざんえんりゃくじ》をめぐる大騒動が巻き起こっていた。事の発端は、前年に加賀守《かがのかみ》藤原師高《もろたか》と、その弟で目代（京都に留まる国守に代わって現地に赴任する責任者）の師経《もろつね》が、白山中宮《はくさんちゅうぐう》の末寺である涌泉寺《ゆうせんじ》と所領問題をめぐって対立し、師経がその堂舎を焼き払ったことにある。白山側の訴えを受けた本寺延暦寺は、師高の配流を要求した。

しかし師高の父親は、後白河《ごしらかわ》院随一の側近である西光《さいこう》であるため、後白河法皇は難色を示した。そこで後白河は目代師経の流罪のみで事態を収拾しようとした。これに怒った延暦寺の衆徒たちは安元三年四月十三日、七基の神輿《みこし》をかついで京都に押し寄せた。強訴である。

延暦寺の衆徒たちから高倉《たかくら》天皇の里内裏である閑院《かんいん》御所を守るため、平重盛《たいらのしげもり》（清盛《きよもり》の長男）が軍を率いて出動したが、威嚇射撃を行ったところ、流れ矢が日吉《ひえ》社の神輿に命中し、大衆《だいしゅ》側に数名の死傷者を出してしまった。この不祥事には朝廷内でも非難の声が大きく、やむなく後白河は加賀守藤原師高の配流を決定した。

しかし、この決定に西光は不平を漏らし、後白河に天台座主《てんだいざす》（比叡山延暦寺のトップ）明《みょう》雲《うん》の処罰を訴えた。これを受けて五月二十一日、後白河は公卿《くぎょう》たちの反対を押し切って、明雲の解任と伊豆《いず》への配流を決定した。

この処置に激昂《げっこう》した延暦寺の衆徒たちは、伊豆に護送される明雲を途中で奪回し、比叡山に連れ戻してしまった（ただし座主には復帰せず）。後白河も強硬姿勢を崩さず、平重盛・同宗盛《むねもり》（重盛の弟）に比叡山への出陣を命じたが、両人は清盛の許可がなければ動けないと返答した。このため、後白河は福原《ふくはら》の清盛に使者を派遣し、清盛は上洛した。

清盛が京都に到着すると、五月二十八日、後白河は清盛と面会し、延暦寺への武力攻撃を要請した。明雲と親密な関係を築いてきた清盛は、初め躊躇《ちゅうちょ》したものの、ついに出兵を受諾した。この後白河の清盛への出兵強要は、平氏と延暦寺との同盟を破壊するための陰謀でもあった。

ところが、翌日、事態は予想外の展開を見せる。前述した清盛による西光らの逮捕である。

清盛が陰謀をでっち上げた

以上の経緯から分かるように、鹿ヶ谷《ししがたに》の陰謀は、平清盛《たいらのきよもり》にとって極めて都合が良いものだった。この陰謀がタイミング良く発覚したことで、比叡山《ひえいざん》攻撃は中止となり、清盛は延暦寺《えんりゃくじ》との対立を回避することができた。その上、平氏を敵視する後白河の側近たちを一掃することができたのである。

このため、学界では鹿ヶ谷の陰謀の実在を疑う声が昔からあった。つまり「平氏側が院勢力を一挙につぶすために、でっち上げた疑獄事件」なのではないか、というのである。ここでも**「加害者（攻撃側）と被害者（防御側）の立場が実際には逆である可能性を探る」**という陰謀研究の基本的手法が用いられている。また**「事件によって最大の利益を得た者が真犯人である」**という推理テクニックも使われている。

確かに西光《さいこう》は取り調べの過程で、平清盛殺害の謀議を行ったことを自白している。だが、この種の自白は拷問によって引き出されることが多く、陰謀が実在したことの証拠としては弱い。後白河《ごしらかわ》法皇と側近たちが宴会の席で清盛の陰口を叩《たた》くぐらいはあったかもしれないが、今や他の武士たちを圧倒する軍事力を有する平氏一門に戦いを挑むという非現実的な計画を立てたとは到底考えられない。

後白河は清盛に叡山攻撃を命じる一方で、近江《おうみ》・美濃《みの》・越前《えちぜん》の武士を動員している。こうした兵力を清盛討伐に転用しようとしたのではないかという可能性も指摘されているが、想像の域を出ない。清盛というカリスマによって統率されている平氏一門に対して、指導者不在の寄せ集めの軍勢で勝てるはずがない。

ただし、鹿ヶ谷の陰謀に関しては、軍記物『平家物語《へいけ》』だけでなく、『愚管抄《ぐかんしょう》』にも記述がある。それゆえか、誇張・脚色はあるにせよ、密議の存在は事実とする意見も根強い。

鹿ヶ谷の陰謀は事実か、清盛の捏造《ねつぞう》か。この論争に対して新たな視角を提供したのが、川合康《かわいやすし》氏である。川合氏は、清盛が西光・成親《なりちか》らを逮捕した理由は、清盛抹殺の陰謀への加担ではないと主張した。藤原兼実《ふじわらのかねざね》（藤原忠通《ただみち》の六男）の日記『玉葉《ぎょくよう》』には、私怨《しえん》から天台座主明雲《すみようつん》を配流するよう後白河に進言した罪で西光が捕らえられたと指摘している。したがって清盛の行動の基本は、後白河らが進めていた延暦寺への武力攻撃を阻止するためのものだったというのが川合説の骨子である。

後白河の権威を笠《かさ》に着た院近臣たちの専横は、もともと公卿たちから反感を買っていた。

そこに延暦寺攻撃という後白河の強硬策が重なり、大きな反発が生まれていた。よって、平清盛による西光・成親らの処罰は一定の正当性をもって公家社会に受け入れられたのである。

加えて川合氏は、『平家物語』や『愚管抄』に描かれた多田行綱《ただゆきつな》の密告も虚構であると指摘する。多田行綱は以後も後白河に仕えており、たとえば寿永《じゅえい》二年（一一八三）十一月に木曾義仲《そよしなか》が後白河院の御所である法住寺《ほうじゅうじ》を襲撃した際には（法住寺合戦）、後白河方として戦っている。行綱が後白河を裏切った密告者だったとしたら、後白河がその後も行綱を側に置くとは考えにくいというのである。説得力のある見解であろう。

川合氏は謀議の存在じたいは事実としており、この点は疑問である。川合氏は「秘密裡に行われた謀議の情報を切り札にして、有力な院近臣であった西光や藤原成親を捕縛できるほど、貴族社会は無秩序な平氏の恐怖政治下に置かれていたのであろうか」と指摘するが、西光を斬首《ざんしゅ》し藤原成親を配流先で殺害するという清盛の苛酷《かこく》な処罰には私的制裁の色が濃い。延暦寺問題で逮捕された西光が清盛抹殺の謀議を自白したことが、清盛による私刑の根拠になっていたと思われる。

問題は、鹿ヶ谷事件が事実か清盛の謀略かという点にあるが、下向井龍彦《しもむかいたつひこ》氏が指摘するように、藤原成親は平清盛の招きに応じてのこのこと出向いたところを捕らえられており、清盛への警戒は微塵《みじん》も感じられない。このことは陰謀の不在を強く裏付ける。

清盛は、西光・成親の両人を除いては、後白河の許可を得た上で関係者の処罰を進めており、冷静さを失っていない。命を狙われた怒りに任せて苛烈な報復をしたわけではないのである。平氏一門に批判的な西光・成親を延暦寺問題で別件逮捕しておいて、陰謀の罪を着せ、死刑に処すことこそが清盛の狙いだったのではないだろうか。

ただし他の点では私は川合説に賛同する。『愚管抄』は比較的信頼できる史料ではあるが、天台座主を四度にわたって務めた慈円《じえん》が鎌倉《かまくら》時代になってから（言い換えれば平氏滅亡後に）執筆した歴史書である。比叡山延暦寺が後白河法皇と対立し、しかも平清盛に助けてもらったという〝不都合な真実〟を隠蔽《いんぺい》したい心理が働くのは自然である。そこで慈円は、西光・成親らの処刑を、平清盛と後白河の対立の所産として書き換えようとした。

その結果生まれたのが、鹿ヶ谷事件という架空の陰謀であろう。『平家物語』についても、慈円の周辺で成立したことが早くから指摘されており、「おごれる平家」の専横の端緒として西光・成親らの処刑を語り直す動機を見出《みいだ》すことができるのである。

治承三年の政変

平清盛《たいらのきよもり》は西光《さいこう》・成親《なりちか》らを葬った一方で、後白河《ごしらかわ》法皇の責任は追及しなかった。『平家《へいけ》物語』は、長男重盛《しげもり》の諫言《かんげん》によって清盛が後白河への攻撃を断念したとするが、傲慢《ごうまん》な清盛と誠実な重盛との対比を強調する物語上の脚色と考えられる。重盛は藤原成親の妹を妻に迎えており、身内から罪人を出した責任を取って左大将を辞任している。この時、重盛は政治的に窮地に陥っていたのであり、清盛を諫止するどころではなかった。

清盛が後白河本人との対立を避けたのは、後白河院政を停止した場合、代わりに院政を行う存在がいなかったからであろう。白河院政以降、朝廷では院政が常態化しており、天皇親政は例外化しつつあった。まだ年若い高倉《たかくら》天皇には権威が十分備わっておらず、後白河の後見が依然として必要であった。後白河も側近たちを一掃されてしまったため、矛を収めざるを得ず、表面上は清盛との和解を図った。

だが治承《じしょう》三年（一一七九）、後白河は反撃に転じる。六月、清盛の娘で藤原基実《ふじわらのもとざね》の後家であった盛子《もりこ》が亡くなると、その遺領を後白河が預かった。そして十月九日の除目《じもく》で、基実の嫡男で二〇歳の基通《もとみち》をさしおいて、関白藤原基房《もとふさ》（藤原忠通《ただみち》の五男、基実の弟）の子息でわずか八歳の師家《もろいえ》を権中納言に任命したのである。この前代未聞の人事には公家たちから驚きの声が上がった。

実は仁安《じんあん》元年（一一六六）に摂政藤原基実が亡くなった際、彼が所有していた摂関家領を、後継者の基通が成長するまでという条件で、基実の後家であり基通の継母である盛子が管理していた。これは事実上、清盛が摂関家領を手中に収めたということである。清盛は娘の完子を基通に嫁がせ、摂関家領を将来相続することになる基通との関係を強化した。

これに長年不満を持っていた基房が、盛子の死に乗じて後白河に働きかけた結果が、師家の権中納言任官であった。このことは、清盛の娘婿である藤原基通ではなく、藤原師家が摂関家の嫡流と位置づけられたことを意味する。つまり、師家が摂関家領を相続することになり、平氏の権益は否定された。

また同日の除目では、七月に亡くなった清盛長男の重盛に代わって維盛《これもり》（重盛の嫡男）が支配していた越前国《えちぜん》を没収した。これまた平氏一門への圧迫である。

しかし、後白河法皇と藤原基房の攻勢を平清盛が座視するはずがない。十一月十四日、清盛は数千騎の軍勢を率いて上洛し、京都を軍事制圧した。まず基房父子の官職を剥奪《はくだつ》し、基房を大宰権帥《だざいのごんのそち》に左遷した。これは、かつての菅原道真《すがわらのみちざね》に対する処分と同様、事実上の流刑であった。

明雲《みょううん》の後任として天台座主《てんだいざす》となっていた覚快《かっかい》も解任され、明雲が座主に復帰した。後白河・基房と親密な貴族は根こそぎ解任され、清盛の異母弟で後白河寄りの平頼盛《よりもり》すら処分の対象となった。空いたポストは平氏一門あるいは親平氏派の公卿によって埋められた。

清盛の断固たる措置に仰天した後白河は「今後は一切、政治に口出ししない」と清盛に申し入れて和解の道を探ったが、時既に遅し。二十日、清盛は後白河を鳥羽殿《とばどの》に幽閉した。かくして後白河院政は終焉《しゅうえん》を迎えた。この清盛のクーデターを「治承三年の政変」といい、学界ではこれをもって平氏政権の成立とみなしている。

この平清盛のクーデターは、平治《へいじ》の乱における藤原信頼《のぶより》のクーデターに範を取ったものであろう。だが信頼のそれより遥《はる》かに周到に準備されたクーデターであった。信頼は源義朝《みなもとのよしとも》の武力に依拠してクーデターを起こしたが、義朝を上回る軍事力を誇る清盛によって鎮圧された。これに対し、清盛に対抗できる武士は存在せず、京都の制圧は極めて容易であった。また信頼の場合は、二条《にじょう》親政の実現を大義名分としたものの、二条天皇との関係は希薄であった。これに対し、清盛は高倉天皇の外戚《がいせき》であり、クーデターを正当化することができた。

もし後白河が情勢を客観的に分析していれば、平氏一門への抑圧が平清盛の武力発動につながることは、簡単に予見できたであろう。盛子と重盛という二人の子を失っても福原《ふくはら》を動かない清盛を見て、清盛は気落ちして政務への意欲を失ったと勘違いしたのかもしれない。加えて、西光や藤原成親が処罰された折、自身に累が及ばなかったため、清盛を甘く見たということも考えられる。

けれども、二年前とは状況が大きく異なっていた。前年の治承二年十一月に清盛の娘徳子《とくこ》が高倉天皇の皇子を出産し（言仁《ときひと》親王）、高倉院政を可能とする状況が整った。もはや清盛は後白河法皇を必要としていなかったのである。

翌治承四年二月、高倉天皇が言仁親王に譲位し、安徳《あんとく》天皇が践祚《せんそ》した。藤原基通が摂政となり、上皇・天皇・摂政が全て清盛の近親者という状態が現出した。これにより清盛の権力は盤石となったのである。

以仁王の失敗は必然だった

治承《じしょう》三年政変とそれに続く高倉《たかくら》院政の成立により、もはや平氏一門に敵対する者など存在しないかに見えた。その矢先、打倒平氏に立ち上がる者が現れた。以仁王《もちひとおう》である。

以仁王は後白河《ごしらかわ》法皇の第三皇子である。第一皇子の二条《にじょう》天皇が即位したため幼くして仏門に入り、天台座主《てんだいざす》最雲《さいうん》の弟子となったが、最雲が亡くなったため出家の機会を失い、永万《えいまん》元年(一一六五)に元服した。このため出家した同母兄の守覚法親王《しゅかくほっしんのう》と異なり、一応は皇位継承資格者であった。

しかし、一〇歳年少の異母弟である高倉が即位、さらに高倉の皇子として安徳《あんとく》、次いで守《もり》貞《さだ》親王が誕生すると、以仁王が即位できる芽はほぼなくなった。安徳の即位は、以仁王に止《とど》めを刺すものであった。

また治承三年の政変において、以仁王は最雲から譲られていた所領を平清盛《たいらのきよもり》に没収されており、清盛に恨みを抱いていた。以仁王はじり貧の情勢を打開すべく、クーデターという思い切った行動に出たのである。

軍記物『平家物語《へいけ》』や鎌倉《かまくら》幕府の準公式歴史書である『吾妻鏡《あずまかがみ》』は、源頼政《みなもとのよりまさ》が以仁王に対して平氏討伐を持ちかけたとする。けれども、平氏滅亡後に成立した『平家物語』や『吾妻鏡』には、平氏と源氏の宿命的な対立関係を強調する傾向が見られ、その記述を軽々に信じることはできない。源頼政は当時七七歳の高齢で、しかも清盛の推薦によって従三位に叙せられ、満ち足りた晩年を過ごしていた。挙兵の動機は頼政ではなく、以仁王にこそあると言えよう。

無謀としか思えない以仁王の陰謀に頼政が同意した理由は、八条院暲子《はちじょういんしょうし》内親王の存在にあったと考えられる。八条院は鳥羽《とば》法皇と美福門院《びふくもんいん》との間に生まれた娘で、鳥羽から膨大な王家領荘園を相続していた。以仁王はこの八条院の庇護《ひご》を受けていた。源頼政は美福門院・二条天皇の死後は八条院に奉仕しており、この縁により以仁王に味方したと見られる。八条院の経済力を背景として、八条院恩顧の武士たち、平氏に不満を持つ武士たちを糾合すれば勝算はある、と以仁王・源頼政は判断したのだろう。

治承四年四月九日、以仁王は平氏追討を東海・東山・北陸三道の武士に呼びかける令旨《りょうじ》（親王が出す命令書）を発した。この檄文《げきぶん》において以仁王は、後白河法皇を幽閉して廷臣を流罪に処した平清盛の非を鳴らし、平氏一門を討伐した上で即位することを高らかに宣言した。

宛先を東日本の武士に限定したのは、西日本は平氏の勢力圏であるためだろう。以仁王は情報漏れを恐れたものと考えられる。令旨を東国の武士たちに伝えて回ったのは、八条院に仕える源行家《ゆきいえ》（頼朝《よりとも》の叔父《おじ》）であった。

河内祥輔《こうちしようすけ》氏が注目するように、この檄文は諸国の武士に上京を呼びかけるものではなく、むしろ各々の居住地で行動を起こすことを示唆している。京都周辺を圧倒的な軍事力で制圧している平氏一門を正面から攻撃しても勝てる見込みはない。そこで以仁王は地方で反乱を起こさせ、清盛が各地に討伐軍を派遣した間隙《かんげき》を突いて、京都を攻略しようと考えたのだろう。机上の計算ではあるが、それなりに合理的な戦略と言える。

以仁王の陰謀は、一般には「事前に発覚した」と表現される。しかし以仁王らの企《たくら》みが露見したのは五月十日前後であり、一ヶ月ほどは秘密は守られたことになる。この手の陰謀を長く秘匿するのは難しいので、問題は情報が漏れたことより、東国武士が以仁王の呼びかけに応じなかったことにある。一例を挙げれば、令旨を受け取った武士の一人である源頼朝が具体的な動きを起こすのは六月下旬になってからで、その時にはもう以仁王はこの世の人ではない。

以仁王は令旨において、自らを壬申《じんしん》の乱において甥《おい》の大友皇子《おおとものおうじ》を討って皇位についた天武《てんむ》天皇になぞらえている。これは山本幸司《やまもとこうじ》氏らが指摘するように、以仁王が甥である安徳天皇を武力によって否定し、自らが皇位につくことを表明するものである。それは高倉─安徳の皇統を葬り、自らの皇統を樹立することに他ならない。

だが、平氏のクーデターによって擁立された安徳はともかく、高倉の即位は後白河も望んだことである。後白河皇子の立場から天皇につこうとする以仁王が、後白河の意思を蔑《ないがし》ろにすることは大いなる矛盾である。この点で以仁王の陰謀は大義名分を欠くものだった。平氏のクーデターが皇位の簒奪《さんだつ》であるならば、以仁王の挙兵もまた簒奪である。東国武士の動きが鈍かったのは、平氏の武威を恐れたこともさることながら、以仁王の正統性に疑問を抱いたからであろう。

治承・寿永の内乱の幕開け

五月十五日、朝廷では以仁王《もちひとおう》の土佐《とさ》国配流が決定し、検非違使《けびいし》源《みなもとの》兼綱《かねつな》らが以仁王の住む三条高倉《さんじようたかくら》御所を囲んだ。だが、以仁王は既に脱出し園城寺《おんじようじ》に向かっていた。実は兼綱は頼《より》政《まさ》の養子であり、以仁王に事前に情報を流したものと考えられる。

これを見た平氏一門は、二十一日、園城寺攻撃を決定する。大将の一人に選ばれた源頼政はその日の夜半、自邸に火を放ち、嫡子仲綱《なかつな》・養子兼綱ら五〇騎を率いて園城寺に馳《は》せ参じた。清盛は以仁王の謀反の情報はつかんでいたが、頼政が荷担していることは把握していなかったのである。

以仁王をいったん受け入れたものの、園城寺内部では以仁王の挙兵に荷担するかどうかで意見が分かれた。以仁王と源頼政はこのまま園城寺に留《とど》まるのは危険と判断し、興福寺《こうふくじ》に向かった。しかし宇治《うじ》の平等院《びょうどういん》で休息をとっていたところで平氏の追討軍三〇〇騎に追いつかれ、頼政は以仁王を逃がすために、これを迎え撃った。世に言う宇治川合戦である。頼政らは奮戦したが、衆寡敵せず、宇治川を渡河し平等院に迫った平氏軍に敗れて討死した。以仁王も奈良《なら》に向かう途中で戦死したと伝わるが、その死がはっきりと確認できなかったため、以後も以仁王生存の噂が囁《ささや》かれた。

伊豆《いず》の流人であった源頼朝《よりとも》はこうした情勢を静観していたが、六月十九日、京都の三善康信《みよしやすのぶ》が頼朝に使者を送った。康信は頼朝の乳母《めのと》の妹の子である。康信の使者は、令旨を受けた諸国の源氏が追討される可能性があるとして、頼朝に陸奥《むつ》国への逃亡を勧めた。追いつめられた頼朝は逃亡ではなく、挙兵を検討し始めた。

以仁王の挙兵以前、伊豆国の知行国主《ちぎょうこくしゅ》（国守の実質的任免権を持つ者）は源頼政、伊豆守は源頼政嫡子の仲綱であり、仲綱に代わって伊豆に下った目代は仲綱の息子の有綱《ありつな》であった。この有綱を討伐するために、清盛は家臣の大庭《おおば》景親《かげちか》を関東に派遣した。景親が相模《さがみ》国（現在の神奈川県）にある自身の所領に戻ったのは八月二日のことである。ただし有綱は既に奥州に逃走していた。

この頃、伊豆の支配体制は大きく変化していた。新たな知行国主として平清盛《たいらのきよもり》の妻の兄である平時忠《ときただ》が就任し、時忠は養子の時兼《ときかね》を伊豆守に任命した。また目代には山木兼隆《やまきかねたか》を登用した。頼朝は平氏の目に見えぬ圧迫を感じ、いよいよ挙兵計画を具体化していった。

八月九日、かつて源義朝《よしとも》に仕え、今は牢人《ろうにん》となっていた佐々木秀義《ささきひでよし》は大庭景親に招かれて、頼朝が反乱を計画しているという噂が清盛の耳に届いているという話を伝えられた。景親は頼朝との付き合いを断つよう友人の秀義に忠告したが、秀義は翌日、長男の定綱《さだつな》を頼朝邸に遣わして景親からの情報を報告した。事ここに及んで、頼朝は腹をくくった。同十七日、頼朝は平氏打倒の兵を挙げ、山木邸を襲撃した。治承《じしょう》・寿永《じゅえい》の内乱、いわゆる源平合戦の幕開けである。

以上の経緯を見る限り、源頼朝は以仁王の呼びかけに応じたというより、以仁王・源頼政が敗死した後、平清盛が諸国の源氏への監視を強めた結果、むざむざと討たれるよりはと半ば自暴自棄の形で挙兵したという方が実情に近い。後に頼朝のライバルとして浮上する源義《よし》仲《なか》（木曾《きそ》義仲）にしても、兄の仲家《なかいえ》が源頼政の挙兵に参加したため、連座を恐れて挙兵したものと見られる。以仁王が構想した全国的な反平氏闘争は、図らずも自らの死をきっかけとして、実現したのである。

第二節　源義経は陰謀の犠牲者か

検非違使任官問題の真相

源平合戦最大のヒーローと言えば、誰もが源《みなもとの》義経《よしつね》の名を挙げるだろう。だが周知のように、義経は平氏滅亡後、兄頼朝《よりとも》と対立し、悲惨な最期を遂げる。これについては、義経の軍事的才幹を妬《ねた》み恐れた頼朝によって追いつめられたとも、頼朝・義経兄弟の離間を図った後《ご》白河《しらかわ》法皇の謀略に乗せられたとも言われる。義経の政治的センスの欠如を問題視する意見もあるが、源頼朝、あるいは後白河法皇の権謀術数の犠牲になった「悲劇の名将」と見る向きが大多数であろう。

ところが近年、右の見解に修正を迫る研究が続々と登場している。それらを紹介しつつ、義経像の再検討を行いたい。

通説によれば、頼朝・義経兄弟の間に疎隔が生じた契機は、検非違使《けびいし》任官問題であったとされる。寿永《じゅえい》三年（一一八四、四月に元暦《げんりゃく》に改元）二月の一ノ谷《いちのたに》の戦いで大功を立てた義経であったが、共に一ノ谷で戦った源範頼《のりより》（義経の異母兄）が六月に三河守《みかわのかみ》に任命される一方、自身には恩賞が与えられないことに不満を持っていた。これを見た後白河法皇は元暦元年八月六日、義経を検非違使左衛門少尉《さえもんのしょうじょう》に任命した。だが、頼朝の家臣、すなわち御家人が頼朝の許可なく任官することは固く禁じられていた。義経の自由任官に激怒した頼朝は、同十七日、義経を平氏追討の任務から外し、範頼に追討を命じたという。

右の理解は基本的に『吾妻鏡《あずまかがみ》』に依拠したものだが、他に裏付けとなる史料はない。また、検非違使は受領《ずりょう》（国守）に比べて遥かに格下の官職であり、その任官に目くじらを立てるというのも疑問が残る。『吾妻鏡』は鎌倉《かまくら》幕府の正統性を明らかにするために編纂《へんさん》された歴史書であるため、義経関係の記事に関しては曲筆の恐れがある。「義経の自由任官に頼朝が激怒」という筋立てを疑ってかかる必要があろう。

現実の義経は、九月十八日に検非違使のまま五位に昇進することを許され（これを「叙留」という）、貴族の仲間入りを果たした。十月十一日には内裏・院御所への昇殿を許され、任官の御礼を申し述べている。院昇殿はともかく、内裏への昇殿は「内昇殿」と称され、武士にとってはたいへんな栄誉である。河内《かわち》源氏でも過去には父義朝が許されたのみである（三四頁を参照）。こうした義経の昇進に対して、頼朝が叱責《しっせき》を加えた形跡は見られず、むしろ頼朝側近である大江広元《おおえのひろもと》の協力が確認される。菱沼一憲《ひしぬまかずのり》氏は、義経の検非違使任官は頼朝の同意を得た、あるいは頼朝の意思を含んだものと主張している。

義経が西国に逃れた平氏を追討する任務から外れたのは、頼朝の不興を買ったからではなく、七月に伊賀《いが》・伊勢《いせ》で蜂起《ほうき》して鎮圧された平氏方残党の掃討を命じられたからである。元来、検非違使は京都の治安維持を担う官職であり、義経の検非違使任官は依然として畿内に残存する平氏方勢力への対応策として理解できる。京都の防衛と畿内の安定化は、頼朝・後白河双方にとって重要な課題であり、そこに利害の対立を見出すことはできない。

義経の受領任官が見送られたのは、受領と検非違使の兼任が通常ないからだろう。そして、受領と検非違使の格の差を埋めるため、内昇殿という処遇を追加したと考えられる。義経が範頼に比べて冷遇されたという見方は当たらない。

まして、検非違使任官問題を頼朝・義経兄弟の不和を煽《あお》る後白河の謀略とみなす陰謀論は、後年の兄弟対立から逆算した**結果論**にすぎない。平氏が西国で勢力を維持している状況下で、源氏方の内紛を誘う陰謀をめぐらすことは、後白河にとって百害あって一利なしである。

なお同時期、頼朝の周旋により、義経は河越重頼《かわごえしげより》の娘を妻に迎えている。河越重頼と言われてもピンとこない方もいようが、父親よりも母親が重要である。彼女の母方の祖母は、頼朝の乳母である比企尼《ひきのあま》である。比企尼は流人時代の頼朝を支援し続け、頼朝から絶大な信頼を得ていた。そして彼女の母親は頼朝嫡男の頼家《よりいえ》の乳母になっている。頼朝は義経を比企尼の孫娘と結婚させることで義経との関係を強化した。さらに言えば、義経を頼家の藩屏《はんぺい》として位置づける意図も見出せるのではないだろうか。

頼朝の構想は、義経は在京したまま畿内近国の安定化を図り、範頼率いる遠征軍が平氏の勢力圏である山陽・西海両道を制圧して、屋島《やしま》（現在の香川県高松《たかまつ》市に所在）を拠点とする平氏軍本隊を孤立させるというものだった。だが範頼軍の西国攻略は、食糧の欠乏により、思うように進まなかった。やむなく頼朝は義経を平氏追討に再起用し、義経は元暦二年（一一八五、八月に文治《ぶんじ》に改元）二月十八日、屋島を急襲、平氏軍を海に追い落とした（屋島の戦い）。

腰越状は不自然な点が多い

元暦《げんりやく》二年三月二十四日、壇ノ浦《だんのうら》の戦いにおいて平氏一門は海の藻屑《もくず》と消えた。源氏大勝利の立役者が源 義経《みなもとのよしつね》であったことは言うまでもない。京都に凱旋《がいせん》した義経は人々の歓呼に迎えられた。だが、「狡兎《こうと》死して走狗《そうく》烹《に》らる」の喩《たと》え通り、平氏滅亡によって用済みとなった義経は兄頼朝《よりとも》から執拗《しつよう》に弾圧され、挙兵へと追い込まれる。この辺りが大方の理解ではなかろうか。

義経の転落の始まりを象徴する有名な挿話が、いわゆる「腰越状《こしごえじょう》」である。『吾妻鏡《あずまかがみ》』によれば、同年五月、平氏一門の総帥である平宗盛《たいらのむねもり》らを鎌倉《かまくら》に護送した源義経が、頼朝から鎌倉入りを許されず、鎌倉の西の境界にあたる腰越で足止めに遭った。そこで義経は腰越で弁明の書状を書き、大江広元《おおえのひろもと》を通じて頼朝に送った。だが頼朝は、弁明状においても自身の大功を誇る義経に怒り、ついに義経と会おうとしなかった。虚《むな》しく帰京することになった義経は「頼朝に恨みがある者は、私についてこい」と放言したという。

だが、この話には不自然なところが多い。右に見えるように、両者の関係が完全に破綻《はたん》しているとしたら、頼朝は義経を京に帰さず、直ちに拘束するはずである。謀反を起こす可能性がある者を放置するほど、頼朝は甘くはない。

河内祥輔《こうちしょうすけ》氏は、頼朝は義経のみならず後白河にも打撃を与えるため、あえて義経を自由の身にし、京都において後白河の支援のもとで反乱を起こすように仕向けたと説く。しかし、**最終的な勝者が全てを見通して状況をコントロールしていたと考えるのは陰謀論の特徴**であり、従えない。平氏を滅ぼした義経の声望は侮りがたいものがあり、義経が後白河の後援を受けて挙兵した場合、確実に鎮圧できる自信が、この時点の頼朝にあったとは思われない。鎌倉で義経を拘束するという安全な方法を選ばず、あえて危険な賭《か》けに出る必要はあるまい。

腰越状の文面にも疑問がある。義経は検非違使に勝手に任官したことについて「源氏一門の名誉になると思った」と弁解している。だが、検非違使任官にあたって頼朝の同意を得ていたであろうことは前述した。そもそも検非違使は、鳥羽《とば》法皇に疎まれ冷や飯を食わされていた源為義《ためよし》（義経の祖父、三六頁を参照）でさえ就任できた官職であり、さほど名誉とは言えない。

また義経は、大功を立てたのに讒言《ざんげん》にあって正当に評価されていないと不満を訴えている。頼朝が義経の軍監として付けた梶原景時《かじわらかげとき》の義経批判を念頭に置いての発言だろうが、『吾妻鏡』は後年失脚する景時に対して冷淡であり（九二頁を参照）、「讒者景時」という『吾妻鏡』の評価を額面通り受け取るわけにはいかない。

腰越状に関しては、真作説と偽作説の両方が存在するが、やはり義経の死後に生まれた義経伝説の一つとして理解すべきであろう。要は義経の悲劇性を強調する作り話なのである。慈円《じえん》の『愚管抄《ぐかんしょう》』や軍記物『平家《へいけ》物語』諸本の中で最も古態を示すとされる延慶《えんきょう》本『平家物語』などは、義経が頼朝と面会した場面を描写している。こちらが真実ではなかろうか。

ただし、両人の関係が悪化し始めていたことは、『愚管抄』も認めている。

頼朝が義経への不信感を強めたのは、頼朝の構想とは全く異なる形で義経が平氏を討伐したからである。頼朝は平氏軍の補給路を断ち、持久戦によって平氏を降伏させようと考えていた。頼朝は範頼に対し、三種の神器（代々の天皇が継承する三種類の宝物。天皇の正統性を保証するもの）と安徳《あんとく》天皇を無事に京都に帰還させるよう繰り返し述べていた。頼朝は三種の神器と安徳を確保し、後白河《ごしらかわ》法皇との政治的取引に使う予定だったのであり、そのため平氏滅亡にはこだわらなかった。

ところが義経は短期決戦を志向し、平氏に降伏の機会を与えず、一挙に滅ぼしてしまった。これは平氏に深い憎悪を抱く後白河の意向に沿った行動である。結果、義経は大勝利を挙げたものの、安徳天皇は平氏一門と共に入水《じゅすい》自殺し、三種の神器の一つである草薙剣《くさなぎのつるぎ》は海底に沈んだ。よって、頼朝は義経を手放しで賞賛する気にはなれなかったのである。

加えて、以前から指摘されているように、平氏滅亡後の義経が後白河に重用され、その側近として振る舞うようになったことは、頼朝の危惧《きぐ》を招いた。武士が朝廷に仕えることは当たり前のことであり、義経に頼朝からの自立の意図はなかったであろう。しかし頼朝は、朝廷と御家人との直接の結びつきを断ち、御家人は頼朝を介して朝廷に奉仕するという体制を構築しつつあった。義経の後白河への接近は、唯一絶対の武家の棟梁《とうりょう》たらんとする頼朝の努力を無にしかねないものであり、京都で存在感を増す義経を頼朝が不快に思ったことは間違いない。

とはいえ、平氏滅亡の最大の功労者である義経を、さしたる理由もなく処罰することは、頼朝にはできなかった。二人の確執が表面化するのは、もう少し先のことである。

兄弟決裂の真因

文治《ぶんじ》元年（一一八五）八月の除目において、源義経《みなもとのよしつね》は頼朝《よりとも》の推薦によって伊予守《いよのかみ》に任官した。『吾妻鏡《あずまかがみ》』は、頼朝は四月の時点で義経を推薦しており、その後、義経との関係が破綻したものの、今更取り消すことができなかったと説明する。だが、腰越状の一件で頼朝・義経兄弟が決裂したという『吾妻鏡』の叙述に信を置けない以上、この説明も信じがたい。

元木泰雄《もときやすお》氏が明らかにしたように、この時代、伊予守は播磨守《はりまのかみ》と並ぶ受領《ずりょう》の最高峰である。また義経の遠祖である源頼義《よりよし》（義家《よしいえ》の父）が前九年の役の勝利によって得た恩賞が伊予守であり、源氏一門にとっては特に名誉な官職と言える。頼朝は義経の大功を認め、最高の恩賞を与えたのである。

ただし、頼朝にはもう一つの思惑があった。先述の通り、当時の原則に照らせば、受領と検非違使《けびいし》の兼任はできない。伊予守に任官した以上、義経は検非違使を辞任することになる。元木氏が推定するように、頼朝は義経に対し京都を離れるようメッセージを送ったのだろう。

ところが、義経は伊予守と検非違使を兼任した。この常識外れの人事を強引に通したのは、後白河《ごしらかわ》法皇以外に考えられない。後白河は義経が京都に留まることを望んだのである。

一般に、後白河は義経を頼朝の対抗馬とすべく引き立てたと言われている。だが後白河は頼朝を正四位下から従二位にまで一挙に昇進させた。義経への恩賞も独自に行ったりはせず、頼朝の推薦を受けて伊予守に任じている。後白河は頼朝を高く評価し、また御家人たちの主君たる頼朝の立場に深く配慮している。

平治《へいじ》の乱、治承《じしょう》三年の政変、法住寺《ほうじゅうじ》合戦と、後白河は三度にわたって幽閉の憂き目に遭っている。身の安全を図るため、忠実で信頼できる有力武士を手元に置いておきたいと後白河が思うのは、自然な感情であろう。後白河は頼朝を敵視したわけではなく、自分の行為が頼朝の感情を害するという認識すらなかったと思われる。

しかしながら後白河と義経の結合は、頼朝の目には、後白河が独自の武力を持とうとしているように、そして義経が頼朝の統制から離脱しようとしているように映った。この動きは、全国の軍事警察権を独占的排他的に掌握するという頼朝の構想と対立する。「検非違使就任」ではなく、「検非違使留任」こそが頼朝の怒りを買ったと見抜いた元木氏の慧眼《けいがん》に服すばかりである。

だが頼朝には、義経を処罰することよりも優先すべき事項があった。叔父の源行家《ゆきいえ》の討伐である。

源義経、謀反へ

源行家《みなもとのゆきいえ》は以仁王《もちひとおう》の令旨を携えて全国を回り、諸国の武士に決起を促した人物である。その意味では平氏討滅の功労者と言えるが、軍事指揮官としては無能で、源平合戦において顕著な軍功を挙げていない。おまけに頼朝《よりとも》の下につくことを潔しとせず、後白河の庇護下に入り鎌倉《かまくら》への参向を拒否していた。頼朝から見れば、行家の傲慢な態度は「謀反」に他ならず、行家討伐の準備を進めていた。頼朝は義経《よしつね》に対しても行家討伐の方針を伝えており、疑念を抱きつつも義経の協力を欲していた。

義経は、頼朝に反旗を翻そうとする行家の説得を試みたが、ミイラ取りがミイラになり、義経は行家と結託してしまった。義経と行家の挙兵が露見したのは、十月十三日のことである。この日、義経は後白河《ごしらかわ》に対し、頼朝追討の宣旨《せんじ》（朝廷が出す命令書）を求めた。

義経が奏上した内容によれば、挙兵の動機は、平氏追討の最大の功労者であるにもかかわらず、恩賞を与えられるどころか、かえって抑圧を受けているという不満にあった。具体的には、①伊予守《いよのかみ》に任じられたものの、頼朝が各地に地頭を設置したため、義経に収益が入ってこないこと、②以前、頼朝から与えられていた没官領《もつかんりよう》二〇ヶ所は、平氏滅亡後にことごとく没収されてしまったこと、を挙げる。

まず②から見てみよう。この没官領とは、義経が伊賀《いが》・伊勢《いせ》の平氏方残党を追討した際に接収した彼らの所領である。東島誠《ひがしじままこと》氏が解明したように、これらの所領は義経の所領になったわけではなく、義経が配下の武士たちに再配分する権利を得たにすぎない（むろん配分せず手元に置いておけば、実質的には義経の所領である)。

頼朝が義経に没官領を預けたのは、平氏討伐戦を円滑に進めるための暫定的措置である。つまり、義経が畿内・西国の武士を組織化できるように経済的基盤を与えたのであり、いわば戦時の特例である。頼朝の構想では、武士たちに恩賞として所領を与えられる存在は頼朝一人でなければならない。終戦にともない、頼朝が義経に与えた非常時特権を解除することは当然である。

次に①だが、元木《もとき》泰雄《やすお》氏が指摘するように、没官領二〇ヶ所の没収の代償として与えた恩賞が伊予守であったと考えられる。しかし義経が鎌倉への下向を忌避し、後白河の側近という地位を保とうとしたため、頼朝は地頭を設置して義経の伊予国支配を妨害した。これにより、義経は独自の経済的基盤を失い、頼朝に屈従するか、頼朝と一戦交えるかの二者択一を迫られることになった。

ただ、これだけでは恩賞の不満という個人的な問題にすぎず、義経に国家的な追討命令を与える理由としては弱い。そのためか、義経は「頼朝が私を暗殺しようとしています」と訴えた。暗殺計画が事実ならば、義経の挙兵は自衛行動として正当化される。実際、親頼朝派の公卿である藤原兼実《ふじわらのかねざね》さえも、多大な勲功がある義経の殺害を企んでいるとしたら、頼朝はあまりに冷酷であると批判している。

義経襲撃は現場の独断だった

義経《よしつね》は同月十六日に再び頼朝追討の宣旨を発給するよう後白河院《ごしらかわ》に迫った。翌日の晩、義経の訴えを裏付けるかのように事件が起こった。土佐房《とさのぼう》昌俊《しょうしゅん》らが義経邸を襲撃したのである。義経側はこれを撃退したが、義経が態度を硬化させたのは言うまでもない。

この事件について『吾妻鏡《あずまかがみ》』や『平家《へいけ》物語』諸本は、襲撃は頼朝《よりとも》の指示によるものとする。しかしながら、本当に頼朝の指示があったかどうか疑問である。藤原兼実《ふじわらのかねざね》が日記『玉葉《ぎょくよう》』に記しているように、義経を処罰したいのなら、義経を鎌倉《かまくら》に召喚すればいいだけのことである。現に頼朝による粛清は、基本的に鎌倉で行われている。上総広常《かずさひろつね》は頼朝邸で双六《すごろく》をやっているところを誅殺されているし、一条忠頼《いちじょうただより》も頼朝に招かれた宴会の席で殺されている。これに比べて、京都に刺客を送って厳戒態勢の義経を暗殺するのは至難の業である。

このため、刺客派遣は義経の殺害が目的ではなく、義経を激昂させ、挙兵を誘うための策謀である、という学説もある。河内祥輔《こうちしょうすけ》氏は、刺客の一行が八三騎という大人数で鎌倉を出発している点、京都までは七日もあれば十分なのに九日もかけている点に注目し、頼朝が刺客派遣があえて露見するよう仕組んでおり、義経への挑発が目的であったと推測している。

しかし襲撃事件の直後にあたる十月二十四日には、頼朝の父義朝《よしとも》の菩提《ぼだい》寺として鎌倉に建立した勝長寿院《しょうちょうじゅいん》の落成供養が予定されていた。平治《へいじ》の乱で非業の死を遂げた父義朝の追善供養は、頼朝が父の仇《かたき》である平氏を討ち滅ぼして源氏を再興したことを内外に表明するものであり、頼朝が武家の棟梁としての権威を高めるためには不可欠の儀式であった。

その準備の最中に義経謀殺などという後ろ暗い計画を立てるだろうか。菱沼一憲《ひしぬまかずのり》氏が指摘するように、父義朝の供養の直前に、義朝の息子である義経を殺害するのは筋が通らず、もし殺害を試みるならば、供養法会の後でなければならない。また『玉葉』は、襲撃は義経方の内通者の協力を得て行われたと記しており、最初から失敗するつもりだったとは思われない。

以上のように見ていくと、刺客たちが頼朝の指令を受けて鎌倉から出発したという『吾妻鏡』の説明じたいを疑うべきだろう。『吾妻鏡』が記す刺客の行動が不可解なのは、失敗を前提とした義経への挑発が目的だったからというより、そもそも記述が虚構だからなのである。なお『平家物語』では、刺客が九月二十九日に鎌倉を出発し十月十日に上洛したとするが、襲撃が行われた十七日まで漫然と時を過ごしており、これまた不自然である。十七日の土佐房昌俊襲撃事件そのものは事実であるが、それが頼朝の命によるものという話を盛り込んだ結果、辻褄《つじつま》が合わなくなってしまったのだろう。

菱沼一憲氏は、十月十七日の襲撃者たちは鎌倉から派遣されたのではなく、在京もしくは京都周辺の武士であると説く。十月十三日に明らかになった義経挙兵計画を受けて、義経に従わず、独断で先制攻撃を行ったのだという。おそらく、これが真相であろう。義経が「頼朝に謀殺される」と触れ回っていたところ、タイミング良く襲撃事件が発生したため、頼朝の指示によるものとの誤解が広がったのではないだろうか。

鎌倉後期に成立した歴史書『吾妻鏡』は、北条《ほうじょう》氏による政権掌握を正当化する側面を持つ。よって傲慢な義経を非難するだけでなく、勲功ある弟を死に追いやった酷薄な頼朝に対しても批判的であり、この兄弟の確執が後の源氏将軍断絶につながった（頼朝の子孫が絶えたのは頼朝の自業自得）という理解をとっている。こうした『吾妻鏡』の主張を支えるため、「頼朝による義経謀殺未遂事件」という頼朝の冷酷さを強調する挿話が生み出されたと考えられる。

現実の頼朝は、勝長寿院の供養法会への招待を口実に、義経を鎌倉に召喚しようとしていたと思われる。鎌倉に来れば、義経を詰問、ないし拘束できるし、来なければ親不孝者として糾弾できる。義経の武勇は頼朝にとって脅威であり、軍事的衝突を回避しつつ義経を屈服させる道を頼朝は探っていたと見るべきだろう。

後白河は頼朝の怒りを予想していなかった

十月十八日、後白河《ごしらかわ》法皇は源《みなもとの》義経《よしつね》・行家《ゆきいえ》に源頼朝《よりとも》追討の宣旨を与えた。藤原兼実《ふじわらのかねざね》は、頼朝に朝廷への謀反の意思はないと主張し、宣旨発給に反対したが、その諫言は容《い》れられなかった。

後白河法皇の側近である高階泰経《たかしなのやすつね》が藤原兼実に語ったところによると、源義経は頼朝追討の許可が得られない場合は、後白河法皇・後鳥羽《ごとば》天皇以下を拉致《らち》して九州に下る、と後白河を脅したという。『玉葉《ぎょくよう》』のこの記述に従えば、頼朝追討は後白河の本意ではなく、後白河は義経に脅迫された被害者ということになる。

一方、泰経の説明は、藤原兼実ら宣旨発給反対派を説得するための方便にすぎず、実際には後白河が義経をそそのかしたという説も根強い。本書でたびたび紹介した**「主体と客体の逆転」**という思考法である。

しかし後白河は、兼実らに諮問を行ったものの、最終的には左大臣藤原経宗《つねむね》・内大臣藤原実定《さねさだ》の意見に従って宣旨の発給を決定しており、公家社会の合意形成に努力した形跡は認められない。この点で親頼朝派説得のためのレトリックという解釈には疑問が残る。

さらに、義経に脅されて追討宣旨を出したという話が広がれば、宣旨の正統性が大きく揺らぎ、義経を支援する効果が十分に得られない。実際、後に義経が挙兵に失敗すると、兼実は「追討宣旨の発給が法皇の御本意でないとの噂が広がったため、近隣の武士たちが義経に従わなかったのだ」と原因を分析している。後白河に義経をけしかける意図があるなら、「脅された」などと言い訳せず、積極的に宣旨を発給すべきなのである。

藤原経宗は「現在、在京する有力武士は義経だけである。彼の要求を拒んで合戦になったら、彼に対抗できる者はいない。義経の申請を認めるほかない」と述べている。在京する有力武士と敵対して、たびたび幽閉の憂き目に遭った後白河の耳には、説得力のある意見として響いただろう。また平氏都落ちの際、後白河は上手《うま》く逃れたが、安徳天皇は平氏に西国まで連れて行かれており、義経の「断れば九州に連れて行く」という恫喝《どうかつ》は、後白河にとって現実的な恐怖であった。

ちなみに高階泰経は藤原兼実に対し「法皇は、過去二度にわたって不本意な頼朝追討命令を出しているが（一度目は平氏に脅されて、二度目は源義仲《よしなか》に脅されて）、このことで頼朝から責任を追及されたことはない」と説き、脅迫された結果の宣旨発給なら問題ないと主張している。義経挙兵の結末を知る者から見れば甘い判断だが、前例を参照して行動を決める公家の発想としては、ごく常識的なものと言えよう。

結局、後白河が義経を支援して頼朝に対抗しようとしたという見解は、**「後白河は陰謀家である」**という先入観に支えられているように思う。確かに後白河は保元《ほうげん》の乱、平治《へいじ》の乱、治承《じしょう》三年の政変、平家都落ち、法住寺《ほうじゅうじ》合戦など数々の戦乱・政変に巻き込まれながらも、しぶとく生きのびてきた。

しかも後白河はその過程で、義経に源義仲・平氏一門を討たせている。自らを脅かした平氏と義仲を最終的には滅ぼしているのである。頼朝が後白河を「日本国第一の大天狗《てんぐ》」と評したという逸話も著名である。このような流れを踏まえると、後白河が武士たちを手玉に取って、互いに争わせることで自己の主導権確立を狙った、と考えたくなるのも故なしとしない。

けれども、後白河の行動を細かく検討してみると、長期的視野に基づく戦略的な思考を見出すことは全然できない。判断が常に場当たり的で、ほとんどが裏目に出ている。にもかかわらず生き残れたのは、単に彼が至尊の地位にいたからにすぎない。頼朝に依存しない独自の軍事体制の構築といった深い戦略性が後白河にあったとは考えられず、保身のために便宜的に宣旨を発給したという解釈が最もしっくりいく。

源義経の権力は砂上の楼閣だった

宣旨を獲得した源《みなもとの》義経《よしつね》・行家《ゆきいえ》は早速、軍勢を募った。義経らがこのタイミングで挙兵したのは、勝長寿院の落成供養に参加するために東国武士が鎌倉に集結し、京都周辺に軍事的空白が生まれたことが一因である。

このため、源頼朝《よりとも》が義経の挙兵を誘うため、意図的に隙を作ったという説もある。第一章で紹介した、石田三成《いしだみつなり》らの決起を誘うために徳川家康《とくがわいえやす》が会津《あいづ》征伐を強行したという説と類似の発想である。

しかし、これは義経の反乱計画があっけなく頓挫《とんざ》してしまったことを知る後世の人間が説く**結果論**にすぎないと思われる。義経が京都で挙兵し、一定の勢力を築いたならば、義経と関係の深い奥州藤原《ふじわら》氏が呼応する恐れがある。この場合、頼朝の鎌倉《かまくら》政権は義経と奥州藤原氏に挟撃される形になる。頼朝がその危険を冒してまで、義経を挙兵に追い込みたかったとは考えにくい。

しかも頼朝による勝長寿院の落成供養は、義経との関係が険悪になる前から計画されていたものである。挙兵を誘うための策謀と捉《とら》えるのは穿《うが》ちすぎた見方ではないだろうか。前述したように、勝長寿院の法会は基本的には義経を鎌倉に呼び出すための口実として利用されたと考えられる。頼朝が義経処罰に傾いたのは、義経が検非違使《けびいし》に留任した八月以降だが、義経を京都から引き離すという考えは、それ以前から持っていたからである。

ところが、義経の募兵に応じる者は全くいなかった。平氏討伐の英雄である彼のもとに武士たちが集まらなかったのはなぜだろうか。

もともと義経の直属武力は脆弱《ぜいじゃく》であった。そんな義経が平氏を討つことができたのは、畿内・西国の武士たちを糾合することに成功したからに他ならない。だが、それは義経の個人的魅力によるものではない。彼らは反平氏という利害の一致から義経に協力した同盟軍的存在であった。

そんな彼らを義経が統率し得たのは、頼朝の代官という地位と、後白河《ごしらかわ》法皇による平氏追討命令である。だが今や、義経は頼朝と敵対し、かつ彼が帯びる頼朝追討の宣旨も後白河から強引に引き出したものにすぎない。かつて義経の麾下《きか》に入って平氏追討戦に参加した者たちが次々と離反したのは必然であった。

一方、義経・行家の反乱を知った頼朝は、落慶供養を終えると、ただちに御家人たちに上洛命令を出した。しかし鎌倉に集まった二〇九六人の御家人のうち、即座に上洛すると応じたのは五八人に留まった。東国武士たちも義経の武勇を恐れていたことが分かる。

そこで頼朝は二十九日、自ら出陣した。頼朝が出陣するのに御家人たちが随従しないわけにはいかないので、大軍に膨れあがった。十一月一日、頼朝軍は駿河《するが》国黄瀬川《きせがわ》（現在の静岡県駿東《すんとう》郡清水町《しみずちょう》）に着陣する。皮肉なことに、ここ黄瀬川は、頼朝・義経兄弟が涙の対面を果たした地である。

頼朝は義経と争うことに不安を感じていただろうが、東国武士との固い絆《きずな》は義経にはない強みだった。伊豆《いず》での旗揚げ以来、共に何度も死線をくぐり抜けてきた頼朝主従の結束力は義経の予想を超えていた。頼朝が自ら大軍を率いて上洛すると怯《おび》えた畿内・西国の武士たちは義経のもとに結集するどころか、むしろ保身のために義経を討とうとしたのである。

むろん源頼朝の幕下に加わった東国武士の中にも、自立性を保ち、頼朝の命令に容易に従わない者もいた。だが頼朝は長い時間をかけて、あるいは粛清し、あるいは屈服させた。これに対して、義経には畿内・西国の武士たちと主従関係を構築する時間が不足していた。

京都で頼朝勢を迎え撃つことを断念した義経と行家は、十一月三日、態勢を立て直すべく、九州を目指して出京した。その数、わずか二〇〇騎ほどだったという。翌四日、淀川《よどがわ》（神崎《かんざき》川《がわ》）河口の摂津《せっつ》国河尻《かわじり》で待ち構えていた現地武士の太田《おおだ》頼基《よりもと》と交戦し、これを打ち破った。五日夜に大物浦《だいもつのうら》から出航した義経一行は激しい暴風雨に見舞われて難破し、散り散りとなって逃走した。義経は各地を逃げ回った末、奥州平泉《ひらいずみ》に身を寄せた。

義経の京都脱出を知った頼朝は、黄瀬川から鎌倉に戻り、使者を京都に送って頼朝追討の宣旨を出した後白河の責任を追及する。その結果獲得したのが、いわゆる「文治《ぶんじ》勅許」である。教科書的に言えば、「全国に守護・地頭を設置する権利を朝廷から認められた」ということになるが、勅許の内容については学界で激しい論争がある。ただし、本書のテーマからは外れるので、この点は割愛する。

義経をかくまった奥州藤原氏を滅ぼして全国統一を果たしたことも含め、義経の反乱は結果的に多くの果実を頼朝にもたらした。だが頼朝の行動が全て計算ずくで、最初から義経を罠《わな》にはめようとしていたかのような説明は慎むべきだろう。初の武家政権を樹立することになる頼朝には、手本がなかった。彼は常に試行錯誤を迫られたのであり、将来を展望することは極めて困難だった。〈頼朝＝陰謀家〉という色眼鏡を外すことは、鎌倉幕府成立史を考える上でも重要だろう。

第三章　鎌倉幕府の歴史は陰謀の連続だった

第一節　源氏将軍家断絶

源頼家暴君説は疑問

良く知られているように、鎌倉《かまくら》幕府の創業家である源氏将軍家はわずか三代三〇年で滅びた。その過程では多くの陰謀が繰り広げられた。まずは鎌倉幕府二代将軍、源頼家《みなもとのよりいえ》の失脚について見てみよう。

建久《けんきゅう》十年（正治《しょうじ》元年、一一九九）正月、源頼家は父である源頼朝《よりとも》の急死にともない、鎌倉殿（鎌倉幕府の最高権力者）の地位を継いだ。しかし、頼家は建仁《けんにん》三年（一二〇三）に病を得て、北条氏《ほうじょう》らによって廃されてしまう。

鎌倉幕府の準公式歴史書である『吾妻鏡《あずまかがみ》』は、頼家は側近の専横を放置し、頼朝以来の老臣を軽視したため、御家人たちの反発を買い、見限られたと記す。しかし『吾妻鏡』は、北条氏が鎌倉幕府の実権を握った時代に成立した歴史書だから、北条氏と対立した頼家をことさらに悪く描いた可能性がある。御家人同士の土地の境界争いに際し、頼家が各々の言い分をまともに聞こうとせず、絵図の中央に墨を一直線に引き、「土地が広いか狭いかは、お前たちの運次第だ」と言い放ったという『吾妻鏡』に載る有名な逸話も、いかにも作り話めいており、信用しがたい。『吾妻鏡』の記述に依拠して頼家=暴君と決めつけるべきではない。

頼家と有力御家人たちとの対立の起点として知られているのが、いわゆる「十三人の合議制」である。『吾妻鏡』によれば、建久十年四月十二日、幕府において「諸訴論の事、羽林(頼家)直《じか》に聴断《ちょうだん》せしめ給うの条、これを停止《ちょうじ》せしむべし」という決定がなされたという。そして今後は、北条時政《ときまさ》・同義時《よしとき》(時政の子)、大江広元《おおえのひろもと》、三《み》善康信《よしやすのぶ》、中原親能《なかはらちかよし》、三《み》浦義澄《うらよしずみ》、八田知家《はったともいえ》、和田《わだ》義盛《よしもり》、比企《ひき》能員《よしかず》(比企尼《ひきのあま》の甥《おい》)、安《あ》達盛長《だちもりなが》、足《あ》立遠元《だちとおもと》、梶原景時《かじわらかげとき》、二《に》階堂行政《かいどうゆきまさ》の十三名が合議して政務運営を行うことになったとされる。

従来、この十三人の合議制は、頼家の独断専行を抑止し、有力御家人たちの合議をもって幕府の決定とする政治制度として理解されてきた。だが、前掲の絵図に直線を引いた話も、

将軍の家系図

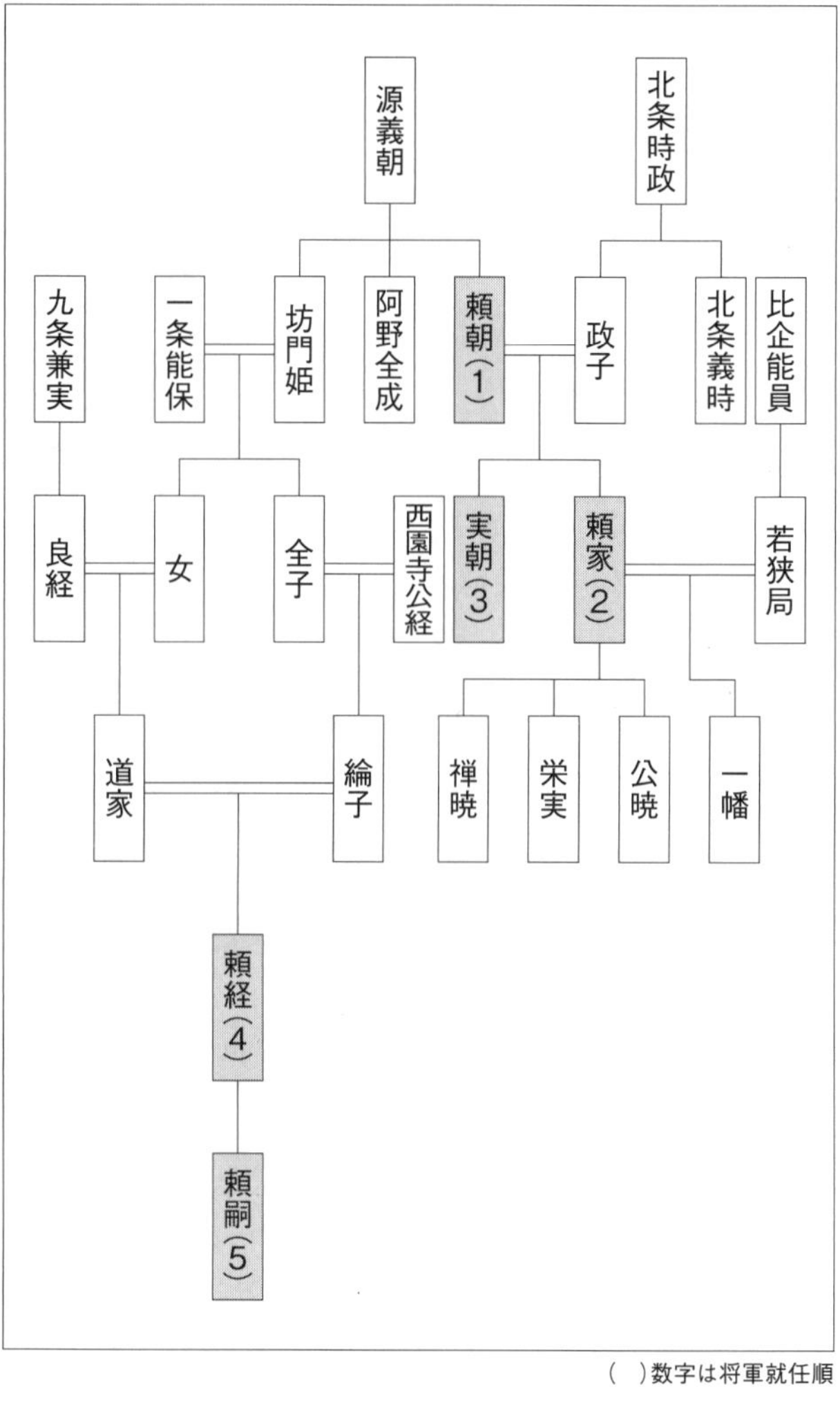

（　）数字は将軍就任順

十三人合議制成立以後の事件であり、頼家が良くも悪くも政治的意思を発揮した事例は散見される（『吾妻鏡』だけでなく頼家発給の文書も残っている）。また、十三人全員が集まって合議を行った実例は確認されていない。近年の研究によれば、「十三人の合議制」とは、十三人のうちの数名が評議し、その結果を頼家に提示した上で、頼家が最終的判断を下す政治制度であったという。すなわち、禁止されたのは十三人以外の御家人が訴訟を頼家に取り次ぐことだったのである。

様々な人間が好き勝手に訴訟を持ち込めば幕政は混乱する。その意味で、十三人合議制は必ずしも頼家の権力を掣肘《せいちゅう》するものとは言えず、むしろ年若い頼家を補佐する仕組みと言える。当初から頼家と有力御家人たちが対立していたと見るべきではない。

梶原景時の変

十三人合議制成立から半年後の十月二十五日、源頼朝《みなもとのよりとも》の烏帽子子《えぼしご》であった結城朝光《ゆうきともみつ》が頼朝を追慕して、「忠臣は二君に仕えずというが、頼朝様の御遺言に従って出家しなかった。今となっては後悔している」と御家人たちに語った。すると二十七日、北条政子《ほうじょうまさこ》の妹で幕府の女房（女官）であった阿波局《あわのつぼね》が「梶原景時《かじわらかげとき》があなたの発言を謀反の表れと頼家《よりいえ》様に讒言《ざんげん》し、あなたを討とうとしています」と告げた。

仰天した朝光は朋友《ほうゆう》の三浦義村《みうらよしむら》に相談した。義村は他の御家人たちに呼びかけて、連名で梶原景時の弾劾状を作成した。翌二十八日、義村らは大江広元《おおえのひろもと》に弾劾状を渡した。広元は「景時の讒訴は問題だが、頼朝様の側近だった者を処罰してよいものだろうか」と逡巡《しゅんじゅん》し、事態の平和的解決を模索した。だが十一月十日、和田義盛《わだよしもり》に強く迫られ、広元は弾劾状を頼家に取り次ぐことを約束した。十三日、頼家は景時に弁明を求めたが、景時は一言も抗弁することなく一族郎党を率いて本拠地である相模国《さがみ》一宮（現在の神奈川県寒川町《さむかわまち》）に退去した。

この潔い態度が評価されてか、梶原景時は十二月九日にいったんは鎌倉に帰還する。だが評議が重ねられた結果、十八日に景時を鎌倉から追放するという処分が決まった。翌正治《しょうじ》二年（一二〇〇）正月十九日夜、景時は子息らを連れて一宮をひそかに離れた。この行動が謀反を起こすために上洛したものとみなされ、幕府は討伐軍を派遣した。しかし討伐軍が到着する前に、景時一行は駿河《するが》国清見関《きよみがせき》（現在の静岡県静岡市清水《しみず》区）で現地の武士たちに討たれた。以上が『吾妻鏡』が記す梶原景時の変の概要である。

この事件には謎が多い。そもそも景時が本当に朝光を讒訴したかどうかも定かではない。前述したように、騒動の火付け役となった阿波局は政子の妹であり、景時らが襲撃を受けた駿河国の守護は政子の父の北条時政《ときまさ》である。事件そのものが梶原景時を追い落とすための北条氏の陰謀とも考えられる。

なお『愚管抄《ぐかんしょう》』は、景時が頼家の「一の郎等」であることを誇り、他の御家人を侮ったために彼らから排斥されたと説く。また『玉葉《ぎょくよう》』は、御家人たちに憎まれていた景時は、「頼家様の弟の千幡《せんまん》（のちの実朝《さねとも》）を擁立しようとする謀反の動きがあります」と頼家に讒言したものの、それが虚偽であることが露見し、鎌倉から追放されたと記す。

梶原景時が同僚を陥れようとしたのか、むしろ彼こそが陰謀の犠牲者なのか。いずれとも判断しがたいが、少なくとも彼が御家人集団から浮き上がっていたのは間違いなかろう。ただそれは、景時の性格よりも、鎌倉殿側近という彼の立場に起因するものだろう。頼家は父頼朝のように独裁的な幕政運営を望んだが、それは有力御家人の既得権を侵すことにつながる。景時が頼家の右腕たらんとすれば、他の有力御家人との衝突は不可避であった。

梶原景時の政治的な人脈にも問題があった。本郷和人《ほんごうかずと》氏が指摘するように、景時は当時の朝廷における最大の実力者であった源通親《みちちか》と親しかった。藤原兼実《ふじわらのかねざね》は日記『玉葉』において、景時の死を喜んでおり、自らの政敵である通親と景時との関係を踏まえての記述と解される。大江広元が景時弾劾をためらったのも、彼もまた通親と親密だったからだろう。しかも景時は頼朝に掛け合って、治承《じしょう》・寿永《じゅえい》の内乱において平氏方についた城長茂《じょうながもち》・藤原高衡《たかひら》らの命を救ったことがあった。景時の死から一年後、彼らは敵討ちのため幕府に反旗を翻している。

朝廷と深く結びつき、旧平氏系武士に強い影響力を持つ景時の姿は、かつての源義経《よしつね》のそれに重なる。東国武士たちが景時に反発するのは自然なことだった。

慈円《じえん》は『愚管抄』において、腹心である景時をかばいきれなかったのが頼家の最大の失策であったと論じている。だが、頼家も景時を失った後、手を拱《こまね》いていたわけではなく、反撃を行っている。それが阿野全成事件《あのぜんじよう》である。

阿野全成は頼朝の異母弟で、阿波局を娶《めと》っていた。つまり北条時政の娘婿である。そして全成は千幡の乳父（養育係）でもあった。北条時政・阿野全成は頼家に代わって千幡を将軍にする陰謀をめぐらしていた。しかし建仁《けんにん》三年（一二〇三）五月、先手を打った頼家は軍勢を派遣して阿野全成を謀反人として捕らえ、常陸国《ひたち》に配流した。六月には全成は配所で誅殺《ちゆうさつ》され、その子頼全《らいぜん》も翌七月に京都で殺された。

頼家は阿波局も逮捕しようとしたが、頼家の実母にして阿波局の姉である北条政子によって阻まれた。しかしながら、千幡の後ろ盾であった阿野氏が謀反の罪で滅ぼされたことは、千幡の立場を著しく悪化させた。頼家が得点を稼いだと言えよう。

北条時政こそが「比企能員の変」の黒幕だった

建仁三年七月、頼家《よりいえ》が重病を患い、八月末には危篤状態に陥った。そして翌九月には比企《ひき》氏の変が起こる。

比企氏の変とはどのような事件だったのか。『吾妻鏡《あずまかがみ》』によれば、頼家の危篤を受けて幕府内で後継者問題が話し合われ、日本国惣守護《そうしゅご》と関東二八カ国の惣地頭《そうじとう》の地位を頼家嫡子の一幡《いちまん》が、関西三八カ国の惣地頭の地位を頼家の弟の千幡《せんまん》が継承するという、分割相続に決定した。これに不満を持ったのが、頼家の舅《しゅうと》、そして一幡の外祖父である比企能員《よしかず》である。九月二日、能員は娘の若狭局《わかさのつぼね》を通じて分割相続を阻止するよう頼家に働きかけ、頼家は病床に能員を招いて、北条氏討伐の計画を話し合った。

ところが、障子越しにこの密事を耳にした北条政子《ほうじょうまさこ》は父時政《ときまさ》に急報した。時政は大江広元《おおえのひろもと》の支持をとりつけ、薬師如来像供養にかこつけて能員を自邸に招いた。密事が漏れているとも知らぬ能員は、「危険です」「せめて甲冑《かっちゅう》を」という一族の制止を振り切って、わずかな供を連れて北条邸に出向き、その場で殺されてしまった。能員の死を知った比企一族は一幡の御所にたてこもったが、北条政子の命を受けた大軍に攻められ、一幡ともども滅亡した。

五日、多少病気が良くなった頼家は息子と舅の死を知り激怒し、北条時政を討伐しようとしたが失敗、七日には北条政子の命により出家させられ、二十九日には伊豆《いず》修善寺《しゅぜんじ》に護送、幽閉された。そして翌元久《げんきゅう》元年（一二〇四）七月十八日、頼家は修善寺で北条氏の手の者に暗殺された。二三歳であった。

以上が、『吾妻鏡』が記す比企氏の変の概要だが、どうにも不自然な点が多い。政子が障子越しに密談をたまたま立ち聞きするなど、まるで安手のサスペンスドラマのようで、事実とは思われない。謀反を計画中の比企能員が丸腰同然で敵の屋敷に乗り込むというのも考えにくい。

実は『愚管抄《ぐかんしょう》』が語る比企氏の変は、『吾妻鏡』のそれとは全く異なる。頼家は病が重くなったので一幡に家督を譲ろうとした。しかし、一幡の外祖父である能員の権勢が高まることを恐れた時政が能員を呼び出して謀殺し、さらに一幡を殺そうと軍勢を差し向けた。一幡はようやく母の若狭局が抱いて逃げ延びたが、残る一族は皆討たれた。やがて病気が癒《い》えた頼家は事件を聞いて激怒、太刀を手に立ち上がったが、政子がこれを押さえつけ、修禅寺に押し込めてしまった。十一月になって一幡は捕らえられ、北条氏の手勢に刺し殺されたという。

つまり、『愚管抄』に従えば、頼家と能員が時政討伐を企てたのではなく、時政が能員討伐を企てたということになる。こちらの方が真相に近いだろう。

頼家が病死した場合、嫡男の一幡が跡を継ぐのが当然である。たしかに一幡はまだ六歳と幼いが、千幡とて一二歳にすぎず、一幡をさしおいて千幡を跡継ぎにしたり、分割相続したりする正当性は希薄である。一幡が鎌倉殿になれば比企能員は自動的に外戚《がいせき》として権力をふるえるのだから、能員には挙兵の動機がない。勢力挽回《ばんかい》のために政変を仕掛ける必要があったのは、むしろ時政の方である。またまた**「加害者（攻撃側）と被害者（防御側）の立場が実際には逆」**というパターンだ。

　真犯人は時政ではないかと疑い出すと、同時代史料である『猪熊関白記《いのくまかんぱくき》』（藤原家実《ふじわらのいえざね》の日記）の記事が気になってくる。この日記によれば、建仁三年九月七日朝に、幕府の使者が京都に到着し、「去る九月一日に頼家は病死したので、頼家の弟の千幡を征夷《せいい》大将軍に任命してほしい」と奏上している。この「頼家が死んだので千幡を将軍に」という話は、藤原定家《ていか》の日記『明月記《めいげつき》』や白川業資《しらかわなりすけ》の日記『業資日記』などにも記述されており、幕府が頼家の死を朝廷に報告したのは確実である。

　後鳥羽院《ごとばいん》はこれを受け入れて千幡に実朝《さねとも》の名を与え、征夷大将軍に任命しているが、問題はタイミングである。頼家死去の報（実際はまだ生きていた）が京都に届いたのは九月七日である。石井進《いしいすすむ》が指摘したように、当時の使者の移動スピードを考慮すると、この使者は九月の一日か二日に鎌倉を発っている。したがって時政は既にこの時、頼家・一幡・能員（九月二日死亡）の殺害を予定していたことになる。比企能員の陰謀を北条時政が事前に察知して返り討ちにしたのではなく、時政こそが陰謀の仕掛け人だったのである。

　また、時政の一子時房《ときふさ》は頼家の側近であったが、頼家失脚に連座することなく北条氏一門で重きをなしている。石井が推測したように、時房は時政が頼家のもとに送り込んだスパイだったのだろう。時政の用意周到さがうかがわれる。

策士・時政が策に溺れた「牧氏事件」

比企《ひき》一族を滅ぼし、源 実朝《みなもとのさねとも》を将軍に擁立した北条時政《ほうじょうときまさ》は、幕府の実権を握った。しかし、その時政も元久《げんきゅう》二年（一二〇五）には失脚してしまう。以下で経緯を述べる。

元久元年十一月、時政の後妻牧《まき》の方の娘婿である平賀朝雅《ひらがともまさ》が、武蔵《むさし》の有力武士で幕府創業の功臣である畠山重忠《はたけやましげただ》の嫡子重保《しげやす》と酒席で喧嘩《けんか》になった。周囲の止めが入り、その場は収まったが、朝雅は恨みを忘れていなかった。

翌二年六月二十一日、朝雅は牧の方を通じて「畠山重忠に謀反の意思あり」と時政に讒訴した。寵愛《ちょうあい》する牧の方に頼まれた時政は、畠山重忠父子の誅殺を考え、息子の義時《よしとき》・時房《ときふさ》に相談したが、両人は「重忠は忠義の士であり、父上の娘婿です。本当に謀反を企てているのか確かめてからでも遅くはないでしょう」と反対した。しかし時政は既に重忠討伐を決意していた。

この頃、畠山重保は親戚の稲毛《いなげ》重成《しげなり》に招かれて鎌倉《かまくら》に来ていた。だが重成は時政の娘婿であり、時政の指令に従って重保をおびき寄せたのである。二十二日の朝、謀反人を討つべく由比ヶ浜《ゆいがはま》に集まれとの命を受けた重保は三人の家来と共に由比ヶ浜に駆けつけたが、時政の指示を受けた三浦義村《みうらよしむら》の軍勢によって討たれてしまった。

鎌倉で謀反が起きたので急ぎ馳《は》せ参じよと稲毛重成から連絡を受けた畠山重忠は兵を率いて鎌倉に向かったが、二俣川《ふたまたがわ》の付近（現在の神奈川県横浜市旭《あさひ》区）で重保が殺されたこと、自分が謀反人として討伐されようとしていることを知った。本拠地に引き返して態勢を立て直すべきとの意見を退け、「逃げるところを討たれた梶原景時《かじわらかげとき》のような末路をとりたくない」と幕府の大軍に真っ向から突撃し、華々しい戦死を遂げた。

重忠を討った後、鎌倉に帰還した北条義時は、「重忠の弟や親戚のほとんどは他所《よそ》にいて、重忠に従っていたのはたった百人余り。やはり重忠が謀反を企てたという話は偽りだった」と時政をなじった。重忠は冤罪《えんざい》だったという評判が広まり、窮地に陥った時政は、重成を殺し、全ての責任を彼に押しつけた。

『吾妻鏡《あずまかがみ》』は事件の原因を平賀朝雅の畠山重保への怨恨《えんこん》に求め、若い後妻の言いなりになる時政を戯画的に描くが、実際にはより政治的な対立があったと思われる。平賀朝雅は武蔵守を務めており、北条時政・平賀朝雅が武蔵の武士団を掌握するためには、声望が高い武蔵の名門武士である畠山重忠を排除する必要があった。だが、時政のあまりに強引な手法は、御家人たちの強い反発を呼んだ。重忠討伐の論功行賞は、将軍実朝の実母である北条政子《まさこ》によって取り仕切られ、時政は蚊帳《かや》の外に置かれた。もともと北条政子・義時姉弟は、継母の牧の方と折り合いが悪かったが、今回の事件を契機に両者は完全に決裂した。

追いつめられた北条時政は思い切った賭《か》けに出た。実朝を廃し平賀朝雅を将軍にしようと考えたのである。

平賀氏は清和《せいわ》源氏義光《よしみつ》流の武士（信濃《しなの》源氏）である。朝雅の父である義信《よしのぶ》は平治《へいじ》の乱において源義朝《よしとも》（頼朝《よりとも》の父）の東国への逃避行にも付き従った忠臣であり、治承《じしょう》・寿永《じゅえい》の内乱が起こると地理的関係から当初は源義仲《よしなか》に協力するも、その後、頼朝に従う。義信は頼朝に厚遇され、源氏一門の首座、すなわち御家人筆頭に列せられた。北条時政はもちろんのこと、源範頼《のりより》よりも上位に位置づけられたのである。息子の平賀朝雅も武蔵守に加え京都守護の要職を占めていた上、後鳥羽《ごとば》院の信任も厚く、朝雅を将軍にという時政の案はそれなりに現実性のあるものだった。

だが陰謀は事前に露見し、閏《うるう》七月十九日、北条政子の命を受けた御家人たちが実朝を時政邸から連れ出し、義時邸に入れた。これを見た時政方の御家人たちは義時邸に走り、孤立した時政は出家した。翌二十日、北条義時が執権職（将軍の補佐役）に就任し、京都に使者を派遣して在京の御家人たちに朝雅討伐を命じた。この日、時政は伊豆《いず》国北条に下り、以後二度と復権することはなかった。朝雅が京都で討ち取られたのは二十六日のことである。将軍生母である政子を味方につけ、実朝を抱え込むことに成功した義時の作戦勝ちと言える。

北条義時が父時政に逆らい、これを追放したのはなぜか。牧の方への不満、畠山重忠を死に追い込んだことへの反発なども原因だろうが、本質的には家督問題があったと思われる。実は時政が自身の後継者と位置づけていたのは、義時ではなく、牧の方が産んだ政範《まさのり》であった。しかし政範は元久元年十一月、一六歳で夭折《ようせつ》した。政範の急死が時政・牧の方に与えた衝撃は大きく、このことが時政夫妻をして畠山重忠討伐という愚行に走らせたと見る研究者もいる。

続いて後継者に浮上したのが、義時の次男の朝時《ともとき》であった。朝時の母は、比企尼《ひきのあま》の実子で早世した比企朝宗《ともむね》の娘だった。比企氏が族滅した今、比企氏の莫大《ばくだい》な所領を引き継ぐ資格があるのは朝時だけであり、比企氏の遺産を円滑に接収するため、時政は孫の朝時を後継者に立てたのである。

一方、細川重男《ほそかわしげお》氏の研究によれば、北条義時は江間《えま》家という分家を立てており、北条氏本家からは外れていた。時政の失脚により、義時は北条氏の当主となり、その後継者の椅子には義時長男の泰時《やすとき》が座った。牧氏事件は、庶家江間氏による北条氏本家乗っ取りという側面を有していたのである。

源実朝暗殺の黒幕

建保《けんぽう》七年（承久《じょうきゅう》元年、一二一九）正月二十七日、鎌倉《かまくら》幕府三代将軍源実朝《みなもとのさねとも》は、兄頼家《よりいえ》の息子公暁《くぎょう》によって鶴岡八幡宮《つるがおかはちまんぐう》において暗殺された。公暁は「親のかたき！」と叫んで実朝を討ったというが、頼家が死んだ時、実朝はまだ一三歳であり、頼家の殺害を指示したとはとても考えられない。公暁はその日のうちに三浦義村《みうらよしむら》が放った刺客によって討たれてしまったので、彼の動機は今ひとつはっきりしない。それこそケネディ暗殺のような、謎に包まれた暗殺事件なのである。なお、それから一年余りの間に、公暁の弟の禅暁《ぜんぎょう》も殺され、頼朝の直系男子は全ていなくなった（もう一人の弟の栄実《えいじつ》は既に建保二年に殺されている）。学界では、これをもって源氏将軍家断絶と捉《とら》えている。

歴史書『吾妻鏡《あずまかがみ》』や『愚管抄《ぐかんしょう》』によれば、実朝を討った公暁は三浦義村に使者を送り、「私が征夷《せいい》大将軍になるつもりだから、その準備をせよ」と伝えたという。しかし三浦義村はこれに従うふりをして、北条義時《ほうじょうよしとき》に通報すると共に、家臣を遣わして公暁を討たせた。右の記述によれば、公暁は実朝に代わって将軍たらんとする野心から暗殺を行ったことになる。実朝に子どもはいなかったから、実朝が死ねば、頼朝《よりとも》と政子《まさこ》の孫にあたる二〇歳の公暁は確かに将軍の最有力候補である。

しかし、いくら血筋は申し分ないとはいえ、現将軍を暗殺した者がすんなり次の将軍に就任するというのは難しい。公暁が将軍の地位を目指していたとしたら、単独で実朝暗殺に動くとは考えにくい。事前に有力御家人の支持を得ているはずである。

実朝暗殺の「黒幕」は誰か。通説では北条義時と言われている。この義時黒幕説に従えば、義時はひそかに若く血の気が多い公暁をそそのかして実朝を殺させた上で、盟友の三浦義村を動かして実行犯の公暁を始末した、ということになる。

一応、筋は通っているが、北条義時の動機が判然としない。もともと伊豆《いず》の中規模の豪族にすぎなかった北条氏が御家人筆頭にまで登り詰めることができたのは、源氏将軍家との姻戚関係に起因する。特に源頼朝の死後、北条政子が将軍生母として幕政に大きな影響力を行使し、政子の弟の義時の権力も拡大していった。実朝と公暁を殺し、源氏将軍家を断絶させることは、北条氏にとって危険な賭けと言えよう。

そもそも源氏将軍家断絶は、次の将軍を誰にするかという難題を生み出す。実朝暗殺の翌月には、阿野時元《あのときもと》（阿野全成《ぜんじよう》の息子）が将軍の地位を望んで挙兵し、北条義時の軍勢に討たれている。同じ頃幕府は、使者を上洛させて後鳥羽《ごとば》院の皇子を将軍後継者として鎌倉に迎えたいと要請したが、後鳥羽院に拒否された。朝幕交渉は難航の末、頼朝の遠縁にあたる三寅《みとら》（のちの九条頼経《くじようよりつね》）を鎌倉に迎えるということで合意に達した。三寅は六月末に京都を出発し、七月十九日には鎌倉に到着したが、七月十三日には源頼茂《よりもち》（頼政《よりまさ》の孫）が将軍の地位を狙って挙兵するという事件が京都で起こっている。このように実朝暗殺は幕府を動揺させ、北条氏はその対応に苦慮したのである。

従来、源実朝は和歌に耽溺《たんでき》する厭世《えんせい》的な将軍と見られてきたが、近年は政務に熱心であったことが明らかにされている。成長し飾り物でなくなった実朝を北条義時が邪魔に感じるようになった可能性はある。しかし仮に実朝を排除したかったとしても、公暁に実朝を殺させ、さらに公暁を殺して源氏将軍家を断つ必要はない。この点で義時黒幕説には疑問が残る。

第二の説は三浦義村説である。実朝を暗殺した公暁が義村に協力を求めた事実から、公暁と義村が事前に暗殺計画について話し合っていたと推理するものである。作家の永井《ながい》路子《みちこ》氏が小説『炎環』で提起し、中世史研究者の石井《いしい》進《すすむ》が好意的に取り上げたため、学界でも有名な説である。

実は義村の妻は公暁の乳母《めのと》であった。しかも当時、公暁は鶴岡八幡宮の別当であり、義村の子の駒王丸《こまおうまる》（のちの光村《みつむら》）は鶴岡八幡宮の稚児《ちご》で、公暁の門弟であった。

『吾妻鏡』によれば、義時は実朝の側近くで剣を捧《ささ》げ持つ役を務める予定だったが、実朝が鶴岡八幡宮を参拝する直前、急に体調不良を訴え、実朝側近の源仲章《なかあきら》に役目を替わってもらっている。そして仲章が代役を務めていることを知らない公暁は、義時を殺すつもりで誤って仲章を殺害している。『愚管抄』も、義時と勘違いして仲章を殺したと明記している。これらの記述が正しければ、公暁の標的は将軍源実朝と執権北条義時だったことになる。義時を「父のかたき」として殺すのは違和感がない。

北条義時を殺して最も得するのは、義時に次ぐ勢威を誇る三浦義村であろう。すなわち義村は、公暁に実朝と義時を殺させ、公暁を将軍に立て、執権北条氏に代わって幕府の実権を握ろうとした。ところが義時が身の危険を察知し、その場を離れたため、義時暗殺は失敗した。そこで義村は口封じのために公暁を殺した。これが永井氏の推理である。

これは義時黒幕説より説得力があるが、山本幸司《やまもとこうじ》氏が言うように、義村がかくも大それた陰謀を企てるか、という点が引っかかる。後の承久《じょうきゅう》の乱、そして伊賀《いが》氏の変においても、義村は幕府の現体制を擁護する姿勢を貫いており、北条氏から政権を奪取する構想や気概を見《み》出《いだ》すことはできない。

第三の説は後鳥羽上皇説である。二年後に起こる承久の乱を踏まえて、鎌倉幕府の弱体化を狙う後鳥羽院が公暁を操って実朝を殺させたというものである。ただ、実朝は後鳥羽院に忠実であり、むしろ後鳥羽は実朝を通じて鎌倉幕府を支配しようとしていたと見るのが一般的である。実朝を失ったからこそ、後鳥羽は倒幕という過激な道に乗り出したのである。

結局、どの説も決め手を欠いているが、本書では北条義時黒幕説に疑問が投げかけられていることに注目したい。石井進は言う。北条氏による幕府支配（いわゆる「執権政治」である）を正当化する『吾妻鏡』の記述をそのまま容認することはできない。だが、かといって、

「『吾妻鏡』に対する批判的態度が、つねにその裏を読むことにのみ追われ、執権政治確立への過程を、逆にすべて北条氏の悪辣な陰謀の成功の連続としてのみ説きつくそうとする傾向を生んだとすれば、それもまた、けっして正しくはない」と。執権政治の確立という結果から逆算して、北条氏の筋書き通りに歴史が進行したという見方は**「陰謀論」**に他ならない。

この問題は次節でさらに詳しく論じていきたい。

第二節　北条得宗家と陰謀

執権勢力と将軍勢力の対立

承久《じょうきゅう》の乱の勝利により、鎌倉《かまくら》幕府における北条《ほうじょう》氏の覇権が確立する。教科書にも書かれているように、北条義時《よしとき》の後を継いだ三代執権北条泰時《やすとき》は連署の設置、評定衆の設置、御成敗《ごせいばい》式目《しきもく》の制定など幕府機構の整備を進めた。

しかし仁治《にんじ》三年（一二四二）六月十五日に執権北条泰時が死去する。泰時嫡男の時氏《ときうじ》、次男の時実《ときざね》は既に亡くなっていたので、嫡孫の経時《つねとき》が執権に就任した。教科書では北条経時への言及がほとんどないので、北条氏の権力は順調に拡大していったと思いがちだが、北条得《とく》宗家《そう》（北条氏の本宗家、泰時流）は最大の危機を迎えることになった。

幼児の頃に鎌倉に下ってきた三寅《みとら》は既に成人し、将軍九条頼経《くじょうよりつね》となっていた。経時はまだ一九歳で、二五歳の頼経よりも若年で権威が不足していた。それは将軍家政所《まんどころ》の序列に如実に表れている。将軍家政所というのは将軍の家政機関のことで、執権も政所の執行部を構成する別当の一人であった。ところが年若い経時の序列は六人の別当のうち五番目であった。泰時が別当の首席だったことと比較すると、地位の低下は歴然としている。

北条得宗家の求心力低下を見て、飾り物の将軍だった九条頼経は権力を取り戻そうと画策する。北条得宗家に押さえつけられていた有力御家人たちも、頼経のもとに結集することで執権政治の打破を図った。ここに執権勢力と将軍勢力の対立という構図が成立する。

村井章介《むらいしょうすけ》氏や高橋慎一朗《たかはししんいちろう》氏の研究に従えば、鎌倉幕府の政権運営の中枢である評定衆は当時一八名で、うち執権派が五名、将軍派が五名と、数の上で拮抗《きっこう》していた（残りは中間派）。

寛元《かんげん》二年（一二四四）四月、頼経が天変を理由に将軍職を嫡男（六歳）の頼嗣《よりつぐ》に譲った。この時代、天変地異が起こるのは為政者に徳がないからであると考えられており、為政者が責任を取って辞任することもあった。しかし当時の史料を見る限り、将軍が辞職しなければならないほどの大きな天変は確認できない。頼経を中核として反得宗勢力が結集することを恐れた経時が頼経に辞任を強制したというのが真相であろう。

ところが隠居した頼経は「大殿」と呼ばれ、政治的影響力を保った。実際、頼経辞任後に頼経派の三浦光村《みうらみつむら》と千葉秀胤《ちばひでたね》が新たに評定衆に加わっている。政局はいよいよ緊迫の度を増してきた。

時頼の執権就任は危機的状況下だった

寛元《かんげん》三年七月、北条経時《ほうじようつねとき》は妹の檜皮姫《ひわだひめ》（一六歳）を頼嗣《よりつぐ》に嫁がせた。かなり年の離れた姉さん女房を頼嗣に押し付けたのは、現将軍の義兄という立場を得て、現将軍の実父である頼《より》経《つね》に対抗するためであろう。

ところが翌寛元四年三月二十一日、経時が重病に陥った。将軍派との暗闘による心労がたったものと思われる。二十三日、経時邸で次期執権を決める秘密会議が行われた。参加者は不明だが、おそらく主だった北条一門が集まったものと思われる。会議の結果、経時の弟である時頼《ときより》（二〇歳）が次の執権に決まった。経時には二人の子息がいたが、いずれも幼少のため、この難局を乗り切ることはできないと判断されたのである。

執権就任を引き受けた時頼であったが、その前途は危ういものであった。村井章介《むらいしようすけ》氏によれば、この時点の評定衆二一名のうち八名が反時頼派だった。

また評定衆ではないが、名越光時《なごえみつとき》の動きも気がかりである。光時は北条朝時《ともとき》の嫡男である。

前節で説明したように、北条氏の本来の嫡流は泰時《やすとき》ではなく朝時であり、光時も嫡流を自負していた。光時は執権を補佐する評定衆に〝なれなかった〟のではなく〝ならなかった〟のであり、頼経派の筆頭として得宗《とくそう》家追い落としの機会をうかがっていた。

四月十九日、経時は出家し、翌閏四月一日に死去した。享年二三。すると同月十八日夜、甲冑《かっちゅう》をつけた武士が鎌倉《かまくら》の町を動き回る騒動が起きた。以後も近国の御家人たちが参集するなど鎌倉では騒然とした状況が続き、いつ政変が勃発《ぼっぱつ》してもおかしくない情勢になった。

宮騒動

五月二十二日の寅《とら》の刻（午前四時ごろ）、時頼《ときより》の伯父《おじ》安達義景《あだちよしかげ》の甘縄《あまなわ》の屋敷周辺で騒ぎが起こった。安達氏は後の宝治《ほうじ》合戦でも主戦派の筆頭であり、そこから類推すると、義景が頼経《よりつね》派に対する先制攻撃の準備を始めたものと解される。

二十四日、名越光時《なごえみつとき》謀反の噂が鎌倉に流れた。これを耳にした時頼は家臣の渋谷《しぶや》一族に命じて、若宮《わかみや》大路の交差点の一つ「中の下馬」を守備させた。中の下馬は、鎌倉から三浦《みうら》方面への出入り口となる小坪《こつぼ》口に通じている。永井晋《ながいすすむ》氏が指摘するように、頼経派の三浦氏の軍勢が鎌倉に突入するのを防ぐための措置であろう。

中の下馬では、頼経の御所に行こうとする者は制止され、時頼派の者だけが通行を許された。時頼が布《し》いた戒厳令によって、頼経は御所で孤立した。翌二十五日、時頼は大軍を集めて自邸を警護させた。仰天した頼経は弁明の使者を時頼邸に派遣したが、時すでに遅し、使者は追い返され、時頼と対面することができなかった。

なお将軍御所に出仕していた名越光時は異変を知って御所を脱出したが、味方と合流できず、出家して時頼に降伏した。かくして機先を制した時頼の勝利が確定した。

名越光時の弟の時幸《ときゆき》は罪を認めて出家した。『吾妻鏡《あずまかがみ》』によれば、時幸はまもなく病没したが、京都の公家《くげ》である葉室定嗣《はむろさだつぐ》の日記『葉黄記《ようこうき》』によれば、時幸は自害したという。おそらく『葉黄記』の記述の方が正しいだろう。光時よりも時幸の方が強硬な反時頼派で、事件の責任を取らされたと見られる。しかし北条得宗《とくそう》家を正当化する立場の『吾妻鏡』は、時頼の寛大さを強調したかったため、病死と曲筆したのではないか。

光時の他の弟たち（時章《ときあき》・時長《ときなが》・時兼《ときかね》）は陰謀への関与を否定し、時頼も罪に問わなかった。名越一族の分断を図るために、時頼が事前に根回ししていたのではないだろうか。もし時頼が名越一族を殲滅《せんめつ》する姿勢を示したら、彼らは劣勢であることが分かっていても徹底抗戦しただろう。そうなれば時頼方は勝てたとしても少なからぬ犠牲を出すだろう。時頼は光時出家・時幸自害という最小限の処分案を提示することで、名越氏との全面抗争を回避したと考えられる。

しかし不安材料はまだ残っていた。北条氏に次ぐ有力御家人、三浦氏の動向である。三浦氏は依然として去就を明らかにしていなかった。三浦氏当主の泰村《やすむら》は時頼派だが、泰村の弟の光村《みつむら》は頼経派であるため、三浦一族が敵に回る可能性が残っていた。五月二十六日、時頼派の北条《ほうじょう》政村《まさむら》、金沢《かなざわ》（北条）実時《さねとき》、安達義景が時頼邸に集まり、会談した。おそらく三浦氏への対応を話し合ったのだろう。

ところが六月六日、三浦家村《いえむら》（泰村・光村の弟）が時頼の家臣に「三浦一族は陰謀に関わっていない」と伝えた。三浦氏が決起しないと知った時頼は七日、頼経派の後藤《ごとう》基綱《もとつな》・狩野《かのう》為佐《ためすけ》・千葉《ちば》秀胤《ひでたね》・三《み》善康持《よしやすもち》を評定衆から解任した。さらに時頼は十三日、名越光時を伊豆《いず》に流罪、千葉秀胤を上総《かずさ》に追放、大殿九条頼経を上洛させる（京都に追放）と決定した。この一連の政変を宮騒動という。

さて、名越光時ら将軍派が謀反を企てていたというのは事実だろうか。それとも、光時ら反対派を一掃するために時頼たちがでっち上げたのだろうか。戒厳令の布告など時頼の迅速な対応を見ると、光時らを陥れるための時頼の陰謀と考えたくなる。しかし、時頼政権が発足して間もない寛元四年五月が、頼経派がクーデターを起こすには絶好の時期だったことは間違いない。逆に時頼にしてみれば、政権基盤を強化してから頼経派と対決する方が有利であり、急いで彼らを追い落とす必要性は薄い。名越氏・三浦氏に対する処分の甘さを見ても、

三浦氏と北条得宗家

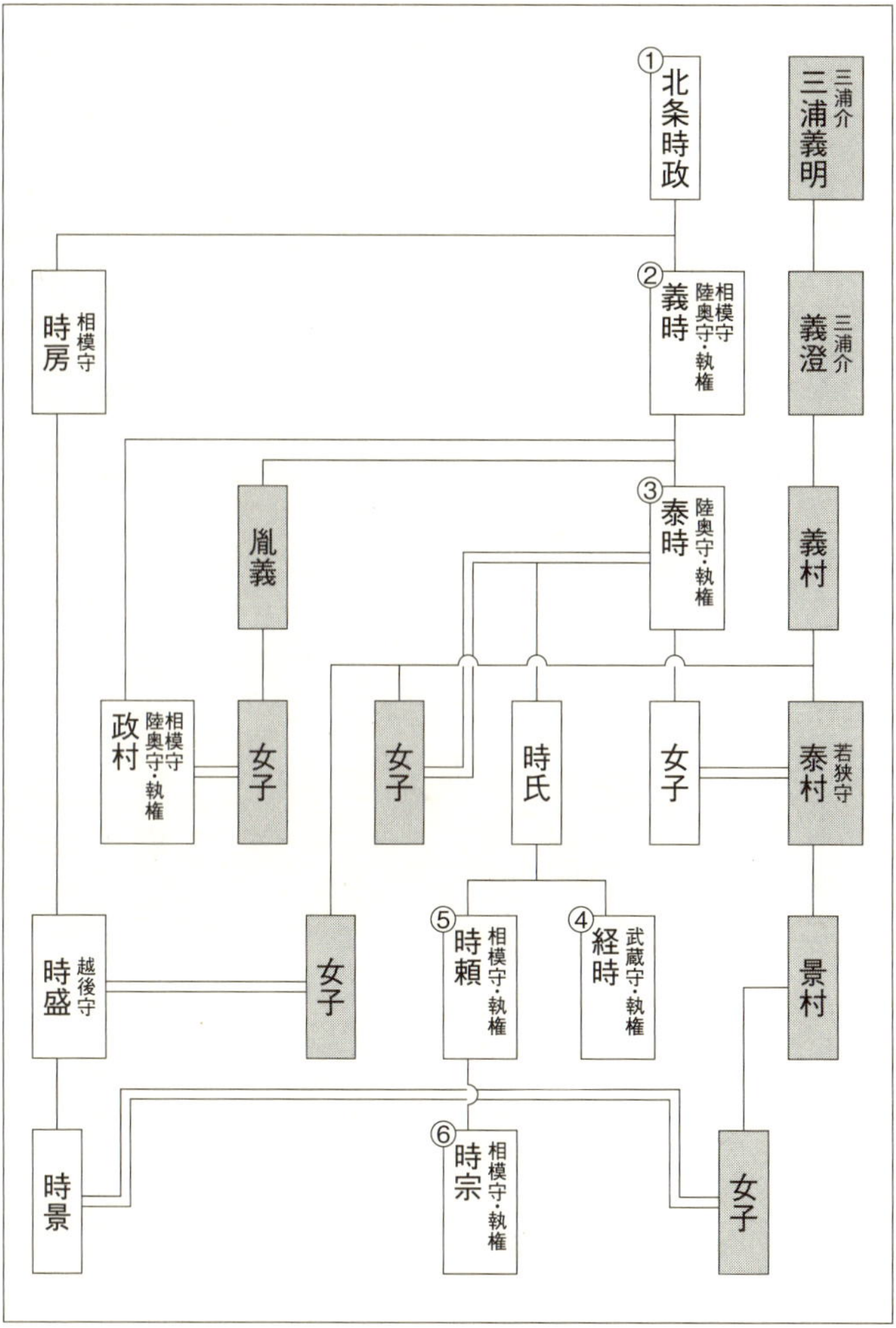

丸数字は得宗の継承順

時頼が頼経派との全面対決に自信を持っていなかったことは明らかである。

前節でも指摘したように、鎌倉幕府政治史はともすると「北条得宗家による陰謀の歴史」として語られがちである。だがそこには、結果を知る後世の歴史家の偏見が含まれている。陰謀論に陥らないためにも、幕府内の政治抗争をより慎重に読み解いていくべきだろう。

対立する三浦氏と安達氏

北条時頼《ほうじようときより》は将軍派への攻撃を最小限に留《とど》め、事態の早期収拾を図った。だが皮肉にも、この穏健策が再度の政変を生むことになる。

寛元《かんげん》四年七月十一日、九条頼経《くじようよりつね》は鎌倉《かまくら》を出発し、二十八日に京都に到着した。八月十二日、頼経を護送した武士たちが鎌倉に帰還した。けれども護送の責任者である北条時定《ときさだ》（時房《ときふさ》の子、時頼の妹の夫）が時頼に衝撃的な報告を行う。護送役の一人であった三浦光村《みうらみつむら》が頼経との別れ際に号泣しながら「必ずやもう一度鎌倉にお迎え致します」と語ったというのだ。時頼が頼経の鎌倉帰還を許可することはあり得ないので、光村は時頼政権の転覆を宣言したことになる。

九月一日、時頼は六波羅探題《ろくはらたんだい》として京都に駐留している北条重時《しげとき》を連署（執権の補佐役）として鎌倉に迎えたいと提案するが、自身の発言力の低下を恐れた三浦泰村《やすむら》に反対された。

永井晋《ながいすすむ》氏は、重時召還案は泰村を穏便な形で引退させることを目的としていた、と推測する。従うべき見解であろう。三浦氏の勢力が維持されている限り、頼経派が三浦氏を頼んで再び謀反を企てる危険性は残る。重時召還と泰村引退によって北条氏と三浦氏の格差を明確化してこそ、政権運営は安定する。だが泰村は時頼を補佐する役目を他人に譲ろうとはしなかったのである。

宝治《ほうじ》元年（一二四七）正月一日、幕府で恒例行事の垸飯《おうばん》が行われた。垸飯とは御家人が将軍をもてなす主従儀礼であり、沙汰人《さたにん》（最高責任者）は執権の北条時頼、御剣《みつるぎ》役は北条政村《まさむら》、御調度役は三浦光村、御行縢《むかばき》役は三浦重澄《しげずみ》（義村の弟）であった。ここから、三浦氏は宮騒動への関与を疑われたにもかかわらず、北条氏に次ぐ御家人ナンバー2の地位を維持していたことが分かる。

四月四日、出家して高野山《こうやさん》に登っていた安達景盛《あだちかげもり》（入道覚智《かくち》）が鎌倉に帰還した。景盛は連日のように時頼のもとを訪れた。三浦氏討つべしと時頼に説いたのだろう。しかし時頼は首を縦に振らなかった。同月十一日、景盛は子の義景《よしかげ》と孫の泰盛《やすもり》に対して「三浦一族は武勇を誇り、傍若無人の振る舞いである。このまま放っておいたら安達氏は三浦氏の下風に立たされるだろう。今こそ立ち上がるべきなのに、戦う気構えがないのはどういうことか」と叱《しっ》責《せき》を加えた。

なぜ安達景盛は三浦氏を敵視したのか。実は三浦泰村の妹は三代執権北条泰時《やすとき》の妻であった。しかも泰村は泰時の娘を娶っていた。泰村は執権泰時との密接な姻戚関係によって、泰時政権で重きをなしていた。けれども、泰村と時頼との関係は薄い。一方、安達義景の妹は時頼の母であり、得宗《とくそう》家と最も関係が深い御家人は三浦氏から安達氏に移行した。にもかかわらず、三浦氏は御家人ナンバー2の地位を安達氏に明け渡そうとはしなかった。要するに、三浦氏と安達氏は北条得宗家の外戚の地位をめぐって対立していたのである。

時頼黒幕説は穿ちすぎ

三浦《みうら》氏と安達《あだち》氏の対立を前にして、時頼《ときより》はどのような態度をとったのだろうか。周知のように、三浦氏は結局滅びてしまうわけだが、時頼は主体的・積極的に三浦氏を滅ぼそうとしていたのだろうか。

一般的にはそのように考えられている。石井進《いしいすすむ》は「評定衆三浦光村《みつむら》が頼経をいただく陰謀に加盟していたことをとらえて、当時、幕府内で北条氏と肩をならべる最大の豪族三浦氏に戦いをいどんだ。時頼の外戚安達《あだち》氏などの後援をえて、あらゆる挑発・謀略をつくして戦闘にもちこみ、三浦泰村以下の一族近親五百余人はついにことごとく頼朝の墓所の法華堂《ほっけどう》に自殺した」と解説しているし（波線は筆者が付した、以下同じ）、村井章介《むらいしょうすけ》氏も「（時頼は）三浦

安達氏と北条得宗家

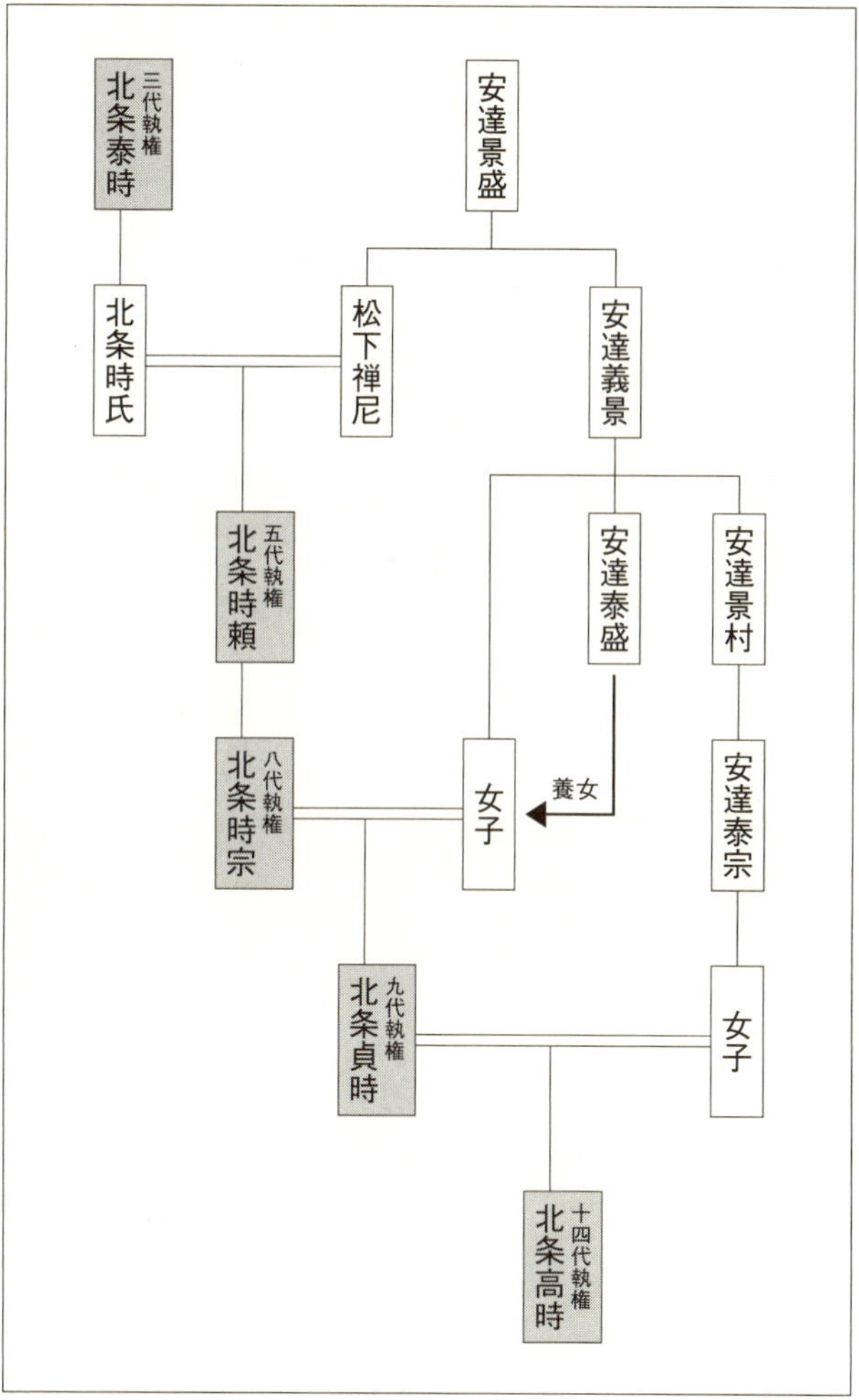
三代執権
北条泰時
北条時氏
松下禅尼
安達景盛
安達義景
五代執権
北条時頼
安達泰盛
安達景村
八代執権
北条時宗
女子
養女
安達泰宗
九代執権
北条貞時
女子
十四代執権
北条高時

氏を挑発し、宝治元年（一二四七）六月、泰村以下の三浦一族を滅ぼした」との理解を示している。

ところが、この時期の時頼の動きを仔細《しさい》に見てみると、三浦氏討伐を決意していたとは考えられないのである。五月六日、時頼は三浦泰村《やすむら》の次男駒石丸《こまいしまる》をみずからの養子にしている。そして同十三日、将軍頼嗣《よりつぐ》の妻で時頼の妹でもある檜皮姫《ひわだひめ》が病没すると、時頼は喪に服するため、自邸を離れた。この時、時頼は一族や家臣の邸宅ではなく、あえて三浦泰村邸に寄宿している。時頼の一連の施策は「自分は三浦泰村を信頼している」というメッセージに他ならない。これを「三浦氏を油断させるための策謀」と解するのは穿《うが》ちすぎであろう。永井晋《ながいすすむ》氏が主張する通り、「通説的な理解では、時頼が宝治合戦を主導したかのように言われてきたが、『吾妻鏡』を中心に事件をみていくと、時頼はむしろ合戦を回避しようとしていることがわかる」のである。

安達氏の挑発と時頼の決断

だが安達《あだち》氏にとっては、三浦《みうら》氏との和解を模索する時頼《ときより》の動きは受け入れがたいものだった。安達氏と三浦氏の一対一の争いでは、安達氏の分が悪い。北条得宗家《ほうじょうとくそう》と連合して三浦氏と戦うことが安達氏の基本戦略である。したがって、三浦光村《みつむら》に謀反の疑いが浮上したこの機を逃しては三浦氏打倒は覚束ない。そこで安達氏は三浦氏に対し挑発を重ねた。

五月十八日の夕方、天に光る物が見え、同じころ安達義景《よしかげ》の屋敷に白旗が一本あらわれた。白旗は源氏の旗だから、頼朝《よりとも》の霊が安達氏に味方したということになる。もちろん、そのような奇跡が自然に起こるはずはないので、安達氏の宣伝工作だろう。同二十一日、鶴岡八幡宮《つるがおかはちまんぐう》の鳥居の前に立て札が立った。「三浦泰村《やすむら》はおごりたかぶって、幕府の命に背いたので、近いうちに討伐されるだろう」と書かれていた。これも安達氏関係者のしわざと思われる。三浦氏が挑発に乗って挙兵すれば、幕府に対する謀反人となる。謀反人であれば、時頼も三浦氏を討たざるを得なくなる。

五月二十七日、三浦泰村邸に逗留《とうりゅう》していた時頼は、邸内で武士たちが甲冑をつける音が聞こえたため、あわてて自邸に戻った。翌二十八日、時頼が部下に三浦氏の様子を探らせたところ、安房《あわ》や上総《かずさ》の所領から武具を取りそろえているという報告がもたらされた。

六月一日、時頼は佐々木氏信《ささきうじのぶ》を三浦泰村のもとに派遣し、謀反の噂について詰問した。泰村は「正五位下という身に余る栄達を遂げた私がどうして謀反を起こすでしょうか」と否定した。だが氏信は泰村邸に大量の武具が準備されていたことを確認し、時頼に報告した。翌二日、時頼邸に多くの御家人が参集し、合戦開始は秒読み段階となった。

ところが六月三日、三浦泰村が使者を派遣し、「世間が騒然としているので、用心のために家臣を集めているだけです。お疑いならば家臣たちは追い返します」と時頼に弁明した。実際、泰村の軍勢召集は自衛の要素が強かったと思われる。時頼はこの弁明を受け入れた。六月五日、時頼は重臣の平盛綱《たいらのもりつな》を使者として泰村のもとに派遣し、「三浦氏を討伐するつもりはない」と伝えた。三浦泰村は大いに喜び、時頼の書状に対する返書を盛綱に託す。

むろん、ここまで大事になった以上、三浦氏に全くお咎《とが》め無しというわけにはいかない。それでは時頼が〝弱腰〟と侮られかねない。時頼は宮騒動の際の名越光時《なごえみつとき》のように、三浦泰村が出家して降伏といった落とし所を考えていたのではないだろうか。

だが、「和平が実現したら、三浦氏はますます我々を侮るだろう」と焦った安達一族が泰村邸に攻撃を仕掛け、泰村も応戦したため、平盛綱が時頼邸に戻る前に合戦が始まってしまった。やむなく時頼は三浦氏討伐の軍勢を出動させた。

「安達氏主導」説が最も自然

以上の経緯は専ら『吾妻鏡《あずまかがみ》』によっている。『吾妻鏡』の記述を読む限りでは、北条時頼《ほうじょうときより》は三浦《みうら》氏との戦いを望んでいなかったにもかかわらず、安達《あだち》氏の暴走に引きずられて仕方なく合戦を始めたことになる。

けれども、今までにも何度か指摘したように、基本的に『吾妻鏡』は北条得宗《とくそう》家擁護の性格を持つ歴史書である。そのため、時頼を美化し合戦の全責任を安達氏に押しつけるための『吾妻鏡』の創作という説も有力である。この場合、時頼は安達氏を操った黒幕ということになる。先に紹介した石井《いしい》・村井《むらい》説は時頼黒幕説としてまとめられよう。

しかし安達一族は一二八五年の霜月《しもつき》騒動（後述）で失脚するものの、『吾妻鏡』の成立時期とされる一三〇〇年頃には復権している。『吾妻鏡』に安達氏をことさら貶《おとし》めるような叙述を盛り込むのは難しいのではないだろうか。「安達氏が主導」という『吾妻鏡』の記述は信頼できると私は考える。

なお右に示したように、時頼は三浦泰村《やすむら》に和平の使者を送っておきながら、直後に攻撃に転じている。これは結果から見ると、三浦氏を油断させる策謀にも映る。実際、江戸時代の学者の中には時頼の行動を騙《だま》し討ちとして非難する者もいた。

しかし、合戦が始まってしまった以上、攻撃をためらっていては最大の盟友である安達氏を見殺しにするに等しい。最悪の場合、反時頼派が勢いづき、時頼は破滅する。時頼には三浦氏を罠《わな》にかける意図はなく、苦渋の決断を迫られたと理解できよう。

敗因となった三浦兄弟の思惑の違い

北条時頼《ほうじょうときより》は将軍御所に参上して、将軍頼嗣《よりつぐ》を確保、自らに大義名分があることを示した。

だが、泰村《やすむら》邸攻撃は難航した。そこで南風を利用して泰村邸の南隣の家に火をかけさせた。保元《ほうげん》の乱（二六頁を参照）を思い出させる。

猛煙にたえかねた三浦《みうら》泰村らは館を出て、北にある法華堂《ほっけどう》（源 頼朝《みなもとのよりとも》の墳墓堂）にたてこもった。要塞《ようさい》化した永福寺《ようふくじ》にたてこもっていた三浦光村《みつむら》は、泰村に使者を派遣して、永福寺に合流するよう提案した。しかし既に抗戦意欲を失っていた泰村は「兄弟そろって頼朝公の墓前で死のう」と逆に法華堂に来るよう命じた。光村は泰村の命に従い、敵陣を強行突破して法華堂に駆けつけた。そして法華堂の頼朝の肖像画の前で泰村・光村兄弟以下五〇〇人が自害したのである。

六月八日、法華堂の法師が幕府に召し出された。彼は、三浦泰村らが法華堂に乱入した際に逃げ損なって天井に隠れ、たまたま泰村らの最期を目撃したという。それによると、三浦光村は「頼経《よりつね》様が将軍であった時に、京都の九条道家《くじょうみちいえ》様（頼経の父）の密命に従って決起していれば、北条氏に代わって三浦氏が執権になれたのに、兄上が優柔不断であったばかりに、このように三浦一族は滅亡することになってしまった。後悔してもしきれない」と怒り狂っていたという。

一方、泰村は穏やかな様子で「代々鎌倉《かまくら》幕府に功があり、北条氏を外戚として補佐してきた三浦氏を、時頼殿が讒言に惑わされて誅戮《ちゅうりく》なさったのは残念である。いずれ後悔なさるだろう。しかし父義村《よしむら》は他の一族を多く滅ぼしてきたから、これもその報いであろう。冥途《めいど》に行く身であるから、もはや時頼殿を恨む気持ちはない」と語ったという。

ここから読み取れるのは、三浦泰村・光村兄弟の意思が統一されていなかったことである。光村は藤原頼経の権威を借りて北条氏を打倒、兄泰村を執権にしようと考えていた。だが泰村はあくまで北条氏の外戚として幕府内での権力を維持しようとした。最終的には三浦氏討伐で結束した北条氏陣営との差は歴然としている。御家人ナンバー2の三浦氏がたった一日であっけなく滅びたのは、このためである。

時頼は結果的に、宮騒動で名越《なごえ》氏を、宝治《ほうじ》合戦で三浦氏を叩《たた》くという各個撃破に成功した。だが最初から時頼がそれを狙っていたと考えるのは買いかぶりであろう。

「霜月騒動」の評価をめぐる論争

北条時頼《ほうじょうときより》によって確立した執権政治を引き継いだのが嫡男時宗《ときむね》である。北条時宗は蒙古《もうこ》襲来という未曾有《みぞう》の事態に対処するため、自身への権力集中を進めた。しかし無理がたたったのか、弘安《こうあん》七年（一二八四）、時宗は三四歳の若さで亡くなってしまう。

時宗の死を受けて、時宗嫡男の貞時《さだとき》が執権に就任するが、貞時はわずか一三歳であった。しかも北条一門にも有力な人物がいなかったため、有力御家人の安達泰盛《あだちやすもり》が幕政を主導した。

ところが弘安八年十一月十七日、泰盛は謀反の嫌疑により執権北条貞時の重臣である平頼綱《たいらのよりつな》に討たれてしまう。安達泰盛に付き従った一族・御家人五〇〇人が自害し、さらに全国各地で泰盛派が追撃を受けて自害した。この政変を霜月《しもつき》騒動という。

学界では霜月騒動は北条氏側の陰謀であり、安達泰盛に謀反の意思はなかったと考えられている。しかし陰謀の動機については意見が分かれており、今も決着がついていない。

そこで論争の概要を説明しよう。戦前からの古典学説では、霜月騒動は北条氏による他氏排斥（梶原《かじわら》氏・和田《わだ》氏・三浦《みうら》氏）の総仕上げと把握された。

これに対し、霜月騒動の歴史的意義をより高く評価したのが佐藤進一《さとうしんいち》氏である。佐藤氏によれば、霜月騒動は安達泰盛を中心とする御家人勢力と平頼綱を中心とする御内人《みうちびと》（得宗《とくそう》の家臣）勢力が激突し、前者が敗北した争いであるという。そして北条氏に対抗し得る御家人が消滅したことで得宗専制政治が確立したと主張した。この佐藤説が長らく通説の位置を占め、日本史教科書の霜月騒動の記述も基本的に佐藤説に依拠している。ちなみに、数々の新説で学界を驚かせた網野善彦《あみのよしひこ》も、霜月騒動に関しては佐藤説に従っており、安達泰盛は将軍の権威を高めることで御内人の専横を押さえようとしていたと説いている。

佐藤説を発展させたのが村井章介《むらいしょうすけ》氏の学説である。村井氏は、霜月騒動は単なる権力闘争ではなく、幕府の政策をめぐる対立であったと指摘した。氏によれば、安達泰盛は将軍権威

北条貞時と安達氏、平氏

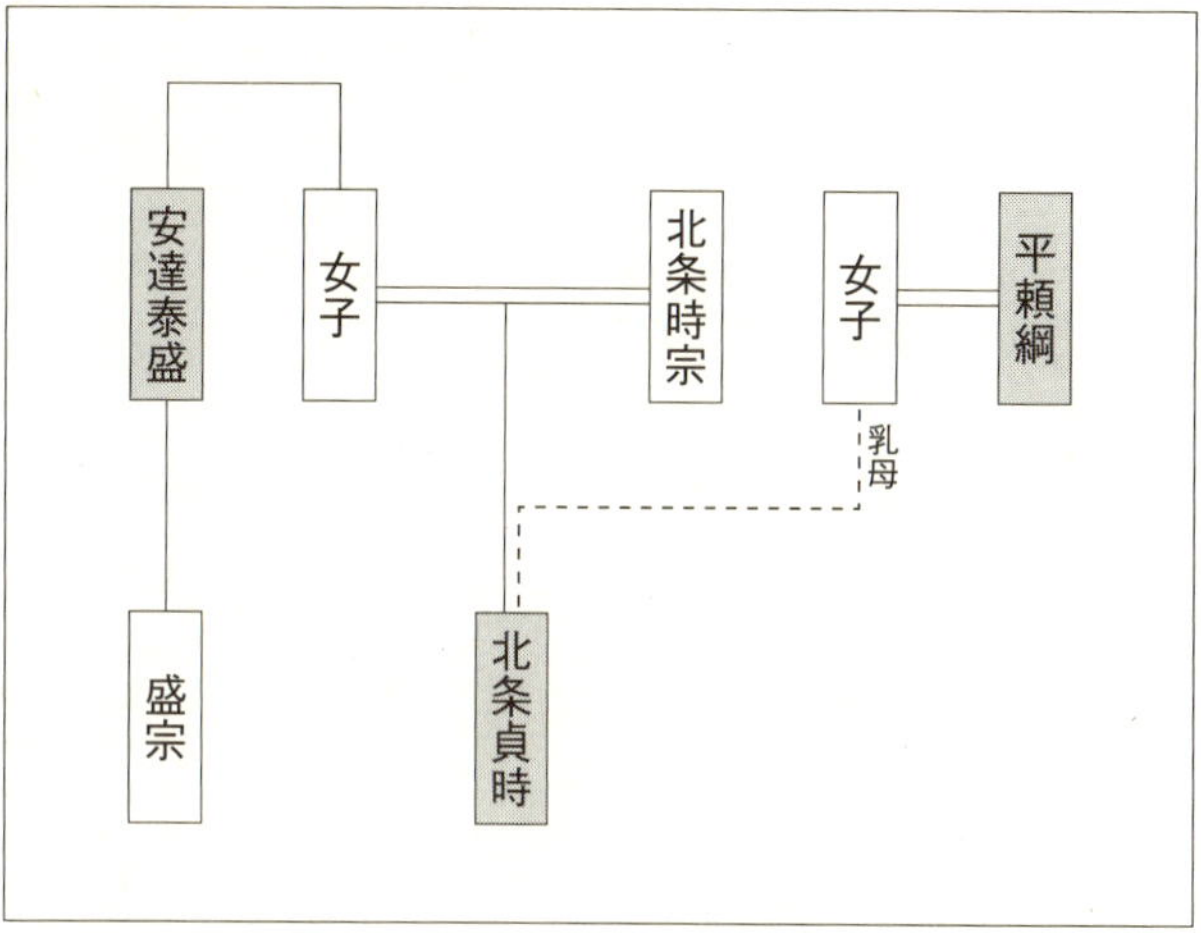

を背景に弘安徳政という政治改革を推進したが、これに反対する平頼綱によって討たれたのだという。

佐藤説・村井説を批判したのが五味《ごみ》文彦《ふみひこ》氏の所説である。安達泰盛は得宗である北条貞時の外戚であり、将軍権威の復活を図るどころか、むしろ得宗専制政治の擁護者であったと五味氏は説く。五味説に従えば、霜月騒動は得宗政権内部の権力闘争にすぎないということになる。

村井説を発展させ五味説を批判したのが本《ほん》郷和人《ごうかずと》氏の学説である。御内人の多くは御家人であるという事実（佐藤説批判）を踏まえ、全国の武士を御家人として組織し幕府を全国統治権力へと発展させようとする弘安徳政は、旧来の御家人たちの既得権益を侵すものであり、平頼綱らの反発を受けた、と論じた。

この論争に終止符を打つことは本書の手には余る。ただ、網野善彦以降、霜月騒動の評価は事実上、弘安徳政の評価と同義になってしまっている。霜月騒動という陰謀事件の中味についての検討は進んでいないのである。この点を問題視したのが細川重男《ほそかわしげお》氏である。確かに「霜月騒動とは何だったのか」という命題に挑むには、安達泰盛の政治的立場や政策理念を分析するだけでは不十分で、騒動の経過を押さえる必要がある。本書では、この問題に焦点を絞りたい。

霜月騒動の経緯

それでは、細川《ほそかわ》氏の研究に導かれつつ、霜月《しもつき》騒動の経緯を復元していこう。石井進《いしいすすむ》が「霜月騒動の経過については、史料がほとんど残っていないので詳しいことは全くわかりません」と匙《さじ》を投げたように、霜月騒動に関する史料は非常に乏しい。合戦当時の状況を唯一伝える一次史料は東大寺《とうだいじ》僧の凝然《ぎょうねん》自筆の『梵網戒本疏日珠鈔《ぼんもうかいほんしょにちじゅしょう》』巻第三十の紙背《しはい》文書である。

そこには、「奥州入道十七日巳剋《みのこく》マテハ松か上ニ住、其後依世中動、塔ノ辻ノ屋方へ午時ニ被出けるニ、被参守殿《こうのとの》云々、死者三十人、手ヲイハ十人計」と記されている。安達泰盛《あだちやすもり》は午前十時ごろまでは松谷《まつがや》の別荘にいたが（甘縄《あまなわ》の本邸は子息宗景《むねかげ》に譲っていた）、異様な雰囲気を感じて、正午頃に塔《とう》の辻《つじ》（小町《こまち》大路と横大路の交わる辺り）にある屋敷に入った。なお、この屋敷は将軍御所に出仕する際、身支度を整えるための邸宅である。そして泰盛は近くの北条貞時《ほうじようさだとき》の屋敷に向かったが、平頼綱《たいらのよりつな》らの軍勢に阻まれて死者三〇人、負傷者一〇人を出した。最終的には安達泰盛ら五〇〇人の御家人が自害した（『梵網戒本疏日珠鈔』紙背文書「弘安八年十一月十七日鎌倉合戦自害者注文」）。

以上見たように、泰盛が霜月騒動で死んだことは確実だが、彼の最期がどのようなものだったかは判然としない。奥富敬之《おくとみたかゆき》氏は、北条貞時邸を訪れた安達泰盛を、武装して待ち構えていた平頼綱らが暗殺したと主張する。しかし、細川氏が批判するように、奥富氏が史料的根拠とした『北条九代記』は軍記物であり、間違いが多い。『北条九代記』に依拠して暗殺説を唱えるのは危険である。

南基鶴《なんきかく》氏は、泰盛がクーデターを事前に計画していたとは到底考えられず、むしろ、不穏な情勢の中で幼主貞時の見参に入ろうとした途端に不意の奇襲に遭った、と解釈する。泰盛に謀反の意思がなかったのは事実だろうが、泰盛が不意の奇襲に遭ったという理解はどうだろうか。十一月四日から平頼綱は安達泰盛調伏祈禱《きとう》を開始しており（『門葉記《もんようき》』）、泰盛を油断させて奇襲するという意図は見出せない。また前掲史料に「其後依世中動」とあるように、泰盛は不穏な情勢を察知しており、それゆえに塔の辻の屋敷に移動したのである。そんな泰盛が敵の奇襲への備えをしていなかったとは考えにくい。

霜月騒動は正規戦だった

細川重男《ほそかわしげお》氏は暗殺説でも奇襲説でもなく、正規戦説を採る。その根拠を紹介しよう。第一に、松谷から塔《とう》の辻《つじ》までは迂回《うかい》しても三キロほど。移動に二時間はかかりすぎである。ここから、泰盛《やすもり》は軍勢を率いてゆっくりと移動したと考えられる。味方を増やすための示威行為ではないかと細川氏は推測している。

第二に、安達《あだち》氏側の奮戦がうかがえる史料が存在する。『梵網戒本疏日珠鈔《ぼんもうかいほんしょにちじゅしょう》』紙背の十一月二十一日書状には「関東合戦出《い》で来たり候て、城入道（泰盛）父子ともに打たれ候い了《おは》んぬ、相州（貞時《さだとき》）逐電《ちくでん》候由、今夜飛脚京都に到来と聞こえ候」とある。すなわち北条《ほうじょう》貞時逃亡の噂が京都に伝わるほどの激戦だったのである。加えて『鎌倉《かまくら》年代記裏書』には将軍御所が炎上したとの記述がある。平頼綱《たいらのよりつな》らが将軍御所に放火する理由はないので、安達泰盛軍が貞時邸を放火し、隣接する将軍御所が延焼したと推測される。つまり安達泰盛らは平頼綱らによって一方的に攻撃されたのではなく、反撃している。自ら戦端を開くことになったのは泰盛にとって不本意だっただろうが、なす術《すべ》もなく殺されたのではなく軍勢を集めた上で頼綱を攻撃しているのだから、正規戦と評価できる。つまり、比企《ひき》能員《よしかず》の変ではなく宝治《ほうじ》合戦

霜月騒動時の安達泰盛の推定進路

現代の地図に進路を重ね合わせている(角田朋彦氏作製図を参照した)

のパターンなのである。

安達泰盛は北条貞時邸を攻撃している（ただし撃退された）。貞時を確保することで、大義名分が自分にあることを示そうとしたのだろう。緊急事態において将軍ではなく得宗《とくそう》の権威に頼った泰盛の行動を見る限り、佐藤《さとう》説や村井《むらい》説は成り立ちがたい。

以上、見てきたように、細川氏の推定は非常に説得的だが、一つ疑問が残されている。前述の通り、安達泰盛には多くの御家人が味方し、平頼綱はきわどい勝利を得た。泰盛を正規戦で討つことは頼綱にとって大きな賭けであった。なぜ頼綱は暗殺・奇襲といった、より確実に勝てる手段を取らなかったのだろうか。実際、泰盛らを滅ぼして幕政を壟断《ろうだん》した頼綱は正応《しょうおう》六年（一二九三）、主君北条貞時の奇襲攻撃を受けて自害している（平禅門《へいぜんもん》の乱）。頼綱にもそうした選択肢は存在したはずである。

ここからは私の推測であるが、暗殺や奇襲といった卑怯《ひきょう》な手段で泰盛を討っても、反感を得るだけで幕政の掌握は難しいと頼綱は判断したのではないだろうか。村井章介《しょうすけ》氏や本郷《ほんごう》和人《かずと》氏らが説くように、安達泰盛は幕府を立て直すべく政治改革を断行していた優れた政治家であった。一方、頼綱らが泰盛を打倒する目的は、自分たちの既得権益を守るという以上のものではない。正統性の面で、頼綱ら守旧派＝抵抗勢力は泰盛派に劣っていた。人々からの信望が厚い泰盛を討つには、将軍・得宗を確保した上で、泰盛に〝賊軍〟の汚名を着せる必要があったと考えられる。

しかしながら、苦心して安達泰盛を葬った平頼綱も、泰盛と同じ運命をたどった。頼綱の正統性の源泉が北条貞時である以上、貞時が成長して独自の政治的意思を持ち始めた時点で頼綱専制の大義名分は消滅する。陰謀によって得た権力の脆《もろ》さを示す好例と言えよう。

第四章　足利尊氏は陰謀家か

第一節　打倒鎌倉幕府の陰謀

後醍醐天皇の倒幕計画

後醍醐《ごだいご》天皇が鎌倉《かまくら》幕府を滅ぼし、天皇を中心とする新しい政治「建武《けんむ》の新政」を始めたことは良く知られている。後醍醐の倒幕計画は通説によれば、極めて陰謀の色彩が濃いものであった。

後醍醐天皇は文保《ぶんぽう》二年（一三一八）に即位した。ただし甥《おい》の邦良《くによし》親王が成長するまでの中継ぎの天皇にすぎず、自分の皇子を天皇にする道は閉ざされていた。承久《じょうきゅう》の乱で後鳥羽《ごとば》上皇が鎌倉幕府に敗れて以降、幕府が事実上の次期天皇決定権を握っており、後醍醐が息子に譲位するには幕府を打倒するしかなかった。

そこで後醍醐は元亨《げんこう》二年（一三二二）から中宮（後醍醐正室の西園寺禧子《さいおんじきし》）の御産祈祷《きとう》（出産祈祷）を名目に、幕府に呪いをかけた。さらに後醍醐は側近の日野資朝《ひのすけとも》らに倒幕計画を打ち明けた。彼らは武士や大寺社に働きかけ、挙兵を準備した。彼らは「無礼講」を開催して（日本史上初の無礼講である）、密《ひそ》かに倒幕計画を相談した。

ところが正中《しょうちゅう》元年（一三二四）九月、計画に参加した武士の一人である土岐頼員《ときよりかず》が計画の成功を危ぶんだ。挙兵したら間違いなく戦死するだろうと思った頼員は、愛する妻との別れを悲しみ、計画を妻に漏らしてしまう。妻は父の斎藤利行《さいとうとしゆき》に話し、利行が六波羅探題《ろくはらたんだい》（鎌倉幕府が京都に置いた出先機関）に報告したため、陰謀は事前に発覚した。九月十九日、幕府は加担した武士を鎮圧した。これを正中の変という。

幕府は後醍醐天皇の責任を追及せず、日野資朝を佐渡《さど》に流罪とするにとどめた。しかし後醍醐は倒幕をあきらめず、元弘《げんこう》元年（一三三一）八月に再び挙兵した。これを元弘の変という。その後、紆余《うよ》曲折があり、後醍醐が倒幕に成功するのは元弘三年のことである（後述）。

通説には数々の疑問符がつく

以上の通説的理解は、鎌倉末《かまくら》～南北朝時代の歴史を叙述した軍記物『太平記《たいへいき》』に多くを負っている。そこでは何度失敗しても倒幕を目指す後醍醐《ごだいご》天皇の執念、不撓《ふとう》不屈の精神が強調されている。しかし、通説には疑問も多い。

『太平記』は中宮御産祈禱→正中《しょうちゅう》の変という時系列で叙述しているが、中宮御産祈禱が行われたのは実際には正中の変より後である。このことは『太平記』の記述の信頼性を疑わせる。

日野資朝《ひのすけとも》らが「無礼講」を行っていたことは『花園《はなぞの》天皇日記』から裏付けられるが、『花園天皇日記』には無礼講で陰謀が話し合われたとは書いていない。そもそも花園上皇は後醍醐天皇と政治的に対立しており、その花園が無礼講の開催を把握していたという事実は重い。存在が広く知られている集まりで、わざわざ陰謀を相談というのは考えにくい。

しかも正中の変で処罰された武士はわずか数名である。この程度の規模の軍事力で幕府を倒すなど不可能であろう。

さらに注目されるのが、第二章で扱った**鹿ヶ谷事件**と展開が酷似している点である。すなわち、宴会で陰謀を話し合う、非現実的な計画、参加した武士が陰謀を外に漏らしたため露見、の三点である。実は『太平記』には『平家《へいけ》物語』の挿話を下敷きにしたと思われる逸話がしばしば見られる。無礼講での倒幕計画についても、『平家物語』の鹿ヶ谷説話を参考に『太平記』が創作した疑いが残る。

根本的な問題として、正中の変が倒幕計画だとしたら、なぜ後醍醐天皇は次の挙兵（元弘《げんこう》の変）まで七年近くもかけたのか、という疑問に通説は答えられていない。一回失敗したから二度目の計画は入念に準備したのだ、という反論があるかもしれないが、実際には元弘の変は事前に発覚し、後醍醐天皇は幕府によって隠岐《おき》に流されるという窮地に陥った。七年も時間をかけた割には杜撰《ずさん》な計画と言わざるを得ない。

このように、正中の変が後醍醐天皇による倒幕の陰謀であるという通説には数々の疑問点が指摘できるのである。

後醍醐天皇は黒幕でなく被害者だった!?

この点に注目し、正中《しょうちゅう》の変の再検討を進めたのが河内祥輔《こうちしょうすけ》氏である。後醍醐《ごだいご》天皇が倒幕計画を立てていた疑いがあるならば、何の罪にも問われないはずはない、と河内氏は主張する。

実際、後醍醐は幕府に対して「倒幕など計画しておらず、自分を陥れるための陰謀である」と主張している。従来は後醍醐の言い逃れと考えられてきたが、現実に後醍醐は罠《わな》に嵌《は》められたのだと河内氏は説く。幕府は調査の結果、後醍醐の主張を認めたからこそ、罪に問わなかったのだという。例の**「立場の逆転」**である。

さて、後醍醐を陥れる動機を持つ者は存在するのだろうか。実は、いるのである。当時の天皇家は持明院統《じみょういんとう》と大覚寺統《だいかくじとう》の二派に分かれ、天皇の位をめぐって対立していた（一五六・一五七頁を参照）。先述のように、この時代は幕府が実質的な皇位決定権を持っていたので、両派とも幕府の支持を得るべく、競い合うように幕府に接近した。

後醍醐は大覚寺統の天皇なので、持明院統としては後醍醐を早く退位させて、持明院統の天皇を誕生させたい。そして大覚寺統内にも後醍醐の退位を望む勢力があった。前記の通り、後醍醐は大覚寺統の嫡流である皇太子邦良《くによし》親王が成長するまでの中継ぎという位置づけであり、邦良陣営から再三譲位を求められていたのである。

したがって、持明院統、あるいは大覚寺統の邦良派が後醍醐を皇位から引きずり下ろすために「後醍醐倒幕計画」の噂を流した可能性が想定される。特に持明院統が怪しい。後醍醐倒幕計画が〝発覚〟したのは、後醍醐の父である後宇多《ごうだ》法皇が崩御してわずか三ヶ月後である。トップを失った大覚寺統の混乱に乗じて持明院統が仕掛けたのが正中の変だったのではないだろうか。

ではなぜ、後醍醐側近の日野《ひの》資朝《すけとも》は流罪に処されたのだろうか。河内氏は、後醍醐倒幕説を完全に否定してしまうと、今度は後醍醐を陥れた人物を探さなくてはならなくなり、朝廷が大混乱に陥るからではないか、と推測している。首肯すべき意見だろう。

後醍醐の倒幕計画は二回ではなく一回

嘉暦《かりやく》元年（一三二六）三月、皇太子の邦良《くによし》親王が二七歳の若さで亡くなる。次の皇太子として、恒明《つねあき》親王（後宇多《ごうだ》の弟）、邦省《くにみ》親王（邦良の弟）、尊良《たかよし》親王（後醍醐《ごだいご》の第一皇子）などの名前も候補に挙がったが、幕府は持明院統《じみょういんとう》の量仁《かずひと》親王を皇太子に選んだ。

邦良死去の三ヶ月後から、後醍醐は中宮の御産祈禱を開始した。前述の通り『太平記《たいへいき》』は、御産祈禱は名目にすぎず、事実は関東調伏（幕府への呪詛《じゅそ》）であると記す。しかし河内《こうち》氏はカモフラージュ説を否定し、実際に禧子《きし》が皇子を出産することを望んでいたと説く。なぜなら、上級貴族で幕府とも親しい西園寺《さいおんじ》家出身の禧子が皇子を出産すれば、その皇子が幕府によって次の天皇に認められる可能性があったからである。

この時代は天皇親政ではなく、院政が朝廷の基本形態であるため、後醍醐皇子が幼少で即位することは十分に可能である。その場合、後醍醐が天皇の父親という立場から院政を行うことになり、権力を維持強化できるのである。

けれども、禧子は結局男児を出産しなかった。では、どうするか。岡野《おかの》友彦《ともひこ》氏によれば、後醍醐は、亀山《かめやま》上皇の皇女昭慶門院《しょうけいもんいん》に庇護《ひご》され、上級貴族の北畠親房《きたばたけちかふさ》が乳父《めのと》（養育係）である世良《ときよし》親王に期待をかけたという。

ところが元徳《げんとく》二年（一三三〇）九月、世良親王が一八歳で早世してしまう。以前、尊良親王が皇太子になれなかったことからも分かるように、世良以外の後醍醐皇子は生母の身分が低い上に有力な後援者もおらず、天皇に即位することは極めて困難であった。後醍醐の「二度目の」倒幕計画が発覚するのは、世良死去の一年後である。

亀田《かめだ》俊和《としたか》氏は、後醍醐は世良親王の死去を受けて正攻法をあきらめ、倒幕という一か八かの賭《か》けに出たのであり、当初から倒幕を目指していたわけではないと主張する。

後醍醐天皇の倒幕計画の杜撰さ、無謀さは以前から指摘されている。このことを根拠に、後醍醐の政治的資質の欠如を論じる研究者もいるが、「後醍醐が即位当初から一貫して倒幕を目指していた」という前提を疑う必要があるのではないか。現に後醍醐は第一皇子尊良親王の立太子を画策したこともあり、本来は幕府の支持を得た上で自身の皇統を確立しようとしていたと見るべきだろう。他の選択肢がある段階から、失敗したら身の破滅につながる冒険策に乗り出すはずがない。

言うまでもなく『太平記』は後醍醐天皇による倒幕成功、さらには建武《けんむ》政権崩壊後に成立した軍記物である。後世から振り返った場合、正中《しょうちゅう》の変は後醍醐天皇の倒幕計画だったと捉《とら》える方が理解しやすい。幾多の苦難を乗り越えて鎌倉《かまくら》幕府を滅ぼすも足利尊氏《あしかがたかうじ》の離反により政権を失い、その後も尊氏との妥協を拒否し、天皇の地位に執着した後醍醐の姿を人々が見知っているからである。幕府との協調路線を模索していたという現実の後醍醐は、独裁者後醍醐という後世のイメージとはそぐわない。ゆえに、非妥協的な専制君主のイメージが遡及《そきゅう》され、後醍醐は正中年間から倒幕を試みていたことになってしまったのだろう。

反証文書「吉田定房奏状」への疑問

しかしながら、右の説に対する有力な反証が存在する。それが京都醍醐寺《だいごじ》に伝来した「吉《よし》田《だ》定房《さだふさ》奏状」である。天皇からの諮問を受けた廷臣が自分の意見を述べた文章であり、性急な倒幕を諫《いさ》める内容になっている。写であるためか、作者・作成年月日は明記されていない。なお奏状の跋文《ばつぶん》（末尾の文章）により、初稿は「去年六月廿一日」に書かれ、この奏状は改稿されたものであることが判明している。

諮問した天皇の名前も記されていないが、内容から後醍醐天皇であることは確実である。問題は作成年代である。最初に提唱されたのは元徳《げんとく》二年（一三三〇）説だったが、佐藤進一《さとうしんいち》氏が第八条の「革命之《の》今時」という文言に注目し、正中《しょうちゅう》元年（一三二四）の正中の変の直前に作成されたという説を唱えた。正中元年は甲子《かっし》革令《かくれい》の年（甲子の年は変乱が多いと考えられていた）であり、「革命之今時」とは甲子の年を指すというのである。

これに対して村井章介《むらいしようすけ》氏は、「革命之今時」という文言を素直に解釈するならば、辛酉革《しんゆうかく》命《めい》の年（辛酉の年には王朝交代が起こると考えられていた）である元亨《げんこう》元年（一三二一）に引きつけて理解すべきであると主張した。村井氏による細かい考証は省略するが、氏は奏状の初稿が元応《げんおう》二年（一三二〇）に作成され、元亨元年に改稿されたと論じている。

佐藤説・村井説に従えば、後醍醐天皇は早い段階から倒幕を計画しており、正中の変は冤《えん》罪《ざい》ではなく現実に倒幕の陰謀であったことになる。けれども、両説は「革命」の一語にとらわれすぎているように見える。

また村井氏は「旅宿楚《そ》忽《こつ》に筆を馳するの間」という文言に着目し、改稿が京都以外の場所で行われたことを明らかにしている。この指摘は重要だが、吉田定房が元亨元年に鎌倉《かまくら》に赴いた時に改稿したという主張はどうだろうか。作者が吉田定房であるという通説はさほど根拠があるものではなく、定房が後醍醐天皇の近臣であり、後醍醐にたびたび諫言《かんげん》したという事実があるのみである。後醍醐の側近は定房一人ではないし、倒幕を諫める者が他にいなかったとは限らない。

佐藤説・村井説を徹底批判したのが河内祥輔《こうちしようすけ》氏である。河内氏は跋文に、「禁中御調度」にあった奏状の初稿を最近「仙洞《せんとう》」が取り置いたらしい、と書かれていることに注目した。禁中は天皇の居所あるいは天皇その人を指すので、後醍醐天皇が奏状の初稿を所持していたことになる。仙洞は上皇の居所あるいは上皇その人を指すが、候補者は複数考えられる。村井氏は後醍醐天皇の父親の後宇多《ごうだ》法皇と推定した。だが、いくら父親とはいえ、後醍醐による倒幕計画の存在を裏付ける機密文書をたやすく入手できるだろうか。

河内氏は奏状第十条にも「仙洞」が出てくることを重視し、十条の「仙洞」が持明院統の後伏見《ごふしみ》上皇であることから、跋文の「仙洞」も後伏見院であると説く。後醍醐の倒幕計画の証拠となり得る奏状を後伏見院がなぜ入手できたのか。河内氏は、後醍醐が京都を離れている状況を想定する。要するに、この奏状が改稿されたのは、後醍醐が笠置山《かさぎやま》で挙兵した元弘の変（一三三頁参照）以降であるというのである。これは非常に説得力のある見解である。

また村井説では、定房がわざわざ旅先で奏状を改稿した理由が十分に説明できない。氏は、元亨元年に後宇多院政停止（つまり後醍醐親政開始）について幕府の同意を得るため定房が鎌倉に向かったことを重視し、親政開始で倒幕計画にはずみがつくことを恐れた定房が旅先からの再度の奏状に踏み切ったと論じている。しかし倒幕計画の進行に釘《くぎ》を刺すのが目的であるならば、京都を出発する前に執筆する方が容易だろう。

河内氏は、元弘の変で後醍醐に連座して流罪になった後醍醐側近の誰かが、処刑地や流刑地に居る、ないしはそこに向かう途中で身の潔白（倒幕計画に関与していないこと）を証明するために改稿したのではないか、と推測している。興味深い仮説である。

河内説が正しいと断言できないが、少なくとも佐藤説・村井説に大きな疑問符がついたことは確実である。正中の変以前に吉田定房が倒幕計画に狂奔する後醍醐天皇を諫めたかどうかは疑わしく、したがって元弘の変は二度目ではなく最初の倒幕運動であった蓋然《がいぜん》性が高い。

足利尊氏は源氏嫡流ではなかった

元弘《げんこう》の変を起こした後醍醐《ごだいご》天皇であったが、蜂起《ほうき》は失敗した。後醍醐は幕府によって隠岐《おき》に流される。しかし反幕府の動きは燎原《りょうげん》の火のごとく全国に広がっていき、幕府を次第に追いつめていった。

そんな中、有力御家人の足利高氏《あしかがたかうじ》（後に尊氏《たかうじ》と改名、以下尊氏に統一）が幕府から西国の後醍醐方の討伐を命じられて出陣した。しかし尊氏は密かに後醍醐と連絡を取り、元弘三年（一三三三）五月、突然、鎌倉《かまくら》幕府を裏切り、山陰道を引き返し、京都の六波羅探題《ろくはらたんだい》を攻略した。

余談ながら、西国の敵を倒しに行くはずがUターンして京都を攻撃するという裏切りの動きは明智光秀《あけちみつひで》と同じである（第六章を参照）。だが明智光秀があえない最期を遂げたのに比して、足利尊氏は後に征夷《せいい》大将軍になるのだから、この尊氏の行動は本能寺《ほんのうじ》の変を上回る鮮やかな陰謀と言えよう。まさに日本史上最大の裏切りである。

　さて、尊氏はなぜ鎌倉幕府を裏切ったのか。『太平記《たいへいき》』によれば、幕府の最高権力者であった北条高時《ほうじょうたかとき》の強引な出陣命令に対する恨みだという。元弘元年に後醍醐天皇が笠置山《かさぎやま》で挙兵した際、尊氏は父貞氏《さだうじ》の喪に服していた。このため尊氏は出陣を辞退したが、高時はこれを許さず、出陣を強要した。そして今回、またも出陣を命じられた。尊氏は病気を理由に断ったが、許されなかった。こうした理不尽な措置への怒りが爆発し、幕府から離反したのだという。いわば**怨恨説《えんこんせつ》**である。

　しかし清水克行《しみずかつゆき》氏が言うように、これだけでは反逆の動機としては弱い。北条高時の高圧的な出陣命令が直接の契機だったとしても、もう少し根深い背景があるはずだ。

　一般的には、尊氏に天下取りの野望があったからと言われている。尊氏の祖父である家時《いえとき》は、「七代後の子孫に生まれ変わって天下を取る」という源 義家《みなもとのよしいえ》の置文が足利氏に伝えられ、自身がその七代目に当たりながら天下を取れないことを嘆き、「我が命を縮め、三代の中に天下を取らせたまえ」と八幡神《はちまんしん》（源氏の氏神）に祈願して自刃し、尊氏・直義《ただよし》兄弟は家時の願文を目にしたという（『難《なん》太平記』）。要するに、願文を見て祖父家時の無念を知った尊氏がその遺志を継いで天下を取ったということである。こちらは**野望説**といえる。

　だが、この話は疑わしい。源義家は河内《かわち》源氏隆盛の基礎を築いた英雄ではあるが（三六頁を参照）、彼が亡くなったのは源頼朝《よりとも》が天下を取る八〇年も前である。当時の武士は貴族のボディーガードにすぎず、武士が天下を取るなど考えられない。

また尊氏祖父の家時が自害したのは事実だが、天下取りの野心があったという証拠はない。家時自害の理由は今も不明だが、彼が亡くなったのは弘安《こうあん》七年（一二八四）、執権北条時宗《ときむね》の死没から間もない時期であった（一二三頁を参照）。おそらく幕府内の何らかの政争に巻き込まれたものと思われるが、北条氏や安達《あだち》氏を押しのけて幕府の実権を握ろうとまでは考えていなかったのではないか。

そもそも置文というものは嫡流に伝えるものである。後述するように、足利氏は源氏嫡流とは言えないので、義家の置文が足利氏に伝わるということはあり得ない。

川合康《かわいやすし》氏が指摘したように、源義家と足利家時の伝説は、室町《むろまち》幕府成立後に足利氏が将軍として君臨することを正当化するために創作したものだろう。実は足利氏は有力御家人ではあるものの、家格・血筋という点で他の武士と隔絶していたわけではない。小山《おやま》氏や千葉《ちば》氏といった伝統を誇る東国武士と比べて足利氏が格別偉かったとは言えない。源氏一門においても武田《たけだ》氏や小笠原《おがさわら》氏といった名門の家は他に存在する。それどころか足利一族の中にも斯《し》波《ば》氏などの名族が存在し、足利氏は唯一絶対の存在とは程遠かった。

要は足利尊氏に実力と人望があったから、たまたま尊氏が将軍になっただけであり、尊氏死後も尊氏の末裔《まつえい》が代々武家の棟梁《とうりょう》として君臨する根拠は乏しかった。他に実力のある武士が登場したら、彼に将軍の地位を奪われる可能性すらある。ゆえに室町幕府は、足利尊氏が源義家の直系の子孫であり、義家・家時が果たせなかった天下取りの夢を実現したと宣伝する「源氏嫡流工作」を行ったのである。

また『太平記』は、源氏の名門である足利氏が、長年にわたって北条氏の下風に立たされてきたことに、尊氏が不満を持っていた様子を描いている。しかしながら、鎌倉時代における足利氏の立場は、「代々北条氏と婚姻関係を結び、鎌倉後期には北条氏の姻戚として北条氏有力庶家に匹敵する厚遇を受けたが、一方で源氏将軍家の一門とは周囲から意識されておらず、まして源氏嫡流には程遠い」（細川重男《ほそかわしげお》氏）というものであった。つまり足利氏は源氏の名門だから幕府内で重んじられたのではなく、北条氏の姻戚であるからこそ北条氏中心の幕府において厚遇されたのである。よって、足利氏は北条氏に抑圧されたのではなく、むしろ得宗《とくそう》専制体制の受益者だったと言えよう。

尊氏、北条氏裏切りの真相

市沢哲《いちざわてつ》氏は、足利尊氏《あしかがたかうじ》が鎌倉《かまくら》幕府を見限った契機は、最初の出陣、すなわち元弘《げんこう》元年の上洛にあったと推定している。この時の戦闘は尊氏の活躍もあって幕府軍が勝利したが、鎌倉幕府に公然と反抗する人々を実見したことで、尊氏の心境に変化が生じたのではないか、というのである。

　前述したように、当時の武士たちの目には、足利氏は〈北条《ほうじょう》氏に対抗し得る源氏の名門〉というより、むしろ〈北条氏の姻戚〉として映っていた。もし鎌倉幕府が滅びたならば、足利氏も北条氏と運命を共にすることになるだろう。天下取りという野心ではなく、「このまま北条氏に追従していたら足利氏は滅びる」という危機感が尊氏を裏切りへと突き動かしたのである。尊氏にとって北条氏からの離反は一種の自衛行動であり、やむにやまれぬ選択だった。

　さらに言えば、尊氏は自身の判断で幕府を裏切ったわけではないようだ。最初に幕府裏切りを進言したのは、尊氏の母清子《きよこ》の兄にあたる上杉憲房《うえすぎのりふさ》であった（『難太平記《なんたいへいき》』）。そして北条高時《たかとき》討伐を命じる後醍醐《ごだいご》の綸旨《りんじ》を尊氏に届け、再三挙兵を促したのも細川和氏《ほそかわかずうじ》と上杉重能《しげよし》（憲房の養子）であった（『梅松論《ばいしょうろん》』）。尊氏は家臣たち、主に上杉一族の勧めに従って鎌倉幕府を裏切ったのである。

　上杉氏は京都の中級貴族出身で、鎌倉幕府六代将軍の宗尊《むねたか》親王が鎌倉に下向した時に、重《しげ》房《ふさ》がお供をしたのをきっかけに鎌倉に移住し、足利氏の家臣になった。近年、清《し》水《みず》克行《かつゆき》氏や亀田《かめだ》俊和《としたか》氏が指摘したように、京都を中心とした西国の情勢を的確に把握でき、後醍醐周辺と接触できる人脈を持っており、しかも朝廷に強いシンパシーを抱く母方の実家に、尊氏は強く影響されたのである。

護良親王失脚は尊氏の謀略ではない

鎌倉《かまくら》幕府を滅ぼした後醍醐《ごだいご》天皇は建武《けんむ》の新政を開始したが、すぐに政権内で激しい権力闘争が始まった。その最大の要因は、後醍醐天皇の皇子である大塔宮護良親王《おおとうのみやもりよし》の暴走である。以下、主に『太平記《たいへいき》』に依拠しつつ、建武政権における護良親王の動向を略述する。

護良親王は出家して比叡山《ひえいざん》に入っていたが、後醍醐が倒幕の兵を起こすと還俗《げんぞく》して参戦、大功を立てた。ところが、鎌倉幕府が滅びると後醍醐は護良親王に再び出家するよう命じた。護良はこれに反発し、かえって後醍醐に征夷《せいい》大将軍の地位を要求した。

元弘《げんこう》三年（一三三三）六月、後醍醐はやむなく護良親王を征夷大将軍に任命するが、武士たちは足利尊氏《あしかがたかうじ》を支持したため、護良は尊氏を敵視し、尊氏の排除を企てた。これを問題視した後醍醐は、九月には護良を征夷大将軍から解任した。

失脚した護良はなおも足利尊氏の暗殺を謀るが、尊氏の警備が万全のため実現しなかった。そして建武元年（一三三四）十月、尊氏が後醍醐の寵妃《ちょうひ》である阿野廉子《あのれんし》を通じて、護良が帝位簒奪《さんだつ》の陰謀を企てていると報告した。護良の令旨《りょうじ》という証拠もあったため、後醍醐は護良を逮捕、翌月には流罪に処した。護良は鎌倉で足利直義《ただよし》（尊氏の弟）の監視下に置かれた。

以上の経過から、護良親王の謀反については、足利尊氏が政敵の護良を排除するために仕組んだ謀略との見解もある。けれども、護良に帝位を狙う野心がなかったとしても、令旨を出したというのはおそらく事実であろう。令旨が現存しないため、その内容は不明だが、前後の経緯を考慮すると、諸国の武士に尊氏討伐を命じるものだったのではないか。後醍醐天皇の許可なく勝手に軍事動員を行ったとすれば、後醍醐に対する謀反と見られても仕方ない。諸国の源氏に平氏討伐を命じた以仁王《もちひとおう》の令旨が後白河《ごしらかわ》法皇に対する謀反と解釈された（六四・六五頁を参照）のと同じである。尊氏が護良を陥れたとする見方は当たらない。

さて以上の護良事件について、『太平記』は足利尊氏と護良親王の対立関係を強調している。足利氏寄りの立場から室町《むろまち》幕府樹立に至る南北朝時代の歴史を叙述した軍記物『梅松《ばいしょう》論《ろん》』は護良の尊氏暗殺計画の黒幕は後醍醐天皇であり、計画の失敗を見た後醍醐がトカゲの尻尾《しっぽ》切りをしたと記す。これらの記述に基づき、通説は「足利尊氏の謀略にはまり、護良親王という貴重な戦力を切り捨ててしまった後醍醐の失策」と評価してきた。すなわち足利尊氏（反建武政権）vs後醍醐天皇・護良親王（建武政権）という構図である。

だがこれは、尊氏が後に建武政権から離反し室町幕府をつくるという結果から逆算した**公武対立史観**にすぎない。後述するように、この時点で尊氏が建武政権を裏切り、幕府を開くことを計画していたとは考えられない。

護良の勝手な行動の発端は、自身が冷遇されているという不満にあった。ならば、より本質的なのは、足利尊氏と護良親王の対立ではなく、後醍醐天皇と護良親王の対立ではないだろうか。

後醍醐天皇と護良親王の対立の核心

護良《もりよし》親王は鎌倉《かまくら》幕府滅亡直後から「将軍家」と自称して令旨《りようじ》を発給していた。この令旨の書式は鎌倉幕府が発給していた関東御教書《かんとうみぎようしよ》という命令書に酷似している。護良は征夷《せいい》大将軍となって幕府を開き、武士たちを統率しようと志向していたのだろう。

武士ではなく皇族・親王が武家の棟梁になるというと違和感があるかもしれないが、建長《けんちよう》四年（一二五二）に宗尊《むねたか》親王が征夷大将軍に任官して以来、鎌倉幕府では八一年間、親王将軍が続いた。したがって建武政権成立時点では、源氏将軍より親王将軍の方が人々になじみ深かったのである。

しかも護良親王は自ら武士を率いて鎌倉幕府軍と戦った経験があり、血筋・実績からいって、足利尊氏《あしかがたかうじ》以上に征夷大将軍にふさわしい存在だった。護良が征夷大将軍を望んだのは決して無茶な要求ではなく、彼にしてみれば当然のことだったのである。

だが鎌倉幕府を滅ぼした後醍醐《ごだいご》天皇は天皇親政を志向し、摂関政治・院政・幕府政治を否定した。そんな後醍醐にとって、幕府を開こうとする護良親王は、そのようなそぶりを見せない尊氏よりも脅威だった。また倒幕戦争中、護良が勝手に令旨をばらまいたことも後醍醐は問題視した。この点でも後醍醐から綸旨《りんじ》を獲得し、綸旨に基づいて軍事行動を起こした尊氏の方が後醍醐の眼鏡にかなっていた。そこで後醍醐は尊氏を鎮守府《ちんじゅふ》将軍に任命し、建武政権の軍事警察部門の最高責任者にした。

建武政権において鎮守府将軍になった尊氏は「後醍醐の〝侍大将《さむらいだいしょう》〟として忠勤に励む実直な命令代行者」（清水克行《しみずかつゆき》氏）だった。後醍醐から見れば、護良より尊氏の方が自分に忠実で信頼できる存在だったのである。

加えて、後醍醐天皇は寵妃である阿野廉子《あのれんし》の産んだ恒良《つねよし》親王を次の天皇に考えており、その点でも護良が力を持ちすぎることを警戒していた。建武の新政はしばしば「武士に対して恩賞が薄かった」と指摘されるが、実は全ての武士に冷淡だったわけではなく、護良親王派を狙い撃ちしている。その典型が、六波羅探題《ろくはらたんだい》攻略時に大功を立てたにもかかわらず冷遇された赤松円心《あかまつえんしん》である。円心は息子の則祐《そくゆう》が護良の側近くに仕えるなど護良派の筆頭であったため、後醍醐から危険視されたのである。

さて、後醍醐天皇と護良親王の対立の核心はどこにあったのだろうか。一言で述べるなら、後醍醐が足利尊氏を重用するのに対し、護良は足利尊氏を警戒したということになろう。結果から見ると、尊氏を危険視した護良の方が正しかったようにも思えるが、これは別に護良が後醍醐より人を見る目があったという話ではない。後醍醐の政治構想において尊氏は不可欠であったが、護良のそれの中では尊氏は不要どころか邪魔だったのである。

すなわち、幕府は置かないが自身に忠実な武士は優遇する後醍醐と、幕府は置くが武士を将軍にはしない護良という、政権構想の違いこそが、両者の対立の核心であった。興味深いのは、岡野友彦《おかのともひこ》氏が指摘したように、いずれも鎌倉幕府の体制を修正しつつ継承する構想だという点である。鎌倉幕府が成立して一世紀以上経っている以上、幕府を全否定することはできない。前代の政治体制のどの部分を重視するかで後醍醐と護良は対立し、その溝はやがて修復不能なものへと拡大していったのである。

流罪になった護良親王は「武家（尊氏）よりも君（後醍醐）のうらめしく渡らせ給ふ」と語ったという（『梅松論《ばいしょうろん》』）。護良排除は何よりも後醍醐の意思であり、尊氏の陰謀と見るべきではない。

足利尊氏は北条時行を恐れていた

建武《けんむ》二年（一三三五）七月、北条高時《ほうじょうたかとき》の遺児である北条時行《ときゆき》は鎌倉《かまくら》幕府復活を目指して挙兵し、瞬く間に鎌倉を攻略した。これを中先代《なかせんだい》の乱という。鎌倉将軍府（後醍醐《ごだいご》天皇が設置した関東統治機関）を運営していた足利直義《あしかがただよし》は後醍醐皇子の成良《なりよし》親王と共に鎌倉を捨てて敗走した。ちなみに逃亡の際、直義は護良親王を敵に奪われることを恐れて殺害している。

足利尊氏《たかうじ》は弟直義を救援するため、出陣の許可を後醍醐に求めた。さらに征夷《せいい》大将軍の地位を要求した。通説では、尊氏が征夷大将軍を求めたのは、建武政権からの離脱、幕府樹立という野心が彼にあったからだと説明される。実際、後醍醐も尊氏の自立化を恐れて、尊氏ではなく成良親王を征夷大将軍に任命した。なお、尊氏が後醍醐の許可を得ないまま出陣すると、後醍醐はあわてて尊氏を征東将軍に任命している。

しかし近年の研究では、尊氏の征夷大将軍任官要求は、武家政権樹立への布石ではないと考えられている。鎌倉幕府再建を大義名分に掲げる北条時行に対抗するには、征夷大将軍の権威が必要と判断したにすぎないというのである。結果を知る私たちから見れば、北条時行など物の数でもないが、当時の尊氏は直義に勝利した時行を恐れたと見るのが自然だろう。

建武二年八月、足利尊氏は北条時行を撃破し、鎌倉を奪回した。しかし尊氏は直義に説得され、後醍醐の帰京命令を無視して鎌倉に居座り、勝手に恩賞を与え始める。この尊氏の行動は、通説では、建武政権からの離脱、幕府樹立という姿勢を明確化したと説明される。

だが、この時点での尊氏にそこまでの余裕があっただろうか。圧勝したとはいえ、反乱の首謀者である時行を取り逃がしてしまったし、時行の残党も鎌倉周辺に潜伏していた。すぐに京都に帰れば、時行が勢力を盛り返す恐れがあった。亀田《かめだ》俊和《としたか》氏が述べるように、鎌倉を拠点に関東の支配を安定させた上で帰京しようというのが尊氏の考えだったと思われる。

尊氏は後醍醐の下で満足していた

建武《けんむ》二年十一月、足利尊氏《あしかがたかうじ》が関東で**陰謀**を企《たくら》んでいるとの噂が流れ、後醍醐《ごだいご》天皇は詰問の使者を鎌倉《かまくら》に派遣した。これに対し尊氏は「新田《にった》義貞《よしさだ》が私を陥れようとしている」と非難し、後醍醐に義貞討伐の許可を求めた。あくまで後醍醐の許可を得ようとしている尊氏の行動からも、尊氏に建武政権離脱の意思がないことが分かる。

だが後醍醐は一向に帰京しようとしない尊氏を謀反人とみなし、新田義貞らに尊氏討伐を命じた。尊氏の弟の直義《ただよし》が護良《もりよし》親王を殺害したことも謀反の証拠とみなされた。

足利直義らは尊氏に出馬を促すが、なんと尊氏は拒否した。後醍醐に恭順の意を示すと言って出家し、直義に全てを任せたのである。やむなく尊氏の代わりに直義が出陣するが、敗戦を重ねた。

足利尊氏は直義の苦境を知り、「直義が死んでしまっては生きている甲斐《かい》がない」と言って出陣した。そして十二月、箱根《はこね》・竹ノ下《たけのした》の戦いで新田義貞らを破った。事ここに至っては、もう後には引けない。尊氏はついに建武政権との対決を決意したのである。

こうした尊氏の葛藤《かっとう》は、後世の史家に不審がられてきた。佐藤進一《さとうしんいち》氏は「勅許をまたずに、時行討伐に出京したとき、かれは重大な決断をしたと思うのだが、後醍醐の召喚命令に接すると、たちまちこれに応じようとする。義貞誅伐を奏上しながら、義貞を総帥とする追討軍が東下したと聞くと、二、三の近臣だけをつれて、鎌倉の浄光明寺《じょうこうみょうじ》にこもってしまう……直義も敗れて、その身危うしと聞くに及んで……ついに出陣する」と、その不可解さを強調し、尊氏は遺伝性の躁鬱《そううつ》病患者だったのではないか、と推測した。これは、突然出家した足利泰《やす》氏《うじ》、謎の自殺を遂げた足利家時《いえとき》（一四四頁を参照）など、尊氏の先祖に奇行に走った者が散見されることからの類推だが、拙著『戦争の日本中世史』でも指摘したように、精神疾患患者への差別につながりかねない危険な発想である。

　最近、亀田《かめだ》俊和《としたか》氏は「尊氏の行動は不可解でも謎でもない。尊氏は、本当に心底から後醍醐と戦う気がなかったのである」と主張した。実は尊氏は妾腹の子であった。尊氏の父である貞氏《さだうじ》の正室は北条《ほうじょう》氏出身の女性で、彼女が産んだ高義《たかよし》こそが足利家を継ぐはずだった。兄高義の早世という幸運＝偶然によって尊氏は足利氏の当主になれたのであり、本来ならば彼は部屋住みで終わる人生だったのである。

　そんな尊氏が後醍醐天皇から莫大《ばくだい》な恩賞を与えられ、北条得宗《とくそう》家に匹敵あるいはそれ以上の強大な権力を手にした。未曾有《みぞう》の大成功といって良い。後醍醐に対する恩義の気持ちはきわめて強かったであろう。尊氏は現状に満足して、天下取りの野望など持っていなかったと亀田氏は推定している。建武政権におけるナンバー1武士という地位を大事にする「尊氏の発想の方がむしろ現実的常識的」であり、「これを謎とするのは、**室町幕府樹立から遡及させた結果論的解釈**に過ぎない」という亀田説は説得力に富み、筆者も従いたい。尊氏の挙兵は自衛行動であり、積極的主体的に後醍醐を裏切ったわけではないのである。

第二節　観応の擾乱

足利直義と高師直の対立

良く知られているように、足利尊氏《あしかがたかうじ》に敗れた後醍醐《ごだいご》天皇は吉野《よしの》に逃れ、自らが正統な天皇であると宣言し、尊氏が擁立した光明《こうみょう》天皇を否定した。京都の朝廷を北朝、後醍醐が吉野に樹立した朝廷を南朝といい、両朝が対立しつつ併存した時代を南北朝時代と呼ぶ。

以前、拙著『戦争の日本中世史』でも論じたように、南北朝が互角に争えた時期は短く、早い段階で北朝の優位が確立した。にもかかわらず南北朝時代が六〇年近く続いたのは、足利尊氏が開いた室町《むろまち》幕府で内紛が発生したからである。これを観応《かんのう》の擾乱《じょうらん》という。

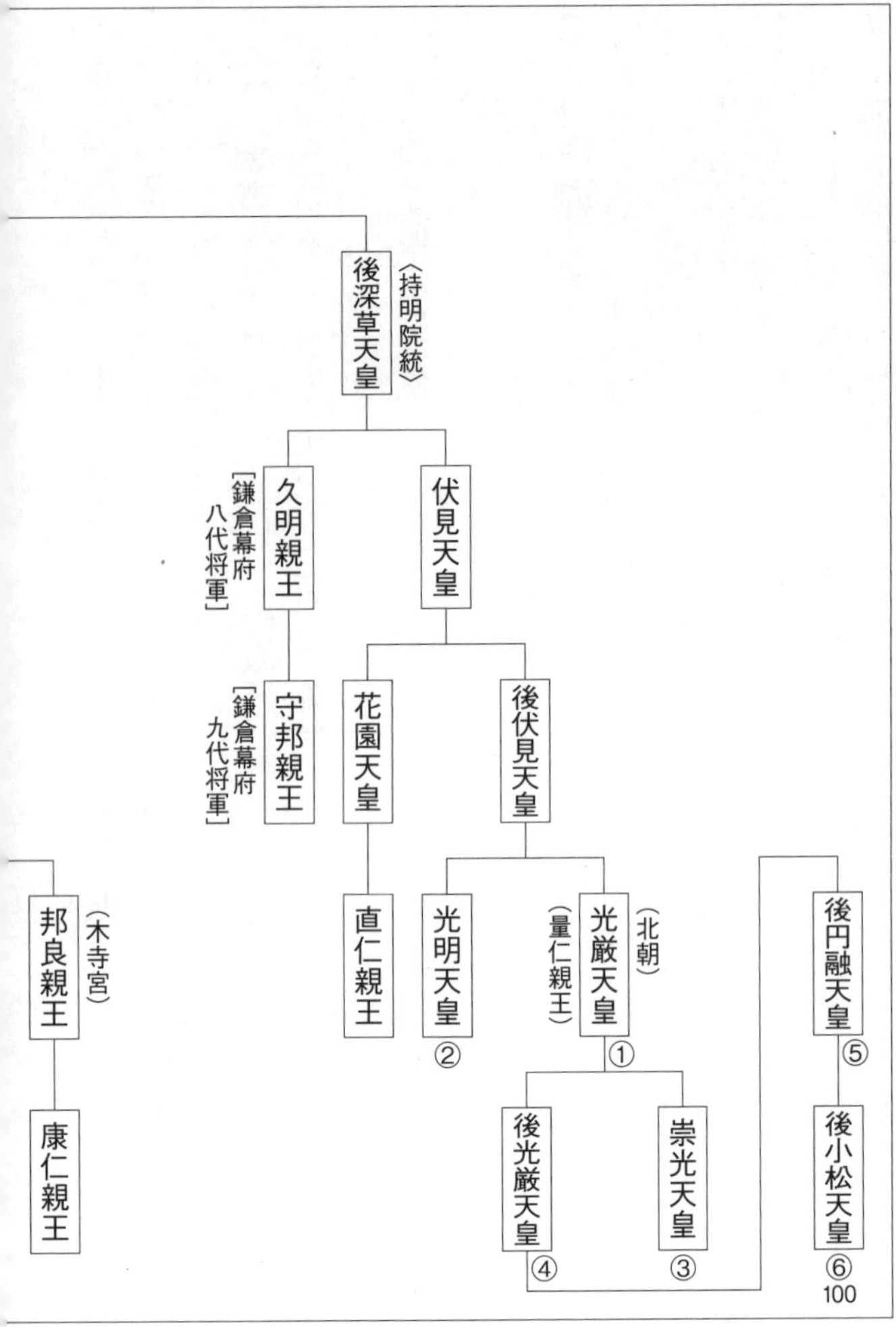

丸数字は北朝の即位者／数字は現在の歴代天皇順

南北朝略系図

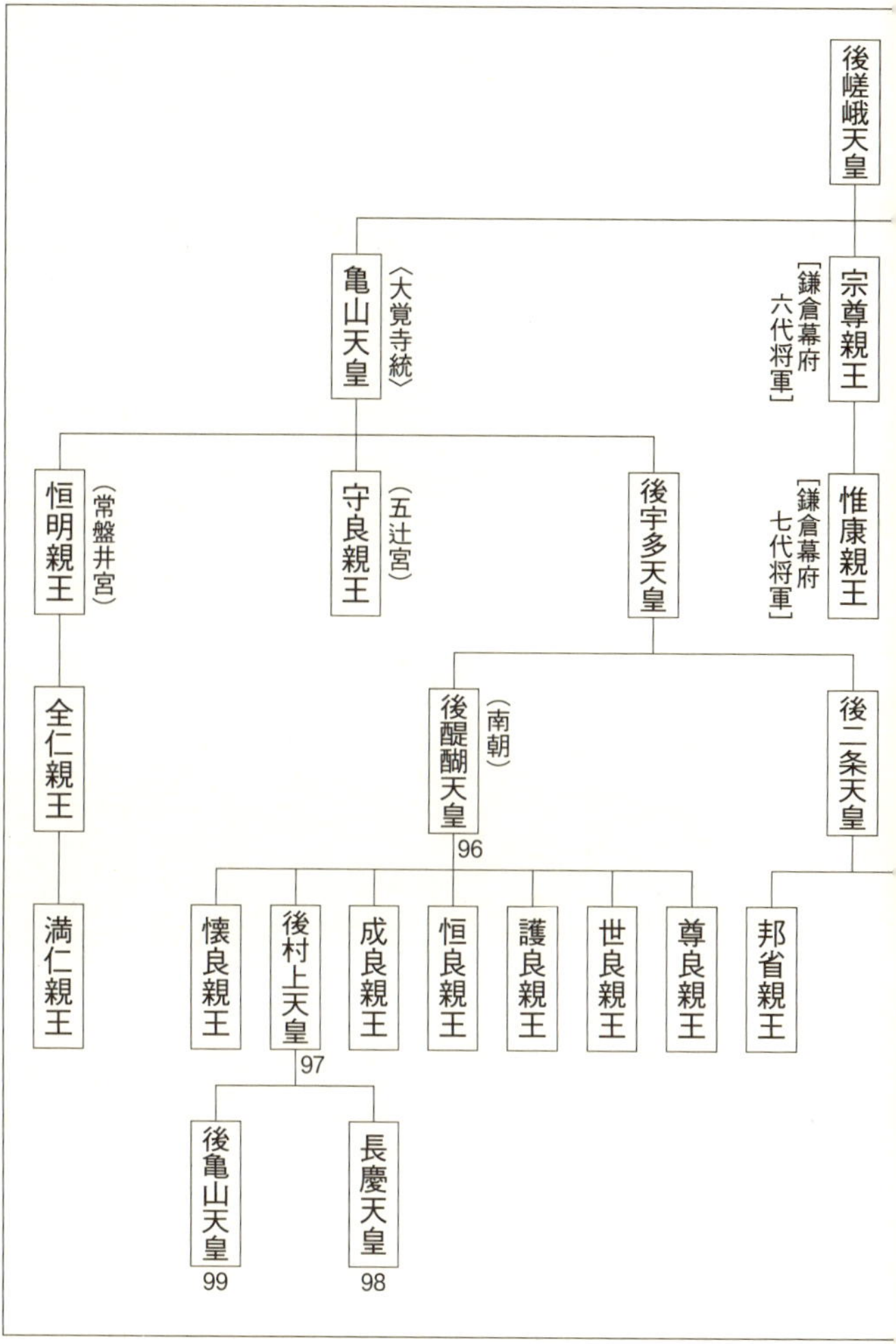
後嵯峨天皇
宗尊親王
［鎌倉幕府六代将軍］
惟康親王
［鎌倉幕府七代将軍］
亀山天皇
〈大覚寺統〉
後宇多天皇
守良親王
（五辻宮）
恒明親王
（常盤井宮）
全仁親王
満仁親王
後二条天皇
邦省親王
後醍醐天皇
（南朝）
96
尊良親王
世良親王
護良親王
恒良親王
成良親王
後村上天皇
97
懐良親王
長慶天皇
98
後亀山天皇
99

初期室町幕府では、足利尊氏の弟の直義《ただよし》が行政・司法を担当する一方で、足利家執事の高《こうの》師直《もろなお》が軍事面で活躍した。しかし両者の方針が対立した。

足利直義は伝統や秩序を重視する守旧的な人物で、王家や公家《くげ》、寺社の権威も尊重した。一方、高師直は進取の気性に富んだ改革派で、現実主義・実力主義を貫いた。このため、師直が軍費調達のために公家や寺社の荘園を侵略し、荘園領主から直義に苦情が届くという事態が相次いだ。

暦応《りやくおう》二年（一三三九）頃から将軍足利尊氏は徐々に権限を直義に委譲し、直義は「天下執権人」と呼ばれるようになった。これと同時並行的に高師直の権限が削減されていった。これは幕府に敵対する南朝勢力が弱体化したことで、軍事を管掌する師直の重要性が低下したからである。

康永《こうえい》二年（一三四三）七月には、関東の南朝勢力を束ねていた北畠親房《きたばたけちかふさ》のもとに、足利直義と高師直の不和という噂が流れてきている。遠く関東にまで伝わってきたほどだから、両者の関係は相当に悪かったのだろう。

ただし最近の亀田俊和《かめだとしたか》氏の研究によると、康永三年になると、足利直義の親裁機関である内談方の頭人に高師直が就任するなど、関係修復が図られたという。ところが貞和《じょうわ》四年（一三四八）正月の四條畷《しじょうなわて》（現在の大阪府四條畷市・大東《だいとう》市）の戦いで状況が一変する。師直はこの戦いで楠木正行《くすのきまさつら》（正成《まさしげ》の嫡男）を討ち取り、余勢を駆って南朝本拠地の吉野を焼き討ちした。南朝の後村上天皇《ごむらかみ》（後醍醐皇子）は賀名生《あのう》（現在の奈良県五條市《ごじょう》）に撤退した。大功を挙げた師直の発言力が急激に高まり、直義が師直への警戒を強めた。そして貞和五年閏《うるう》六月、事件が起こった。

「高師直暗殺計画」の真相

軍記物『太平記《たいへいき》』によれば、足利直義《あしかがただよし》は上杉重能《うえすぎしげよし》・畠山直宗《はたけやまただむね》・大高重成《だいこうしげなり》・粟飯原清胤《あいはらきよたね》・斎藤季基《さいとうすえもと》などと高師直《こうのもろなお》暗殺の謀議を密かに練ったという。怪力を誇る重成と武芸に優れた宍戸朝重《ししどともしげ》が直接手を下すことになったが、彼らが討ち損じたときに備えて一〇〇人以上の武士を隠した上で、直義は師直を自邸に招いた。

高師直は全く疑わずにやってきたが、突然心変わりした清胤が目配せしたため、謀略の気配を察してすぐに自分の屋敷に戻った。その夜、清胤・季基が師直邸を訪問し、直義の陰謀について密告した。高師直は自邸の周辺を配下の武士で固め、仮病を使って幕府への出仕を取りやめたという。

亀田俊和《かめだとしたか》氏は直義側が先に仕掛けたことを強調し、悪役視されることの多い師直を擁護している。しかし『太平記』に見える右の逸話は、目配せなど作り話めいた要素が多く、全面的に信じることは難しい。

より信頼できる史料として、洞院公賢《とういんきんかた》の日記『園太暦《えんたいりゃく》』がある。『園太暦』閏六月二日の記事を現代語訳して以下に掲げよう。「三条殿《さんじょう》（直義邸）の周辺が騒がしい。直義が用心のため、付近の住宅を破壊したり接収したりして、信頼できる部下を配置したという。このため大高重成と粟飯原清胤の屋敷も召し上げたという。粟飯原は逃亡したらしい。重成については、吉良満義《きらみつよし》邸に移り住むよう直義が命じたそうだ。さまざまな説が飛び交っていて真相は不明である。だが、直義と師直が不和になったため合戦が起きるとの噂が流れ、都の人々は驚いて逃げまどっている。直義がこのような措置をとったのは、僧妙吉《みょうきつ》の進言によるという」。

右の記述から、直義が師直方の攻撃に備えて守りを固めていることは分かる。直義が師直の暗殺を企てたかどうかは不明だが、「高師直暗殺計画」の噂が流れ、怒った師直が軍勢を集めたことは事実と見てよいだろう。

閏六月七日、足利尊氏《たかうじ》が直義邸を訪れ、今回の騒動について話し合った。同月十五日、高師直が執事職から解任された。これは騒動の責任を取らされたものと思われる。『園太暦』の記事を信じるならば、先に軍勢を集めたのは師直の方である。直義が師直を殺そうとしたという確たる証拠がない以上、徒《いたずら》に都の緊張を高めた師直が非難されるのは当然であろう。

もっとも、尊氏は師直の甥の師世《もろよ》を後任の執事にしており、師直への配慮も見せている。

だが師直が執事辞任にまで追い込まれたのは、直義が尊氏にそれを強く要求したからであろう。したがって暗殺まで考えていたかどうかはともかく、直義が師直の失脚を画策していたことは疑いない。直義側の不穏な動きに師直が過剰反応して墓穴を掘った、というのが実態ではないだろうか。

では直義はなぜ、師直の排除に動いたのだろうか。近年、森茂暁《もりしげあき》氏は貞和《じょうわ》三年（一三四七）に直義嫡子如意丸《にょいまる》が誕生したことが、直義が陰謀に手を染めた動機であると主張した。けれども亀田俊和氏が指摘する通り、足利直義が幕政を主導していた貞和年間の情勢を考慮すると、直義が何もしなくても如意丸が将来、幕府の重職につくことは確実である。

もちろん、直義に如意丸を将軍にしようという野心があった場合は、兄の尊氏、そして尊氏嫡子の義詮《よしあきら》を打倒する必要がある。尊氏の右腕である高師直の存在は大きな障害となるだろう。だが、その後の展開を見る限り、直義には尊氏を攻撃する意思はない。

直義が師直を敵視したのは、如意丸のためではなく、師直と政治方針を異にしていたからだろう。

高師直のクーデター

だが高師直《こうのもろなお》は反撃に転じる。八月九日、師直の弟の師泰《もろやす》が河内《かわち》国石川《いしかわ》城の防衛を畠山国清《はたけやまくにきよ》に任せ、大軍を率いて上洛した（『園太暦《えんたいりゃく》』など）。師直派の武将が続々と師直邸に集結したため、八月十三日、足利直義《あしかがただよし》は尊氏《たかうじ》邸に避難した（『師守記《もろもりき》』）。

八月十四日、高師直軍が尊氏邸を包囲した。足利直義軍は師直軍の半分にも満たず、直義は抗戦を断念した。尊氏は使者を師直のもとに派遣し、和解を促した。

以下の条件を足利直義が受け入れることで、和睦《わぼく》が成立した。すなわち、①直義側近で高師直を陥れた上杉重能《うえすぎしげよし》・畠山直宗《はたけやまただむね》は流罪に処す（妙吉《みょうきつ》は既に逃亡していた）。②直義は尊氏嫡子の義詮《よしあきら》（当時鎌倉《かまくら》で関東の統治を行っていた）に幕府の政務を譲る。③師直を執事に復帰させる、の三条件である（『園太暦』など）。

しかし師直は条件を守らず、上杉重能・畠山直宗は越前《えちぜん》に流される途中で師直の手の者に殺された。

九月十日、勢いづいた高師直は当時備後《びんご》国の鞆《とも》（現在の広島県福山《ふくやま》市鞆地区）にいた足利直《ただ》冬《ふゆ》の討伐命令を下した。直冬は義詮の庶兄だが、尊氏は直冬を自分の子とせず、直義が養子とした。このため、直冬は尊氏を恨むと共に直義に深く感謝し、直義の右腕的存在となっていた。師直はそんな直冬を脅威に感じ、これを討とうとしたのである。師直派の攻撃を受けた直冬は九州に逃亡した。

十月二十二日、足利義詮が鎌倉から上洛すると、足利直義は自分の邸宅である三条坊門《さんじょうぼうもん》亭を義詮に譲り、自身は細川顕氏《ほそかわあきうじ》の錦小路堀川《にしきこうじほりかわ》宿所に移った。十二月には直義は出家して政界から完全に引退した。まさに高師直の完全勝利と言えよう。

さて、『園太暦』には「今回の陰謀は、尊氏と師直が内通して起こしたものであるとの噂がある」との記述がある。佐藤進一《さとうしんいち》氏はこの記事に注目し、「尊氏は師直の強請を退けて弟を守り通したかに見えながら、巧みに両者調停の立場に立って、しかも息子の義詮を直義の後任にすえるという最大の収穫を得ている。この事件は尊氏と師直が仕組んだ芝居だという当時のうわさはたぶん真実だろうが、しかしそれはあくまでも真実の一部にすぎない。さすがは天下の将軍、という体面を最高の行動指針としながら、けっして義のために利をすてるようなヘマをしない人間、それが尊氏である。政治家とはそんなものである。」と述べている。

佐藤説は、本書で縷々《るる》指摘したように**「事件によって最大の利益を得た者が真犯人である」**という推理術に基づくものである。しかし、それだけではなく、足利尊氏が建武《けんむ》政権離脱の過程で様々な策略を用いたという理解が議論の前提になっている。だが前節で指摘したように、その理解は疑わしくなってきている。したがって、尊氏黒幕説は再検討の余地があろう。

第一章で論じた平治《へいじ》の乱の三条殿襲撃（後白河上皇《ごしらかわ》の寵臣である藤原信頼《ふじわらののぶより》が後白河の御所を攻撃して後白河を幽閉、四五頁を参照）を思い出してもらいたいが、足利尊氏邸包囲という高師直の行動は、将軍尊氏の権威を傷つけかねないものである。『太平記《たいへいき》』には、師直の行為に激怒した尊氏が師直に対して「我が先祖 源義家《みなもとのよしいえ》に仕えて以来、高一族は源氏代々の家臣として、未《いま》だかつて一日も主従の礼儀を破ったことがない。それなのに今、おまえは一時の怒りに任せて、身に余る恩を忘れ、平和的に不満を訴えるのではなく、大軍を動かして主君の屋敷を包囲した。これによって尊氏の名誉を傷つけることはできても、おまえにも天罰が下るだろう。文句があるならば撤兵後に述べればよかろう」と述べる場面がある。

むろん『太平記』は軍記物なので、実際にこのような場面があったかどうかは疑わしい。しかし、「家臣に軍事力で脅かされる足利尊氏はみっともない」という認識が『太平記』作者にあったことは間違いない。尊氏が黒幕ならば、自分の権威を傷つけるような陰謀を仕組んだりはしないだろう。

直義から義詮への政務委譲を狙って足利尊氏が陰謀を企てたと佐藤氏は説く。だが、義詮を次の将軍にすることに直義が反対するとは思えず、前記のような大がかりな謀略は必要ないだろう。尊氏が直義に対し義詮に政務を譲るよう言えば済むことである。

亀田俊和《かめだとしたか》氏は「尊氏は師直挙兵という不測の事態に最善の対処をして、結果的に嫡子義詮に直義の地位を継承させるという最大の利益を得たと見るべきであろう」と述べ、結果から逆算した陰謀論を批判した。私もこの意見に賛成する。

足利直義、反撃に転じる

足利直義《あしかがただよし》の失脚によって高師直《こうのもろなお》の天下になるかと思われたが、師直の魔手から逃れた足利直冬《ただふゆ》が九州で勢力を伸ばしていった。翌観応《かんのう》元年（一三五〇）六月、高師泰《もろやす》が大将となり直冬討伐に向かった。ところが師泰は途中の石見《いわみ》国（現在の島根県西部）で直冬方の三隅兼連《みすみかねつら》に苦戦し、九州まで進めなかった。

足利直冬がますます勢力を伸ばすのを見て、十月二十八日、足利尊氏《たかうじ》は高師直らを率いて出陣した。尊氏が自ら出陣するのは、建武《けんむ》二年（一三三五）末以来、実に一五年ぶりのことである。尊氏の実子を称する直冬を討つには高一族に任せるだけでは不十分で、自身の出馬が必要と尊氏は考えたのだろう。

しかし出陣直前の二十六日夜、足利直義が京都を脱出した。出陣を延期して直義を捜索すべきとの意見も出たが、直義を侮った尊氏・師直は出陣を強行した。

足利直義は大和《やまと》国（現在の奈良県）に逃れ、全国の武士に師直・師泰討伐を命じた。これに呼応して、尊氏・師直軍に従っていた細川顕氏《ほそかわあきうじ》が離脱した。十一月二十一日、畠山国清《はたけやまくにきよ》が守っていた河内《かわち》国石川《いしかわ》城に直義が入城した。前述のように、国清は師直クーデターに協力した人物なので、尊氏派から直義派に寝返ったことになる。

十一月二十三日、足利直義が南朝に降伏したとの情報が京都にもたらされた（『園太暦《えんたいりやく》』）。直義の南朝降伏により、楠木《くすのき》・和田《わだ》ら大和・河内・和泉《いずみ》・紀伊《きい》の南朝方武士が直義に味方する（『太平記《たいへいき》』）。かくして直義の優位は明らかになった。

さて、足利直義と高師直はそれぞれ派閥を結成しており、両者の対立は幕府を二分する党派抗争に発展したと見るのが通説である。すなわち佐藤進一《さとうしんいち》氏によれば、東国・九州など辺境地域の伝統的な御家人層が直義に、畿内近辺の新興武士層が師直のもとに結集した、というのである。

そのような傾向があることは事実だが、現実はより複雑で、佐藤氏が言うほど明確に色分けできるわけではない。直義派といっても、当初から直義と行動を共にしたのは細川顕氏・桃井直常《もものいただつね》・石塔頼房《いしどうよりふさ》などごく一部の武将である。亀田俊和《かめだとしたか》氏が指摘するように、斯波高経《しばたかつね》・上杉朝定《うえすぎともさだ》・上杉朝房《ともふさ》・今川範国《いまがわのりくに》など直義派と見られることの多い武将たちも最初は尊氏に従っており、畠山国清の寝返りを見て直義派に転身している。つまり、直義派も師直派（尊氏派）も決して一枚岩ではなく、ほとんどの武将は有利に見える側についただけなのである。

直義の勝利と師直の死

観応《かんのう》二年（南朝　正平《しょうへい》六年、一三五一）正月、足利直義《あしかがただよし》軍は京都に進撃した。留守を預かる足利義詮《よしあきら》は京都防衛を断念し脱出し、直義派の桃井直常《もものいただつね》が入れ替わるように入京した。この時、下総守《しもうさ》護千葉氏胤《ちばうじたね》が義詮を見限り、石清水八幡宮《いわしみずはちまんぐう》の直義のもとに走った。

足利義詮は足利尊氏《たかうじ》―高師直《こうのもろなお》と合流し反撃、桃井軍を破った。けれども直義軍に投降する者は後を絶たず、尊氏は丹波《たんば》、ついで播磨《はりま》に撤退した。

二月、高師泰《もろやす》と合流した尊氏軍は京都を目指すが、播磨光明寺《こうみょうじ》合戦及び二月十七日の摂津《せっつ》打出浜《うちではま》の戦いで直義軍に相次いで敗北した。しかも師直・師泰が重傷を負い、戦意を喪失した。

万策尽きた足利尊氏は寵童饗庭命鶴丸《あえばみょうつるまる》を八幡に派遣し、直義に講和を申し出た。二月二十日、高兄弟の出家を条件に和議は成立するも、二月二十六日、高兄弟は摂津から京都への護送中に、待ち受けていた直義派の上杉重季《うえすぎしげすえ》により、摂津武庫川《むこがわ》（現在の兵庫県伊丹《いたみ》市）で一族と共に謀殺された。これは明確な約束違反だが、高兄弟もかつて同じことをしたので、自業自得ではある。

なお、江戸時代の歴史書『続本朝通鑑《ぞくほんちょうつがん》』は、尊氏は密かに師直・師泰の誅殺《ちゅうさつ》に同意し、この条件によって講和が成立したと記している。いわば**尊氏陰謀説**である。尊氏が事実上二人を見殺しにした（積極的に助けようとしなかった）可能性はあるが、秘密交渉を通じて二人の命を差し出したというのはいかにも作り話めいている。発覚したら逆に高兄弟によって尊氏が殺される恐れがある以上、現実的ではない。同書は江戸《えど》幕府儒官の林《りん》家が編纂《へんさん》した史書なので、新田《にった》氏末裔を称する徳川《とくがわ》氏を正統とする立場から、尊氏を冷酷な悪人として描いたものと考えられる。

こうして長年の政敵を排した直義は義詮の補佐として政務に復帰、九州の直冬《ただふゆ》は九州探題に任じられた。だが同時期、直義は鍾愛《しょうあい》の嫡男如意丸《にょいまる》を失った。

尊氏・直義会談

観応《かんのう》二年三月二日、足利尊氏《あしかがたかうじ》・直義《ただよし》兄弟が京都で直接会談し、今後の処置について話し合った。

ところが敗者であるはずの尊氏は勝者であるかのように振る舞い、尊氏に最後まで従った武士四二人に恩賞を与えるよう主張し、直義に認めさせた。さらに尊氏は、高一族を殺害した上杉重季《うえすぎしげすえ》を死刑にするよう要求したが、直義の取りなしで流罪に留《とど》まった。

以上の経緯を見ると、勝者の直義が敗者の尊氏に対して過度に配慮しており、あたかも勝者と敗者があべこべであるかのようである。直義の目標は高一族の排除であり、兄尊氏との対立は望まなかったのである。

亀田俊和《かめだとしたか》氏は、このような直義の尊氏への態度が尊氏の後醍醐《ごだいご》への態度に類似していると指摘する。前述した通り、結果的に後醍醐を裏切る形になったものの、尊氏は後醍醐にそむく意思を持っておらず、後醍醐を終生尊敬していた。それと同様に、直義にとって尊氏との敵対は本意でなかった。そのため直義は、尊氏の将軍としての権威（恩賞充行権）を尊重した。

ただし尊重されたのは、形式的な権威・権利だけで、実際には佐々木導誉《ささきどうよ》・仁木頼章《にきよりあき》ら尊氏派の武将に恩賞は与えられなかった。彼らが既に領有していた所領の支配権が認められた（本領安堵《あんど》）にすぎない。直義は尊氏の名誉を傷つけないよう配慮しつつ、幕府の実権は掌握しようとしたのである。

尊氏・直義会談の結果、直義は義詮《よしあきら》の補佐という形で政務に復帰した。幕府の行政・司法を担当する引付方の頭人（長官）には石橋和義《いしばしかずよし》・畠山国清《はたけやまくにきよ》・桃井直常《もものいただつね》・石塔頼房《いしどうよりふさ》・細川顕氏《ほそかわあきうじ》ら直義派の武将が就任した。これに反発した義詮は六月、「御前沙汰《ごぜんさた》」という親裁機関を新設した。七月十九日、直義は義詮との不和により政務からの引退を表明した。尊氏は直義を慰留し、直義は辞意を撤回した。だが尊氏・直義兄弟の決裂はもはや時間の問題だった。

尊氏がつくった北朝は尊氏の手で葬られた

七月二十一日、足利尊氏《あしかがたかうじ》派の諸将が続々と京都を離れた。二十八日、南朝に寝返った佐々木《ささき》導誉《どうよ》（尊氏派）を征伐すると称して尊氏が近江《おうみ》に出陣した。また二十九日、南朝に寝返った赤松則祐《あかまつそくゆう》（尊氏派）を征伐すると称して義詮《よしあきら》が播磨《はりま》に出陣した。ところが、尊氏以下諸将の出陣が、途中で反転して京都の直義《ただよし》を攻撃する**陰謀**であることが発覚した（『園太暦《えんたいりゃく》』）。おそらく尊氏は六波羅《ろくはら》探題《たんだい》攻略時を思い出して、右の作戦を立案したのだろう。

危険を感じた直義は、三十日の深夜、京都を脱出して北陸に向かった。八月六日、直義は金ヶ崎《かねがさき》城（現在の福井県敦賀《つるが》市）に入城した。直義が北陸に逃れたのは、北陸一帯が直義派の守護によって占められており、信濃《しなの》の諏訪《すわ》氏、上野《こうずけ》の上杉《うえすぎ》氏、山陰の山名《やまな》氏など直義派の諸将とも連携が容易だったからだろう。

それにしても数ヶ月前に高師直《こうのもろなお》に圧勝した足利直義が何故このような苦境に立たされたのだろうか。亀田《かめだ》俊和《としたか》氏は、自派の武将への恩賞の乏しさを理由に挙げる。直義は恩賞充行権を持つ兄尊氏への遠慮に加え、公家や寺社と協調し、武士の荘園侵略に抑制を加える保守的な政治姿勢ゆえに、武士に恩賞を与えることに消極的だった。

たとえば高師直暗殺未遂事件にも関与した直義の側近、大高重成《だいこうしげなり》は若狭《わかさ》守護を望むが、直義は許さなかった。結果、重成は尊氏派に寝返り、尊氏から若狭守護に任命された。また直義第一の側近と見られていた細川顕氏《ほそかわあきうじ》（『園太暦』）も、土佐《とさ》守護を与えられただけという直義の恩賞に不満があったようで、直義を裏切り、義詮から京都守護に任命された。

直義の京都脱出を知った尊氏・義詮は直ちに帰京した。八月六日、尊氏は寝返ったばかりの細川顕氏を使者として、帰京と政務復帰を促した。しかし反尊氏の最強硬派である桃井直常《もものいただつね》の排除を条件に入れたため、直義は拒否した。

九月七日、直義派の畠山国清《はたけやまくにきよ》・桃井直常が近江の八相山《はっそうざん》（現在の滋賀県長浜市《ながはまし》）に布陣した。同十日、直義派の石塔頼房《いしどうよりふさ》が伊勢《いせ》国から近江国に侵入し、尊氏派の佐々木導誉らを撃破、八相山に入った。だが同十二日、尊氏軍が八相山を攻撃し、直義軍を破った。後方の金ヶ崎城にいた直義は越前《えちぜん》に撤退した。

九月二十日から両軍の講和交渉が行われ、十月二日には尊氏と直義が近江で直接会談した。けれども桃井直常の頑強な反対により交渉は決裂した。講和を推進した畠山国清は反発し、尊氏派に転じた。斯波《しば》高経《たかつね》も尊氏のもとに走った。直義派の弱体化は明白である。

十月八日、桃井直常の進言に従い、直義は再び越前に撤退した。その後、直義は北陸道を通って鎌倉《かまくら》へ向かった。

こうして尊氏は京都周辺から直義派を排除したものの、直義は関東・北陸・山陰を依然として確保しており、西国では直冬《ただふゆ》が勢力を拡大していた。そこで尊氏は、直義と南朝を分断すべく、南朝との和平交渉を開始した。

直義が南朝に降参（実質的には和睦）したことは先述した。だが直義は、これまで擁立してきた北朝に気を遣って、南朝に安易に譲歩しなかったため、和平交渉が長期化していた。これに対し尊氏は南朝の条件を丸飲みし、南朝に完全に降伏して直義討伐の綸旨《りんじ》を得た。北朝の崇光《すこう》天皇や皇太子直仁《なおひと》親王は廃され、年号に関しても北朝の「観応《かんのう》二年」が廃されて、南朝の「正平《しょうへい》六年」に統一された。尊氏によって擁立された北朝は尊氏の手で葬られたのである。これを「正平一統」という（後に尊氏と南朝が決裂したため正平一統は解消され、北朝が復活する）。良く言えば柔軟、悪く言えば無節操な尊氏の政略によって、直義は窮地に陥った。

足利尊氏＝陰謀家説は疑わしい

南朝に背後を衝《つ》かれる恐れがなくなった尊氏《たかうじ》は、直義《ただよし》を追って鎌倉《かまくら》へ向けて進撃した。直義はこれを迎え撃ち、観応《かんのう》二年十二月に尊氏・直義兄弟の最後の決戦である薩埵《さった》山《やま》合戦が勃発《ぼっぱつ》した。観応三年正月、戦いに敗れた直義は尊氏に降伏し、ともに鎌倉に入った。

ところが二月二十六日、直義は鎌倉で急死した。南北朝内乱を描いた軍記物『太平記《たいへいき》』は、表向きは黄疸《おうだん》によって亡くなったことにされたが、実際には毒殺されたとの噂がある、と記している。

『太平記』には創作が多く見られるが、直義毒殺説に関しては、支持する研究者が多い。それは、高師直《こうのもろなお》が亡くなった日（観応二年二月二十六日）と、足利直義が亡くなった日（観応三年二月二十六日）が同じだからである。すなわち、師直を殺されたことを恨みに思った尊氏が、師直の命日に直義を毒殺したのではないか、という推理が働いたのである。

しかし峰岸純夫《みねぎしすみお》氏は『太平記』創作説を唱えた。『太平記』には、足利直義が恒良《つねよし》親王・成良《なりよし》親王（ともに後醍醐《ごだいご》天皇と阿野廉子《あのれんし》の間に生まれた皇子）を毒殺したと書かれている。皇子を毒殺した直義が毒殺されるという因果応報の物語を『太平記』が創出した、と峰岸氏は考えたのである。

亀田俊和《かめだとしたか》氏は同日の死は偶然であるとする。直義は尊氏との合戦には終始消極的で、特に嫡男如意丸の早世後の直義の行動は精彩を欠いている。薩埵山合戦の敗北で完全に心が折れ、急死しても不思議ではない、と亀田氏は主張している。

毒殺説の浸透は、足利尊氏が陰謀家であるという戦前以来の認識に起因している。だが本章で明らかにしたように、その理解は疑わしくなってきた。であるならば、**毒殺説**も再検討の余地があるだろう。今後の課題としたい。

第五章　日野富子は悪女か

第一節　応仁の乱と日野富子

将軍家の家督争いに注目した通説

応仁《おうにん》の乱はなぜ起こったか。色々な要因が指摘されているが、一般には将軍家の家督争いが発端という印象が強いのではないだろうか。すなわち、室町《むろまち》幕府八代将軍足利義政《あしかがよしまさ》の後継者の地位を義視《よしみ》（弟）と義尚《よしひさ》（子）が争うという構図である。

通説をおさらいしておこう。足利義政には息子がいなかった。寛正《かんしょう》五年（一四六四）十二月、義政は仏門に入っていた弟の浄土寺《じょうどじ》義尋《ぎじん》を還俗《げんぞく》させ（義視）、後継者とした。この時、

「応仁の乱」対立関係（通説）

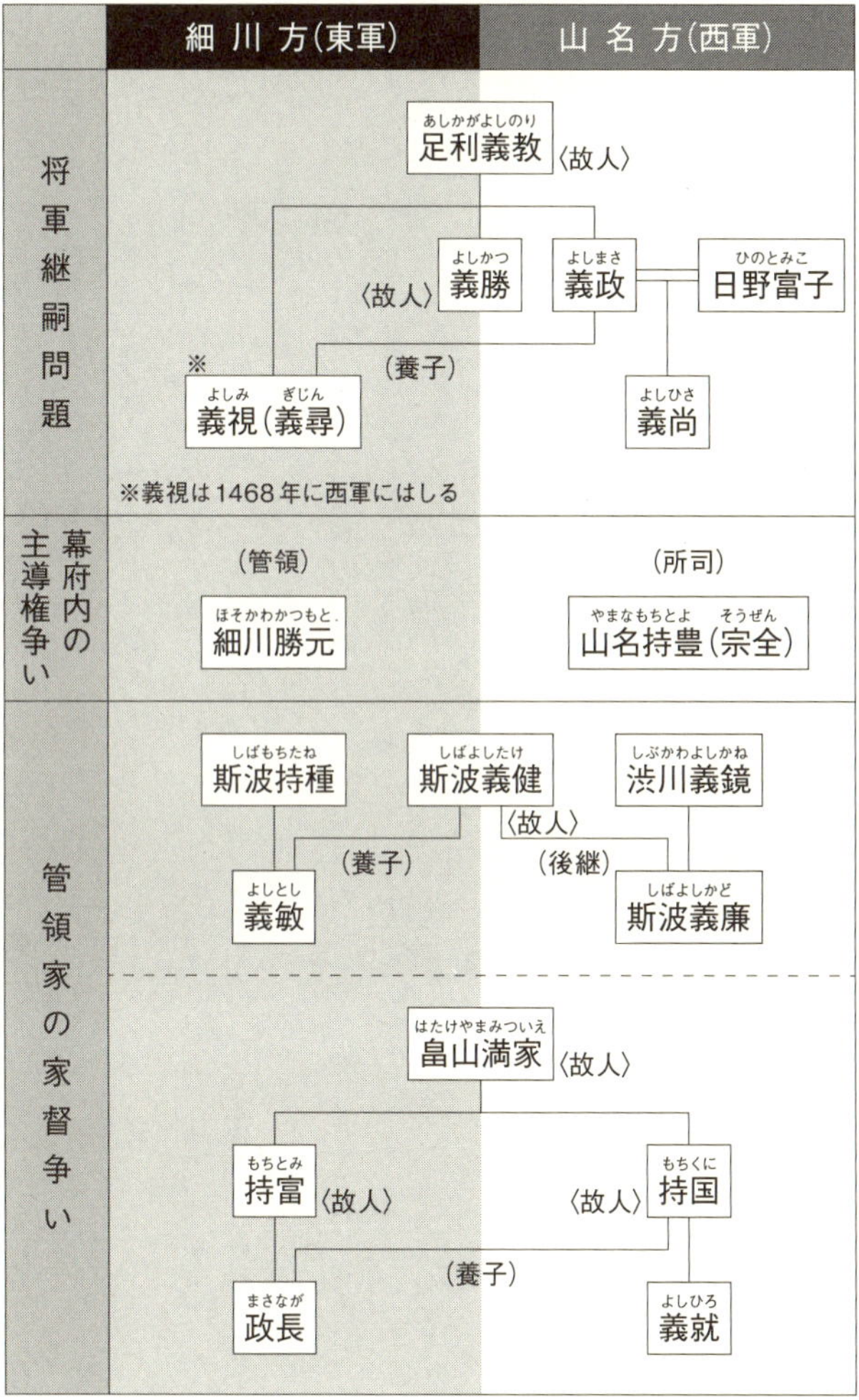
細川方（東軍）
山名方（西軍）
将軍継嗣問題
足利義教《あしかがよしのり》〈故人〉
義勝《よしかつ》〈故人〉
義政《よしまさ》
日野富子《ひのとみこ》
※
義視《よしみ》（義尋《ぎじん》）
（養子）
義尚《よしひさ》
※義視は1468年に西軍にはしる
幕府内の主導権争い
（管領）
細川勝元《ほそかわかつもと》
（所司）
山名持豊《やまなもちとよ》（宗全《そうぜん》）
管領家の家督争い
斯波持種《しばもちたね》
斯波義健《しばよしたけ》〈故人〉
渋川義鏡《しぶかわよしかね》
（養子）
義敏《よしとし》
（後継）
斯波義廉《しばよしかど》
畠山満家《はたけやまみついえ》〈故人〉
持富《もちとみ》〈故人〉
持国《もちくに》〈故人〉
（養子）
政長《まさなが》
義就《よしひろ》

義政に息子ができる可能性を指摘して還俗を渋る義視に対し、義政は将来男児が生まれても出家させると誓ったという。しかし口約束だけでは覆される恐れがある。そこで義政は有力大名の細川勝元《ほそかわかつもと》を義視の後見人に指名して義視を安心させた。

　ところが翌寛正六年十一月、義視が心配した通り、義政の正室である日野富子《ひのとみこ》が男児（のちの義尚）を出産した。富子は我が子を将軍にしようと考え始めた。だが義視の背後には、細川勝元がいる。富子は義視―勝元に対抗するため、勝元のライバルである山名宗全《やまなそうぜん》に義尚の後見人となるよう依頼した。結果的に、細川勝元・山名宗全という幕府の二大実力者が将軍家の御家騒動に介入する形になり、これにより応仁の乱が勃発《ぼっぱつ》した。

　周知のように、細川勝元が東軍、山名宗全が西軍を組織し、応仁元年（一四六七）～文明《ぶんめい》九年（一四七七）の十一年間にわたり合戦が続き、京都は焼け野原になった。その最大の戦犯は、我が子かわいさで義視排除を画策した日野富子である、というのが通説的理解である。

日野富子は足利義視に接近していた

　しかし、右に示した通説では、応仁《おうにん》の乱の複雑極まる展開を整合的に説明できない。まず応仁の乱勃発から一年半ほど経った応仁二年十一月、足利義視《あしかがよしみ》が兄義政《よしまさ》と対立し、西軍に走っている。山名宗全《やまなそうぜん》を総大将とする西軍は義視を事実上の将軍に擁立した。近年の研究では、これをもって「西幕府」の成立とみなしている。もし山名宗全が足利義尚《よしひさ》の後見人だったとすると、足利義視が宗全と手を組むのは不自然であろう。

また応仁の乱の顚末《てんまつ》を叙述した軍記物『応仁記』は、日野富子《ひのとみこ》が山名宗全と手を組み足利義視の排除を図ったと記している。けれども、当時の公家《くげ》・僧侶《そうりょ》の日記にはそのような記述は見えない。『応仁記』は後代に成立した物語であり、同時代史料と比べて信頼性が大きく落ちる。公家・僧侶の日記に見られない以上、『応仁記』が説く宗全と富子の提携は疑ってかかるべきだろう。

実は寛正《かんしょう》六年七月、義視は富子の妹良子《よしこ》を正室に迎えている。この婚姻が成立するには、もちろん富子の同意が必要である。しかも両者の結婚は富子の妊娠中だった。自分が男の子を産む可能性を認識した上で、富子はふたりの結婚を支持したのである。であるならば、富子が義視を敵視していたとは考えにくい。むしろ富子は義視への接近を図り、自分の妹との婚姻を仲立ちしたと見るべきだろう。実際、文明《ぶんめい》九年に、義視は応仁の乱の幕を引くために、富子に対して義政への口利きを依頼している。応仁二年に足利義政が東幕府の将軍、足利義視が西幕府の将軍という形で完全な敵対関係になってからも、富子と義視のパイプは残っていたのである。

細川勝元と山名宗全は盟友だった

また『応仁記《おうにんき》』は細川勝元《ほそかわかつもと》と山名《やまな》宗全《そうぜん》の宿命的な対立関係を強調するが、これにも疑問がある。細川勝元は山名宗全の養女を妻としており、両者は二〇年にわたって良好な関係を築いていた。

細川勝元と山名宗全の娘との婚姻は政略結婚であり、この結婚を機に細川氏と山名氏は同盟を結んだ。なぜ両氏は同盟を結んだのだろうか。前著『応仁の乱』で詳述したが、ここでも簡単に説明しておこう。細川氏は管領《かんれい》（幕府ナンバー2、将軍の補佐役）のポストをめぐって畠山《はたけやま》氏と競合関係にあった。また山名氏は嘉吉《かきつ》の乱（赤松満祐《あかまつみつすけ》が六代将軍足利義教《あしかがよしのり》を暗殺した事件）後の赤松氏討伐戦で活躍し、赤松氏の分国である播磨《はりま》・備前《びぜん》・美作《みまさか》を奪った。その後、赤松氏は御家再興が許され、播磨以下の旧分国を山名氏から取り戻そうとしていた。つまり、細川―山名同盟は、畠山氏と対立する細川氏、赤松氏と対立する山名氏の双方にとってメリットのある同盟だったのである。

そして文正《ぶんしょう》元年（一四六六）十二月二十日、勝元夫人が男児（のちの政元《まさもと》、一九二頁を参照）を出産した。前述のように、勝元夫人は宗全の養女だから、政元は山名宗全の孫にあたる。政元の誕生は、細川・山名同盟をより強化するはずであった。

もし勝元が宗全と手を切るつもりだったならば、宗全の養女を妊娠させるわけがない。離縁してもおかしくないぐらいである。そうしなかったということは、勝元が依然として宗全との協調を重視していたことを意味する。

勝元が宗全との断交を決意したのは、応仁の乱の前哨戦《ぜんしょうせん》である御霊合戦《ごりょうがっせん》（後述）が勃発した文正二年正月十八日の数日前と考えられる。政元誕生から一ヶ月も経っていない。両者の対決がいかに突発的なものだったかが分かるだろう。

義視は勝元より宗全を頼みにしていた

山名宗全《やまなそうぜん》が足利義視《あしかがよしみ》と敵対していたという見方にも再考の余地がある。文正《ぶんしょう》の政変（後述）で伊勢貞親《いせさだちか》が失脚した直後、義視と宗全は畠山氏《はたけやま》の家督争いにおいて共同歩調をとっている。すなわち、両者は畠山義就《よしひろ》を支持したのである。

これまで宗全は、畠山政長《まさなが》を支援する細川勝元《ほそかわかつもと》に気を遣って、義就との接触を控えてきた。宗全が公然と義就を支持したことは、やがて勝元との同盟を破綻《はたん》へと導いたが、ここで注目したいのは、義視が宗全と手を組み、勝元と対立している点である。義視は勝元よりも宗全を頼みに思っていたのである。

宗全は足利義政《よしまさ》に疎まれていたため、義視の速やかな将軍就任（＝義政の隠居）を望んでいた。義政から敵視されていた畠山義就をあえて支持したのも、義視政権樹立への布石であろう。

一方の細川勝元はというと、義政側近の伊勢貞親とは敵対していたものの義政本人との関係はさほど悪くなかったので、義視に尽くそうという意識は希薄だった。義視が勝元よりも宗全と親しくしようとしたのは当然だろう。結局、義視―宗全による義就支援は頓挫《とんざ》し、勝元が幕政を主導するようになると、義視は勝元に接近した。だがクーデター（後述）で宗全が政権を奪うと、義視は再び宗全を支持した。

応仁《おうにん》の乱が始まると、足利義視は細川勝元によって東軍の総大将に祭り上げられたが、義視の本意だったかどうかは疑わしい。乱勃発時、義視は室町殿《むろまちどの》（花の御所）で兄義政と同居しており、室町殿周辺は東軍によって直ちに占拠されたので、義視に東軍と敵対するという選択肢はなかった。固有の権力基盤を持たない義視はその都度、頼る相手を変えていかざるを得ない。義視が勝元に接近したのは、勝元が幕政を事実上掌握したからであり、二人が強い絆《きずな》で結ばれていたからではない。

結局、東軍総大将の義視は室町殿を脱出し、紆余《うよ》曲折を経て最終的に西軍に推戴《すいたい》された（前述）。家永遵嗣《いえながじゅんじ》氏が指摘したように、この驚天動地の事態は乱前の義視と宗全の親密な関係を前提に置くことで初めて理解できるのである。したがって、宗全が義尚《よしひさ》の後見人として義視・勝元と対立していたとする『応仁記』の記述は疑わしい。

足利義政は後継者問題を解決していた

このように見ていくと、足利義視《あしかがよしみ》と足利義尚《よしひさ》のどちらが次の将軍になるかが応仁《おうにん》の乱の最大の争点だった、という見解じたい再検討の必要が出てくる。そこで義政《よしまさ》が義視・義尚の処遇をどう考えていたのか調べてみよう。

還俗以後、義視は順調に官位を昇進させている。義視の還俗直後の官位は従五位下・左馬《さまの》頭《かみ》である。左馬頭は足利直義《ただよし》が就任したのを嘉例とし、副将軍的存在あるいは次期将軍が就任する官職とみなされていた。むろん、この人事は朝廷が独自の判断で行ったものではなく、義視を自身の後継者と位置づけていた義政の意向が働いている。

そして注目すべきことに、義尚の誕生は義視の昇進に影響していない。義尚誕生直後の寛《かん》正《しょう》六年十二月十七日には義視は従三位・権大納言に任官している。官位昇進を見る限り、義視を次期将軍にという義政の計画にいささかの変更もなく、義視の立場は揺るぎないものだった。

一方、義尚は誕生直後から伊勢《いせ》邸で養育されていた。義政を含め、代々の将軍は室町幕府政所《まんどころ》執事の伊勢氏のもとで養育されており、義尚が将軍候補者として遇されたことは明白である。つまり、義視・義尚の両方が将軍候補扱いされていたのである。

優柔不断な足利義政という先入観に毒されていると、「義視と義尚のどちらを跡継ぎにするか決められないでいる情けない義政」と解釈しがちであるが、実は簡単な解決策がある。義尚はまだ幼児なのだから、ひとまず義視を将軍とし、義尚が成人したら義視が義尚に将軍職を譲るよう頼めばいいのである。義視は富子《とみこ》の妹の夫なので、「義尚成長までの中継ぎとして義視が将軍になる」という案には富子も賛成するだろう。還俗したばかりで権力基盤が弱い義視も中継ぎ案に反対はしまい。

明確な史料的根拠はないが、義政が義視中継ぎ案で事態を収拾しようとしていたと考えるのが最も自然であり、「決められない将軍」という従来の解釈には無理がある。そもそも義政は義視に将軍職を譲った後も、政治の実権は握り続ける〝大御所政治〟を志向していた節がある（義政が尊敬する祖父・足利義満《よしみつ》は将軍職を息子の義持《よしもち》に譲った後も最高権力者であり続けた）。義政が政界引退せず政治的影響力を保つのであれば、義視が将軍職に居座り続けるという懸念は無用である。義視の将軍就任は既定路線となっており、富子も容認していたのではないだろうか。

文正の政変

文正《ぶんしょう》元年七月三十日、足利義視《あしかがよしみ》の正室である日野良子《ひのよしこ》が男児（のちの足利義材《よしき》）を出産した。従来の史観にとらわれていると、日野富子《とみこ》が義材を義尚《よしひさ》のライバルとして警戒した、と解釈してしまうかもしれない。

しかしながら、医療が発達していないこの時代、乳幼児の死亡率は高かった。そもそも足利義政《よしまさ》自身、兄の足利義勝《よしかつ》が一〇歳で夭折《ようせつ》したため、将軍の地位が転がり込んできたのである。義政には一〇人の兄弟がいたが、義視が還俗した寛正《かんしょう》五年十二月時点で生存していたのは、義視と政知《まさとも》だけであった（一九三頁を参照）。

要するに、足利義尚はまだ幼児で早世の可能性があった。もし義尚が亡くなった場合は、日野家の血を引く義材が将軍になるのが富子にとって望ましい。そのためにも義視と良好な関係を築いておくことは富子にとって絶対に必要だった。富子が義視を敵視することはありえないのである。

だが、これは富子の事情にすぎない。足利義尚の乳父（養育係）である伊勢《いせ》貞親《さだちか》から見れば、足利義視は義尚の早期将軍就任を妨げる邪魔者でしかなかった。

貞親は義政に「足利義視に謀反の疑いあり」と讒言《ざんげん》した。これを信じた義政は文正元年九月五日の夜、義視を誅殺《ちゅうさつ》しようとした。驚いた義視はまず山名《やまな》宗全《そうぜん》、ついで細川《ほそかわ》勝元《かつもと》に助けを求めた。この時、義視が最初に頼ったのが宗全であったことは、両者の緊密な関係を如実に物語る。

翌六日、山名・細川ら諸大名の抗議により、伊勢貞親・季瓊真蘂《きけいしんずい》・斯波義敏《しばよしとし》・赤松政則《あかまつまさのり》ら義政の側近たちが失脚した（『後法興院記《ごほうこういんき》』『大乗院寺社雑事記《だいじょういんじしゃぞうじき》』『経覚私要鈔《きょうがくしようしょう》』）。これを文正の政変という。この時点でもなお山名・細川の提携関係が継続していたことに注目したい。

文正の政変で義視を敵視する勢力が一掃され、義視の将軍就任は時間の問題になった。軍記物『応仁記《おうにんき》』は、山名宗全が足利義尚の後見人になったのは、足利義視が将軍になり細川勝元の権力が拡大することを恐れたから、と説明している。しかし季瓊真蘂（赤松氏出身）・赤松政則ら義政の側近集団と対立していた山名宗全にとって、義視の速やかな将軍就任はむしろ望ましいことであった。細川勝元も、義視の将軍就任を支持していたので、将軍後継者問題で勝元と宗全の間に意見の対立は基本的にはなかった（勝元は義視の早期就任には慎重だったが）。

山名宗全のクーデター

細川勝元《ほそかわかつもと》と山名宗全《やまなそうぜん》の同盟が突如破綻《はたん》したのは、宗全が畠山義就《はたけやまよしひろ》と提携してクーデターを起こしたからである。宗全の策動を見てみよう。なお、以下の記述は拙著『応仁の乱』と重なる部分が多いが、ご容赦願いたい。

文正《ぶんしょう》元年十二月二十六日、山名宗全の呼びかけに応じて畠山義就が軍勢を率いて上洛した。

義就は京都北部の千本釈迦堂《せんぼんしゃかどう》（大報恩寺《だいほうおんじ》）に陣を構えた。将軍の命令がないにもかかわらず大軍をひきいて上洛するのは謀反に等しく、明徳《めいとく》二年（一三九一）に京都で勃発した明徳の乱に匹敵する大事変だった。

　翌文正二年正月二日、足利義政《あしかがよしまさ》は管領《かんれい》の畠山政長《まさなが》の屋敷への御成《おなり》を中止し、将軍御所で義就と対面した（『斎藤親基日記《さいとうちかもとにっき》』）。毎年正月二日に将軍が管領邸に御成して饗応《きょうおう》を受けるのは恒例行事である。将軍の御成を迎えることは、将軍との緊密な関係をアピールする絶好の機会であるから、御成の中止は義就と敵対する政長にとって大打撃である。

　正月五日（畠山邸への御成の日）、足利義政は畠山氏当主の畠山政長ではなく、畠山義就への御成を行った。ただし畠山邸は政長に押さえられているため、義就は山名宗全の屋敷を借りて義政を迎えた（『後法興院記《ごほうこういんき》』）。

　足利義視《よしみ》や諸大名も将軍義政に随行し、加わらなかったのは畠山政長・細川勝元・京極持《きょうごくもち》清《きよ》のみであった。この時、義視が義就を支持し、政長の後ろ盾である勝元と正反対の立場を採った事実は見逃せない。義視と勝元の仲はさほど良くなかったのである。

　翌六日、義政は政長を管領職から罷免し、屋敷を義就に引き渡すよう命じた。これは義就を畠山氏当主と認めたことを意味する。八日には斯波義廉《しばよしかど》（山名宗全の娘婿）が管領に任命され、十一日には新管領義廉の出仕始が行われた（『後法興院記』『大乗院寺社雑事記《だいじょういんじしゃぞうじき》』『経覚私《きょうがくし》要鈔《ようしょう》』）。
勝元らは軍勢を率いて室町殿《むろまちどの》に押し寄せ、義政に決定を撤回させようとした。だがこの計画は事前に漏れ、十五日に宗全らが警備の名目で室町殿を武力占拠した。さらに十六日、宗全は義視ら足利一族を勝元一派に奪われないため、室町殿に移した。かくして宗全の政権奪取の陰謀は見事に成就した。

このクーデターの最中、義視は正二位に昇進した。武家で義視より上位にいるのは、従一位左大臣の義政だけである。義視は正二位権大納言なので、義政のすぐ下に位置していると言ってよい。義政が出家して官を辞せば、義視が義政の官位を引き継ぐ公算が大きい。つまり、義視の正二位昇進は義視の将軍就任に向けた布石である。むろん宗全の差し金だろう。

御霊合戦

失脚した畠山政長《はたけやままさなが》は京都を引き払って分国河内《かわち》に戻ると見られていた。ところが政長は十七日夜、屋敷に自ら火を放って北上、糺河原《ただすがわら》（賀茂川《かもがわ》と高野川《たかのがわ》の合流点に広がる河原。「鴨《かもの》河原《かわら》」ともいう）を経由して、十八日の明け方には御所北東の上御霊社《かみのごりょうしゃ》（現在の御霊神社）に陣を取った。糺河原から東に向かって京都を出ると見せかけて、逆に西進して室町殿をうかがう構えをとったのである。政長の与党である細川勝元《ほそかわかつもと》・京極持清《きょうごくもちきよ》もこれに呼応した。細川勝元は御所の西に、京極持清は御所の南に布陣し、宗全《そうぜん》らがたてこもる室町殿を包囲した。

　合戦に巻き込まれることを恐れた足利義政《あしかがよしまさ》は、山名《やまな》・細川両名に対し両畠山への軍事介入を禁じ、義就《よしひろ》と政長に一対一の対決をさせようとした（『大乗院寺社雑事記《だいじょういんじしゃぞうじき》』『経覚私要鈔《きょうがくしようしょう》』）。十八日の夕刻、畠山政長が布陣した上御霊社に畠山義就の軍勢が押し寄せた（『後法興院記《ごほうこういんき》』）。細川勝元は義政からの命令に従い、政長に加勢しなかった。けれども山名宗全・斯波義廉《しばよしかど》は義政の命令を無視して義就に加勢した（『大乗院寺社雑事記』）。政長は敗北し、勝元の屋敷にかくまわれた。これを御霊合戦という。山名宗全は狙い通り幕政を掌握した。

　山名宗全のクーデターから御霊合戦に至る流れを概観すると、細川勝元と山名宗全の対立に、将軍継承問題は直接には関係していないことが分かる。合戦の引き金となったのは、あくまで畠山政長の失脚である。足利義尚《よしひさ》を次期将軍にしようと企《たくら》んだ伊勢貞親《いせさだちか》らの失脚によって、足利義視《よしみ》の将軍就任に反対する勢力は幕府内から消えた。勝元は足利義政の〝大御所政治〟を、宗全は義視の将軍親裁を構想していたようだが、義視の将軍就任を支持するという点では一致している。

　むしろ二人の対立は管領職《かんれいしき》が焦点であった。前述のように、山名宗全のクーデター以前、管領の地位に就いていたのは畠山政長だった。政長の後ろ盾は細川勝元であるから、伊勢貞親の失脚で足利義政の求心力が低下した当時の幕府は事実上の細川勝元政権である。これに対し宗全は、畠山政長を管領職から引きずり下ろし、娘婿の斯波義廉を後任に据えた。将軍足利義視─管領斯波義廉を表に立てつつ、幕府の実権を握るというのが宗全の戦略だった。それは勝元政権の転覆を意味するものであり、勝元との軋轢《あつれき》は避けられなかった。

応仁の乱の原因は将軍家の御家騒動ではない

御霊《ごりよう》合戦に山名《やまな》勢が参戦したことによって、細川勝元《ほそかわかつもと》は盟友の畠山政長《はたけやままさなが》を見捨てた形になり、世間の評判を落とした（『大乗院寺社雑事記《だいじよういんじしやぞうじき》』）。名誉回復を欲する勝元は畠山政長を復権させるため反撃を計画した。

五月十六日、細川勝元の家臣の池田充正《いけだみつまさ》が正規兵一二騎・野武士（野伏）一〇〇〇人を率いて摂津《せつつ》から上洛した（『後法興院記《ごほうこういんき》』）。驚いた山名宗全《やまなそうぜん》・畠山義就《よしひろ》・一色義直《いつしきよしなお》らは二十日、管領斯波義廉《かんれいしばよしかど》邸に集まり、対策を協議した（『後法興院記』『後知足院記《ごちそくいんき》』）。

五月二十五日の晩から京中の武士たちの動きが慌ただしくなった（『後法興院記』）。翌二十六日の午前中には細川派の武田信賢《たけだのぶかた》・細川成之《しげゆき》が将軍御所の向かいにある一色義直の屋敷を襲い、屋敷に火をかけられた義直は山名宗全の屋敷に逃げ込んだ（『宗賢卿記《むねかたきようき》』『大乗院寺社雑事記』『経覚私要鈔《きようがくしようしよう》』）。応仁《おうにん》の乱の始まりである。

以上の経緯から明らかなように、応仁の乱の契機になったのは畠山氏内紛への山名宗全の介入である。家永遵嗣《いえながじゅんじ》氏は寛正《かんしょう》六年頃から山名宗全が畠山義就を支援していたと推測しているが、前著『応仁の乱』で論じたように、宗全と義就の正式な提携は文正《ぶんしょう》の政変以降と考えられる。享徳《きょうとく》三年（一四五四）から始まった畠山氏の家督争いにおいて、細川勝元は一貫して政長を応援してきた。この状況において義就を支持することは、細川勝元を敵に回すことに等しい。宗全は勝元との同盟があったからこそ伊勢《いせ》貞親《さだちか》や赤松政則《あかまつまさのり》ら義政《よしまさ》側近勢力に対抗し得たのであり、勝元に遠慮して義就を公然と支援することは避けてきた。ところが文正の政変で貞親らが失脚すると、宗全は義就との提携に乗り出し、勝元と敵対関係に入った。

要するに山名宗全は細川勝元の政治力を利用して伊勢貞親を失脚に追い込み、ついで畠山義就の軍事力を利用して勝元一派を政権から追い落とした。見事な権謀と言うべきだが、勝元を少々甘く見ていたようである。激怒した勝元は反撃に転じ、応仁の乱が勃発した。

前著でも指摘したように、細川氏と山名氏との間には畠山問題以外、深刻な争点はない。畠山問題さえ棚上げしてしまえば和解は可能であり、実際、文明《ぶんめい》六年四月に両氏は諸将に先駆けて講和している。以後、応仁の乱を終結させる上で最大の懸案事項になったのは、西軍の主力である大内政弘《おおうちまさひろ》への対応であり、文明九年に政弘が東軍に降参したことで乱は終わった。足利義視《よしみ》の処遇は決まらず、義視は美濃《みの》に亡命した。

応仁の乱の原因は将軍家の御家騒動ではないのである。

第二節『応仁記』が生んだ富子悪女説

史実は『応仁記』と正反対

第一節で見たように、『応仁記《おうにんき》』が語る幕府内の人物関係は誤謬《ごびゅう》に満ちている。史実（歴史的事実）と正反対といってもよい。

まず『応仁記』は、日野富子《ひのとみこ》が我が子義尚《よしひさ》を次の将軍にするために足利義視《あしかがよしみ》を排除しようとしたと記すが、現実には富子は義視を敵視していなかった。義尚成長までの中継ぎとしてならば、義視の将軍就任を容認する立場だったのである。

そして『応仁記』は、富子が義視排除の陰謀の協力者に山名宗全《やまなそうぜん》を選んだとするが、実は宗全は足利義視と親しかった。細川勝元《ほそかわかつもと》・山名宗全はいずれも足利義視の将軍就任を支持しており、両人の間に将軍継承問題に関する深刻な対立はなかった。

したがって〈足利義視―細川勝元 vs 日野富子―山名宗全〉という『応仁記』の図式は成り立たない。

これほど大きく史実と乖離《かいり》している以上、『応仁記』作者の単純な記憶違い、調査不足として片付けることはできない。『応仁記』作者は、真相を知りながら真実を歪曲《わいきょく》し、日野富子の暗躍によって応仁の乱が起きたという虚偽の主張を意図的に行ったのだろう。

『応仁記』の作者を考える

それでは何故、『応仁記《おうにんき》』作者は日野富子《ひのとみこ》を悪女に仕立て上げたのだろうか。その謎を解くには、『応仁記』の史料的性格を明らかにする必要がある。

まず『応仁記』の成立年代だが、宮内庁所蔵一巻本『応仁記』の頭注に大永《たいえい》三年（一五二三）の記載があり、これが一つの基準になる。家永遵嗣《いえながじゅんじ》氏は大永三年の頭注を別人の加筆と解釈し、『応仁記』の成立は大永三年以前と推定している。

では『応仁記』の作者は誰か。軍記物の制作意図は、その軍記物の名場面、すなわちクライマックスに最も鮮明に表れる。『応仁記』では、細川勝元《ほそかわかつもと》の家臣である安富元綱《やすとみもとつな》の相国寺《しょうこくじ》合戦における奮戦と討死が華々しく描かれており、『応仁記』は細川氏周辺で成立したことが推定される。さらに言えば、『応仁記』は安富元綱と畠山政長《はたけやままさなが》の家臣である神保長誠《じんぼながのぶ》の友情（正確に言えば男色関係）を強調している。

家永氏は右の点に注目し、細川京兆家《けいちょうけ》（細川氏の本宗家。勝元の系統）と政長流畠山氏との関係が良好な時期に成立したと推測している。これは重要な指摘である。実は、応仁の乱において東軍として共に戦った細川京兆家と政長流畠山氏はその後、対立関係に転じ、両者が和解するまで長い年月を要したからである。その顚末を以下で論じたい。

明応の政変

細川勝元《ほそかわかつもと》の死後、畠山政長《はたけやままさなが》が幕府管領《かんれい》に再び就任した。しかし政長は応仁《おうにん》の乱終結後も畠山義就《よしひろ》との山城《やましろ》・河内《かわち》争奪戦で敗戦を重ねた。細川政元《まさもと》（勝元嫡男。勝元死後、細川氏当主に）は政長の不甲斐《ふがい》なさに失望し、次第に政長と距離を置くようになっていった。

長享《ちょうきょう》三年（一四八九）三月、九代将軍の足利義尚《あしかがよしひさ》が病死した。義尚には男子がいなかったため、義政《よしまさ》の近親者から次の将軍を選ぶことになった。

候補者は、義政の弟である義視《よしみ》の嫡男義材《よしき》、同じく義政の弟である政知《まさとも》の息子の清晃《せいこう》だった。細川政元は清晃を支持した。応仁の乱において細川氏は東軍の主力であり、東軍総大将の地位を放擲《ほうてき》して西軍に推戴された義視のことを憎んでいた。このため、政元は義視の復権につながる義材将軍案に反対した。

しかし日野富子《ひのとみこ》の後押しにより、延徳《えんとく》二年（一四九〇）足利義材が十代将軍に決定した。富子が義材を支持したのは、言うまでもなく妹良子《よしこ》が産んだ子だからである（一八二頁を参照）。しかし政元はこの決定に不満だった。将軍判始《はんはじめ》などの儀式には管領が必要なため、細

足利氏略系図

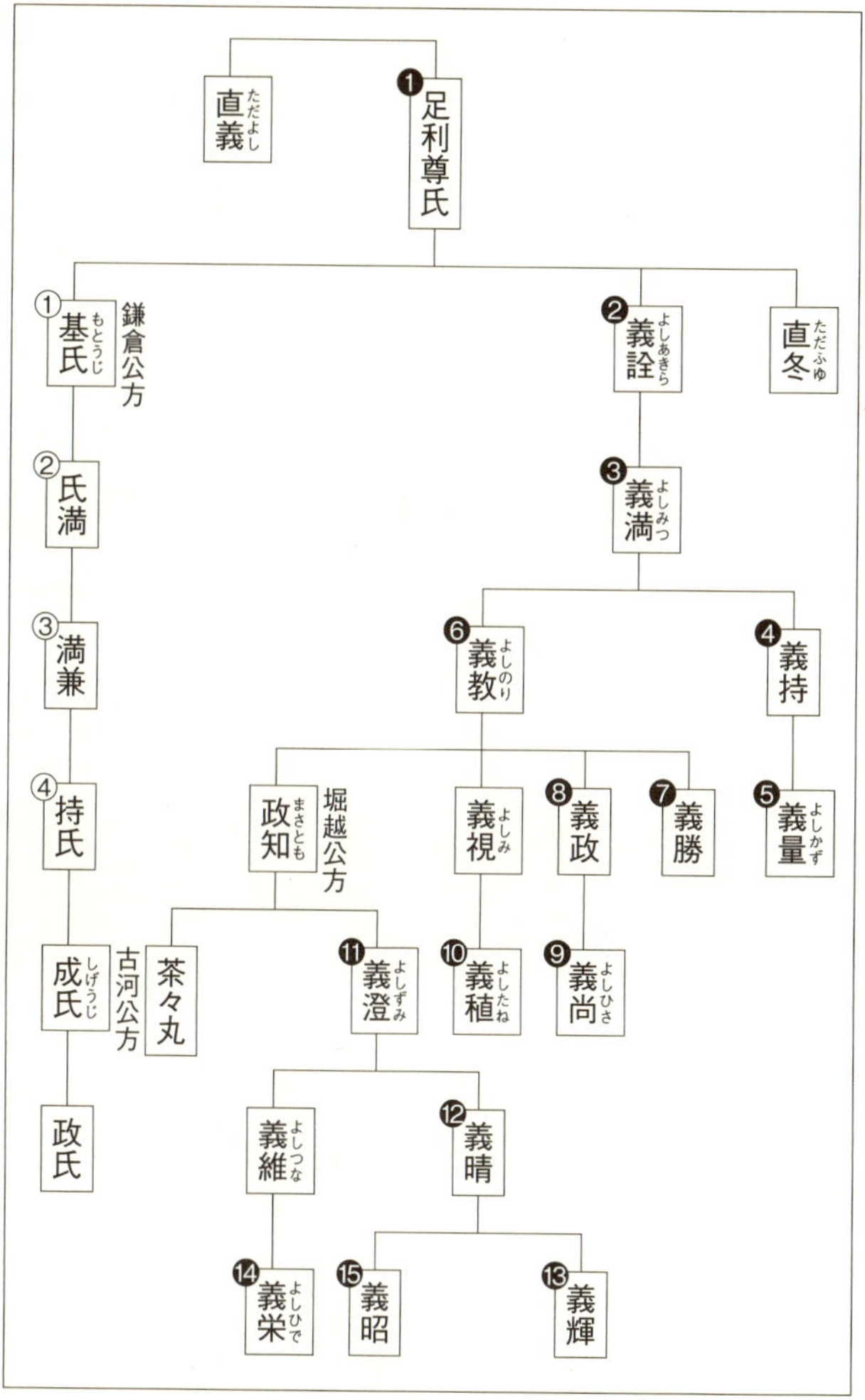

黒丸数字は将軍就任順／白丸数字は鎌倉公方就任順

川政元が管領に就任したが、儀式が終わるとすぐに辞任してしまった。

ところが義材は日野富子とも対立し、義視・良子の両親が相次いで亡くなったことで、ますます孤立してしまった。延徳三年八月、義材は求心力を高めるために近江《おうみ》の六角高頼《ろっかくたかより》征伐に乗り出した。高頼を討ち漏らしたものの、連戦連勝によって将軍の権威は高まり、義材は大いに自信をつけた。

明応《めいおう》二年（一四九三）二月、足利義材は畠山政長の要請を受け入れ、畠山基家《もといえ》（義就の子）討伐のため、自ら大軍を率いて河内に出陣した。義材と政長は、共に細川政元と疎隔が生じるようになっており、政元に対抗するため急接近していたのである。

ところが四月二十二日の晩、京都に残留していた細川政元が日野富子・伊勢貞宗《いせさだむね》（貞親《さだちか》の嫡男）と示し合わせて挙兵し、清晃を将軍に擁立（足利義遐《よしとお》、のちの足利義澄《よしずみ》、以下義澄に統一）した。反義材派の京都制圧を知るや、河内遠征に従軍していた諸将は次々と義材を見捨てて京都に帰還した。閏《うるう》四月二十五日、畠山政長は自害し、政長嫡男の尚順《ひさのぶ》は紀伊《きい》に逃亡した。そして足利義材は捕縛されて京都に護送され、政元家臣の上原元秀《うえはらもとひで》の屋敷に幽閉された。これを明応の政変という。

この鮮やかな陰謀劇により、畠山氏内紛を軸に応仁の乱以前から続いていた幕府内の権力闘争にもいよいよ終止符が打たれるかに見えた。けれども六月末、足利義材（のちの義尹《よしただ》、義稙《よしたね》、以下義稙に統一）は上原邸を脱出して越中《えっちゅう》に逃れ、自らが正統な将軍であると宣言した。畠山尚順をはじめ少なからぬ大名が義稙を支持し、ふたりの将軍が並立するに至った。つまり〈足利義稙―畠山尚順vs足利義澄―細川政元〉という構図が生まれたのである。

細川高国と畠山尚順の提携

かつて同盟関係にあった細川京兆家《ほそかわけいちょうけ》と政長流《まさなが》畠山氏《はたけやま》は一転して仇敵《きゅうてき》となった。しかし、またも事態は急変する。永正《えいしょう》四年（一五〇七）六月、細川氏の内紛の結果、細川政元《まさもと》が家臣によって暗殺されてしまったのだ。これを永正の錯乱という。

永正の錯乱の原因は、京兆家の家督争いにあった。政元には実子がなく、摂関家の九条家《くじょう》から澄之《すみゆき》、細川阿波《あわ》守護家から澄元《すみもと》、細川野州《やしゅう》家から高国《たかくに》と、三人の養子を迎えていた。彼らが政元の後継者の地位をめぐって争い、澄之派の家臣が政元を暗殺し、さらに澄元を殺そうとした。

だが細川澄元は細川高国を味方につけて反撃に転じた。八月一日、澄元の重臣である三好《みよし》之長《ゆきなが》が高国勢と共に澄之を攻め滅ぼした。翌二日、澄元は将軍足利義澄《あしかがよしずみ》に拝謁し、細川京兆家の家督の地位を認められた。

さて、この頃、足利義稙《よしたね》は周防《すおう》の大内義興《おおうちよしおき》のもとにいた。義稙・義興は細川氏の内紛を好機と捉《とら》え、上洛の軍を起こした。義稙軍の勢いに驚いた高国は伊勢《いせ》参宮を名目に京都を離れ、足利義澄・細川澄元から離反し、足利義稙派に寝返った。永正五年四月、情勢不利と見た義澄・澄元は近江《おうみ》に逃れ、高国が畿内の武士たちを率いて入京した。同月末、義稙・義興は堺《さかい》に上陸した。この時、細川高国と畠山尚順《ひさのぶ》が義稙を出迎えている。高国は義稙から京兆家当主と認められた。

足利義稙は六月には京都を制圧し、翌七月には将軍に復帰した。ここに細川高国・大内義興・畠山尚順らが将軍義稙を支える体制が成立した。『応仁記《おうにんき》』で活躍する安富元綱《やすとみもとつな》の一族である宗綱《むねつな》は高国に仕えており、また元綱の衆道相手だったとされる神保《じんぼ》長誠《ながのぶ》の息子の慶宗《よしむね》は尚順に仕えていた。一五年ぶりに安富氏と神保氏は同じ陣営に属したのである。

永正十五年、尼子《あまこ》氏の大内領国侵攻への対処などのために大内義興が周防に帰国すると、細川高国と畠山尚順らが義稙の両輪となった。以後、細川高国と畠山尚順の提携関係は大永《たいえい》元年まで続く。このことを踏まえるなら、『応仁記』の成立時期は永正十五年〜大永元年の間と推定できよう。

富子はスケープゴートにされた

以上で説明したように、細川高国《ほそかわたかくに》は足利義澄《あしかがよしずみ》派で、足利義稙《あしかがよしたね》—畠山尚順《はたけやまひさのぶ》と対立してきた。

高国が京兆家《けいちょうけ》の中で重きを成すようになったのは政元《まさもと》暗殺後であるから、義稙や尚順は高国個人をそこまで憎んではいなかっただろうが、細川京兆家への怒りは強かっただろう。

それでもトップ同士は政治的な利害関係を重視し、「昨日の敵は今日の友」と割り切れる。問題は家臣たちである。前著でも指摘したが、中世人は親の敵を討つことを決して忘れない。親兄弟を殺した仇敵と手を結ぶことに不満を持つ者は、細川家にも畠山家にも少なくなかっただろう。細川高国や畠山尚順は、それぞれ家臣たちを説得する必要があった。

足利義稙・細川高国・畠山尚順の三者は、恩讐《おんしゅう》を乗り越えるために〈ウソの歴史〉を必要とした。そこで細川京兆家は『応仁記《おうにんき》』において、足利義視《よしみ》（義稙の父）―細川勝元《かつもと》（高国の養父である政元の父）―畠山政長《まさなが》（尚順の父）が協力関係だったという〝神話〟を創造し、足利義稙―細川高国―畠山尚順の提携を〈あるべき姿への回帰〉と正当化した。この神話創造を主に担ったのは、安富宗綱《やすとみむねつな》であろう。安富元綱と神保長誠の友情を特筆することで、細川京兆家と政長流畠山氏の提携関係を礼賛したのである。

現実の足利義視と細川勝元は応仁の乱において東軍と西軍に分かれて対立した。このことが遠因となって、細川政元《まさもと》（勝元嫡男）は明応《めいおう》の政変で足利義稙（義視嫡男）を追い落とした。この遺恨を解消するには、足利義視と細川勝元が固い絆で結ばれていたという虚構が必要だったのである。勝元が義視の後見人として尽力した様子を『応仁記』が叙述したのは、そのためである。

そして、右の虚構を成立させるために、『応仁記』は義視と仲が良かった日野富子《ひのとみこ》と山名宗全《やまなそうぜん》に濡れ衣《ぬれぎぬ》を着せた。富子と宗全は義視を排除するための謀議を行っていたことにされたのだ。『応仁記』は紙が真っ黒に見えるほどにびっしりと文字で埋め尽くした書状を富子が宗全に送り協力を求めたという印象的な場面を描いている。家永遵嗣《いえながじゅんじ》氏が指摘するように、この記述は富子こそが応仁の乱の元凶であると強調するための『応仁記』の創作であろう。

前述の通り、富子は明応の政変で足利義稙を将軍から追い落とし、畠山政長が戦死するきっかけを作ったため、義稙と尚順の恨みを買っていた。しかも富子は明応五年（一四九六）に亡くなっており、親族も既にこの世にいなかった。富子は、義視排除を企てた悪女として応仁の乱の全責任を押しつけるにはうってつけの存在だったのである。足利義稙―畠山尚順と細川高国は、富子をスケープゴートにすることで、和解を実現したのである。

富子悪女説が浸透した三つの理由

しかし、我が子かわいさのために宗全《そうぜん》をけしかけた悪女という日野富子《ひのとみこ》のイメージが現在まで続いたのは、どうしてだろうか。いくら細川高国《ほそかわたかくに》周辺が富子悪女説を流布しても、世間がそれを受け入れなければ、広まることはない。富子悪女説が浸透する下地が既に存在していたと見るべきだろう。

　第一に、蓄財に狂奔する富子の評判がもともと悪かったということがある。前著『応仁の乱』でも指摘したように、富子は私利私欲のためだけに金儲《かねもう》けに走ったのではなく、富子の莫大《ばくだい》な富が傾きかけた幕府財政を支えたという一面もあった。富子は困窮する朝廷に多額の献金を行っている。これは本来、幕府の役割だが、応仁の乱を境に衰退した幕府にそれだけの余裕がなかった。このため富子が肩代わりしたのである。しかしながら、関所を乱立させて関銭収入を得るなどなりふり構わぬ利殖活動は世間から厳しく非難された。『応仁記《おうにんき》』成立以前から、富子は守銭奴の悪女というイメージが定着しつつあったのである。

　さらに、明応《めいおう》の政変に荷担したことが、富子のイメージを決定的に悪化させた。『応仁記』は明応の政変における陰謀家富子のイメージを応仁の乱に遡及《そきゅう》させたのである。しかし応仁の乱時と明応の政変時とでは、富子の立場・権力は大きく異なる。明応の政変時には、足利義政《あしかがよしまさ》・義尚《よしひさ》が既に没しており、富子は実質的に将軍家の家長であった。だが応仁の乱時は、足利義政が政治を行っており、富子の権力は極めて限定的であった。義政の意向を無視して独自の判断で山名宗全《やまなそうぜん》・畠山義就《はたけやまよしひろ》を取り立てるほどの影響力は、当時の富子にはなかったのである。

　第二に、女性差別の問題がある。当代一の文化人である一条兼良《いちじょうかねよし》は、富子の求めに応じて、富子の息子にして九代将軍の足利義尚のために政治指南書『樵談治要《しょうだんちよう》』を著し、これを献じた。その中の一節に、女性が政治を行うことの是非を論じているものがある。兼良は、昔から女性が政治を行うことは良くないとされているが、優れた女性が政治を行うのは問題ないと説いている。言うまでもなく、これはスポンサーである富子への阿《おもね》りである。兼良の主張からは、逆に、女性であるにもかかわらず幕政を牛耳る日野富子への反感が世間に強かったことが分かる。富子の行った政策が良い悪い以前に、女性である富子が政治を行うだけで「悪女」と見られてしまうのである。

必ずしも富子は権力欲の権化ではなく、富子が権力を行使するようになるのは、文明《ぶんめい》八年（一四七六）に富子の兄の日野勝光《ひのかつみつ》が亡くなってからである。足利義政が次第に政務への意欲を失い、息子義尚がまだ若く、義尚を補佐する人材も不足しているという状況では、富子が政治に関与せざるを得なかったのである。だが世間はそうは見ないし、後世の人間もまたしかり。いまだに女性首相が誕生していない日本において、富子を政治に容喙《ようかい》する悪女とみなす偏見が現在に至るまで続いてきたのは、むしろ必然と言えよう。

第三に、応仁の乱が発生した要因が当時の人たちにも良く分からなかったことが影響したのではないか。前述のように、応仁の乱が勃発した直接の原因は、山名宗全が畠山義就を京都に呼び寄せたことにある。しかし畠山氏の家督争いが、天下を揺るがす大乱へと発展する過程は後世の歴史家にとっても難解である。様々な勢力が各々異なる思惑から畠山氏内紛に介入した結果、乱はいたずらに拡大・長期化し、誰も制御できなくなってしまった。こういう戦乱は一言では説明できず、理解するのが難しい。

人間の心理として、大きな結果をもたらした大事件の原因を考察する場合、結果に見合うだけの大きな原因を求めがちである。後述するが、本能寺《ほんのうじ》の変黒幕説があれほど百花繚乱《りょうらん》になるのも、この心理に基づくものだろう。すなわち、天下統一を目前にした織田信長《おだのぶなが》が非業の死を遂げたという日本史上の大事件の原因が、明智光秀《あけちみつひで》の怨恨《えんこん》では釣り合わない、という人間心理が、黒幕による大陰謀を生み出すのである（第六章を参照）。太平洋戦争のコミンテルン陰謀説も同様である。あれほどの大惨禍の原因が日本政府や日本陸海軍の視野狭窄《きょうさく》やセクショナリズムでは、あまりに寂しいからこそ、世界を股《また》にかけた壮大な陰謀が大戦を生んだという説明が好まれるのである（終章を参照）。

応仁の乱にしても、日本史の転換点とも評される大事件の原因が、畠山氏という一大名家の御家騒動では、何か釈然としないものが残る。なぜ抗争が雪だるま式に膨らんでいったのか、どうして誰も止められなかったのか、説明を聞いても今ひとつしっくりこない。それに比べれば、最高権力者である征夷《せいい》大将軍の後継者問題が大乱を生んだという構図の方がよほど納得できる。

人も羨《うらや》む上流階級の家庭がドロドロの愛憎劇を展開する。これはいつの時代も、庶民の格好の獲物なのである。

第六章　本能寺の変に黒幕はいたか

第一節　単独犯行説の紹介

動機不明の陰謀

さて、いよいよ真打ち、本能寺《ほんのうじ》の変の登場である。ご存じない方はいないと思うが、念のため説明しておくと、本能寺の変とは、天正《てんしょう》十年（一五八二）六月二日の未明、織田信長《おだのぶなが》の重臣である明智光秀《あけちみつひで》が、信長が宿泊していた京都本能寺を急襲した事件である。信長は応戦するも、少数の近習《きんじゅう》たちだけで明智の大軍に勝てるはずもなく、最後は寺に火を放って自害した。なお「本能寺で信長の死体は発見されなかった」と言って、信長生存説を唱える人もいるが、正確には「多数の焼死体のうち、どれが信長の死体か確認できなかった」ということである。信長嫡男の信忠《のぶただ》も明智軍の攻撃を受けて二条《にじょう》御所で自害し、織田家は司令部を失ってしまった。

全国制覇も時間の問題であった信長と後継者信忠の死によって、日本の歴史の流れは大きく変わった。本能寺の変がなければ、豊臣秀吉《とよとみひでよし》の天下統一も江戸《えど》幕府の成立もなかっただろうから、日本史上最大の陰謀の一つと言えよう。

ただ問題となるのは、明智光秀の動機である。光秀は織田家中の新参者であるにもかかわらず、信長の信任を得て急速な出世を遂げ、丹波《たんば》一国を領する大名にまで登り詰めた。信長に多大な恩義があるはずなのに、光秀はなぜ信長を裏切ったのか。これが巷間《こうかん》言われる「本能寺の変の謎」である。

この問題を難しくしているのが、手掛かりの乏しさである。周知のように、明智光秀は本能寺の変の十一日後には山崎《やまざき》の戦いで羽柴《はしば》秀吉（のちの豊臣秀吉）に敗れ、敗走中に討たれている。光秀の重臣たちもほとんどは落命し、謀反の動機を語れる生き証人がいなくなってしまったのである。

明智光秀は織田信長を葬った後、自分に味方するよう諸方に書状を送ったはずだが、これもあまり残っていない。光秀が負けてしまったので、光秀と関係のあった人々、事件の真相を知る人々は後難を恐れて口をつぐみ、証拠隠滅を図ったものと思われる。

しかし関係史料が少ないということは、裏返せば推理ないし想像を働かせる余地が大きいということである。言葉は悪いが、〝素人〟でも参入しやすいのである。このため本能寺の変については、専門家である日本中世史研究者だけでなく、在野の歴史研究家や作家、ライターなど多くの〝探偵〟たちが持説を展開している。これほど諸説が乱立している日本史上の陰謀は他にないだろう（坂本龍馬《さかもとりょうま》暗殺でも、ここまで多くの説はない）。本章では代表的な説を採り上げて検討した上で、私の見解を述べたい。

江戸時代から存在する怨恨説

まず古典学説である怨恨《えんこん》説から見ていこう。歴史小説・ドラマでしばしば採用される怨恨説は『続本朝通鑑《ぞくほんちょうつがん》』など、江戸時代初期の歴史書に既に見られる。その概要は、織田信長《おだのぶなが》の横暴酷薄な仕打ちに明智光秀《あけちみつひで》が怒り、謀反を起こしたというもので、東京帝国大学（東大）の田中義成《たなかよしなり》など大正～昭和初期（戦前）の歴史家にまで受け継がれた。

明智光秀の恨みとして指摘されたのは以下の五点である。

①丹波八上《たんばやがみ》城攻めの際、光秀は母を人質にして開城させたが、信長は城主の波多野《はたの》兄弟を殺

してしまったので母は城兵によって殺された。

②信長は光秀に徳川家康《とくがわいえやす》の饗応《きょうおう》を命じたが、出された魚が腐っていたのに腹を立てて、光秀を罷免した。

③斎藤利三《さいとうとしみつ》は稲葉《いなば》一鉄《いってつ》のもとを去り、光秀に仕えていた。信長は利三を一鉄に返すように光秀に命じたが、光秀が従わなかったため、信長は暴力を振るった。

④武田《たけだ》氏を滅ぼした後の諏訪《すわ》の陣中で、光秀が「骨を折った甲斐《かい》があった」と語っているのを聞きとがめた信長が光秀を折檻《せっかん》した。

⑤信長は光秀に羽柴秀吉《はしばひでよし》援護のため山陰地方への出陣を命じたが、その際、丹波《たんば》・近江《おうみ》志賀《しが》（滋賀）郡から出雲《いずも》・石見《いわみ》への国替えを命じた。出雲・石見は未征服地であり、光秀が実力で勝ち取らなくてはならず、事実上の本領没収だった。

しかし、これらの事件は現在では江戸時代の作り話と考えられている。まず①の波多野城事件だが、この話を載せる『総見記《そうけんき》（織田軍記）』は本能寺の変から一〇〇年以上経ってから成立した本で、史料的価値が乏しい。『信長公記《しんちょうこうき》』では、光秀が兵糧攻めの末に城主波多野秀治《ひではる》らを調略によって捕えたとなっており、光秀が母親を人質にした形跡は認められない。『信長公記』は織田信長に仕えた太田牛一《おおたぎゅういち》が著した信長の一代記である。主君信長を美化している部分もあるが、信長の言動を直接見聞きした者が書いただけに、江戸時代の軍記物よりも遥《はる》かに信頼できる。①は江戸時代の創作と捉《とら》えるべきだろう。

次に②だが、この話も『川角太閤記《かわすみたいこうき》』など信頼性の低い史料にしか見られない。光秀が饗応役を解かれたのは、毛利《もうり》氏と対陣中だった羽柴秀吉からの救援要請により、光秀に秀吉援護という新たな任務が与えられることになったからである。家康の接待は光秀でなくてもできるが、万の軍勢を指揮できる武将となると、京都周辺には光秀以外にいなかった。信長が光秀の饗応役を解いたのは当然だろう。③と④の話も『稲葉家譜』など信頼性の低い史料にしか見られない。

最後に、⑤の話を載せる『明智軍記』も本能寺の変から一〇〇年以上経ってから成立した本で、史料的価値が乏しい。織田信長はしばしば家臣から本領を取り上げて、新たな征服地を与えているが、征服地の平定が完了、ないし完了の見通しが立っている場合に限られ、全くの未征服地を与えるなどという非現実な措置（領地がゼロの貧窮状態で敵と戦うことになる）をとったことはない。

そもそも出陣した明智軍には多くの丹波武士が加わっている。彼らは光秀の家臣ではなく、光秀が丹波の大名だったから従っていたにすぎない。現代風に言えば、丹波支店長とその部下という関係であるから、光秀が転勤になれば、光秀と部下との関係は切れる。したがって明智軍に丹波武士が属しているということは、光秀が依然として丹波の大名であったことの何よりの証拠である。なお⑤については、徳富蘇峰《とくとみそほう》が早くも大正時代に俗説として否定している。

要するに、怨恨説の根拠とされる事件は全て江戸時代の俗書が創作したもので、歴史的事実ではないのである。これだけ怨恨話が作られたのは、江戸時代の人々にとっても、光秀が大恩ある主君信長に反旗を翻したという事実が不可解だったということだろう。

野望説は戦後に本格的に現れた

野望説も江戸時代から存在するが、光秀《みつひで》が前々から天下取りの野心を抱いていたことを示す史料が乏しいため、前述の通り多数の逸話に支えられていた怨恨説に押され気味だった。戦前に徳富蘇峰《とくとみそほう》は『近世日本国民史』において、信長《のぶなが》の横暴な仕打ちに光秀が恨みを抱いた点を指摘しつつも、光秀は天下への野心も持っており、千載一遇の好機を逃さず挙兵したとも述べている。野望説が本格的に論じられるようになったのは戦後になってからである。画期となったのは高柳光壽《たかやなぎみつとし》『明智光秀』（一九五八年）で、野望説が全面的に展開されている。

高柳は怨恨説の根拠となっているエピソードが江戸時代に著された俗書の創作であることを指摘した。特に恨みはないのに反逆したということになると、その動機は必然的に天下取りの野望ということになろう。すなわち「信長は天下が欲しかった。秀吉も天下が欲しかった。光秀も天下が欲しかった」のである。

ただし高柳は、明智《あけち》光秀が野心を抱いていたことを明確に示す史料を発見できたわけではない。高柳は、光秀が自分の居城を周山《しゅうざん》と名付けたという『老人雑話』の逸話（光秀は信長を暴君として知られる殷《いん》の紂王《ちゅうおう》に、自身を主君である紂王を討った周の武王《ぶおう》になぞらえた）を紹介しているが、同時にこの話が史実ではないことを明らかにしている。

結局、高柳が明智光秀に天下取りの野心があった根拠として挙げているのは「愛宕《あたご》百韻」だけである。これも小説やドラマで頻繁に描かれている有名な話なのでご存じの方が多いと思うが、一応解説しておく。本能寺《ほんのうじ》の変を起こす四日前の五月二十七日に明智光秀は、嫡男光慶《みつよし》とわずかな供と共に京都の愛宕山に参詣《さんけい》した。光秀は信長の命を受け、羽柴秀吉《ひでよし》援護のために出陣することになっていたので、神仏に戦勝祈願するのは自然である。光秀は宿坊に一泊し、翌二十八日に連歌師の里村紹巴《さとむらじょうは》らと共に連歌会を行った。これが世にいう「愛宕百韻」である。

この連歌会において光秀は、左のような歌を詠んだ。

ときは今　天《あめ》が下しる　五月《さつき》哉

表面的には五月雨《さみだれ》を詠んだ歌だが、光秀横死直後に成立した軍記物『惟任退治記《これとうたいじき》（惟任謀反記とも）』は「今これを思惟《しい》すれば、則ち誠に謀反の先兆なり」と記し、この歌は謀反の決意を詠んだものであると主張した。具体的にどう解釈できるのかは『惟任退治記』に示されていないが、「とき」は「時」と「土岐《とき》（明智氏は土岐一族）」を掛け、「天が下」には「天下」、「しる」には「知る（統治する）」という裏の意味が込められている、と一般には解釈されている。

この高柳の野望説を「一種の観念論であって、現実性に乏しい学説」と痛烈に批判したのが桑田《くわた》忠親《ただちか》『明智光秀』（一九七三年）である。桑田は光秀の野心を強調する『惟任退治記』について、作者の大村由己《おおむらゆうこ》は羽柴秀吉の側近であり、秀吉を礼賛するために光秀を悪人として描いたと論じている。また桑田は愛宕百韻についても、光秀の元の歌は「時は今　天が下なる　五月哉」であり、大村が光秀の野心の表れとして「時は今　天が下しる　五月哉」と改竄《かいざん》したのではないかと推測している。

さらに桑田は、高柳の怨恨説批判について、『総見記《そうけんき》（織田軍記）』の波多野《はたの》城事件や、『川角太閤記《かわすみたいこうき》』の家康接待事件などを高柳と同様に後世の創作と退ける一方で、同時代史料であるルイス・フロイスの『日本史』に信長が光秀を足蹴《あしげ》にした事件が記述されていることから、信長と光秀の確執は事実としている。

仮に光秀が信長を恨んでいたとしても、それが即謀反という行動に結果するわけではない。絶大な権力を持つ信長に刃向かうのは非常に危険な賭《か》けであるから、恨みを晴らすためだけに謀反を起こすというのではハイリスク・ローリターンである。光秀は何か大きな利益のために決起したと考えるのが自然である。となると、誰でも天下取りの野望を真っ先に想像すると思うが、桑田はこれを否定する。豊臣《とよとみ》秀吉や徳川家康《とくがわいえやす》のような英雄でも、それぞれ信長の死、秀吉の死に直面してはじめて天下を意識した。光秀程度の武将が信長存命中から天下取りを考えていたはずはない、というのである。

明智光秀は天下取りの野望を抱くような大物ではない、という主張は何の根拠も伴っておらず、桑田の個人的な感想にすぎない。しかしながら、この桑田の意見は、本能寺の変をめぐる論争の本質を図らずも衝《つ》いている。近年は、光秀に信長殺害を指示した、もしくは光秀と信長殺害を共謀した者の存在を主張する、いわゆる「黒幕説」が流行《はや》っているが（次節で詳述）、これら黒幕説の発想の起点は、実は前記の桑田の認識と重なる。要するに、明智光秀程度の〝ただの秀才〟が織田信長のような大天才を簡単に殺せるはずはない、であるならば、光秀の単独犯行ではなく黒幕がいるはずだ、という思考回路から黒幕説は生まれたのである。

前章の最後にも述べたが、人間は大きな結果をもたらした大事件の原因を考察する場合、結果に見合うだけの大きな陰謀主体を想定しがちである。九・一一テロに関しても、アメリカの自作自演という陰謀論があった。アルカイダ程度のテロ組織が超大国アメリカに痛打を与えられるはずがないという違和感が陰謀論の発端になっているのだろう。

ドラマで好まれる光秀勤王家説と光秀幕臣説

明智《あけち》光秀《みつひで》が私的な理由ではなく天下国家のために挙兵した、という説もある。その一つが光秀勤王家説である。これは光秀が古典的教養を備え、公家《くげ》や僧侶《そうりょ》と親しく交際していたこと、本能寺《ほんのうじ》の変後に光秀が朝廷に献金したことなどに着目した見解である。

伝統的権威を重んじ朝廷を尊崇する明智光秀は、実力ある大名であり、かつ尊皇の志がありそうな織田《おだ》信長《のぶなが》を盛り立てることで朝廷復興を目指した。しかし信長は次第に増長し（あるいは本性を現し）、自己神格化、正親町《おおぎまち》天皇への安土《あづち》行幸要求など傲慢《ごうまん》な振る舞いを見せるようになった。信長が天皇の上に立とうとしていると気づいた光秀は、朝廷・正親町天皇のために信長を討った、という筋立てである。小説やドラマで好んで用いられるが、歴史学者の小和田《おわだ》哲男《てつお》氏の「信長非道阻止説」もこの勤王家説に含まれるだろう。

もっとも、勤王家説が正しいにしても、秩序と権威を重んじる光秀と革新者たる信長との

「性格の不一致」が光秀の怨恨《えんこん》を生むことは十分に考えられるし、光秀は信長を討った後、自分が将軍となって朝廷を支えていく心積もりだろうから、光秀の野心は明白である。つまり勤王家説は必ずしも怨恨説や野望説を否定するものではなく、かえってこれらと併存し得るのである。実際、小説やドラマでは、これらの動機が複合的に語られることが多い。

もし朝廷守護が謀反の最大の動機であるとすると、光秀が事前に朝廷と連絡を取っていたと見るのが自然である。このため光秀勤王家説は、朝廷黒幕説に発展した（後述）。

似たような発想の説として、光秀幕臣説がある。周知のように、明智光秀はもともと足利《あしかが》義昭《よしあき》に仕えていた。義昭が織田信長に奉じられて上洛し、将軍になった後も、光秀は義昭と信長の両方に仕えていた。義昭と信長が対立するようになると、光秀は難しい立場になるが、結局は義昭を見限り、信長についた。この時の光秀の葛藤《かっとう》は小説やドラマでもしばしば描かれている。

以後、光秀は信長の信任を得て出世していくが、幕臣という立場を完全に捨てたわけではなかった。三鬼《みき》清一郎《せいいちろう》氏は「織田政権の権力構造」（一九八一年）という論文で、光秀が畿内に残った旧幕臣を統括する地位にあったことを指摘している。もし光秀が信長による義昭追放（室町《むろまち》幕府の事実上の滅亡）を内心複雑な思いで見ていたとしたら、信長が隙を見せた時に光秀が旧幕臣を糾合して幕府再興のために挙兵することは十分に考えられる。

この場合、将軍足利義昭を京都に迎え、光秀がこれを補佐するという形で実権を握るという政権構想を光秀は抱いていたことになろう。とすると、事前に足利義昭と連絡を取っていた可能性も出てくる。かくして光秀幕臣説は、足利義昭黒幕説に発展した（後述）。

光秀勤王家説にしても、光秀幕臣説にしても、織田信長を革新的な合理主義者、明智光秀を保守的な教養人と捉え、本能寺の変を守旧派による改革潰《つぶ》しと評価するものである。けれども、藤本正行《ふじもとまさゆき》氏が批判するように、光秀が保守的な人物だったという見方には明確な根拠がない。光秀は確かに公家と親しかったが、信長も頻繁に茶会を催し、公家衆と交際している。光秀は比叡山《ひえいざん》焼き討ちで活躍して信長から恩賞をもらっているし、足利義昭のもとを去り信長に臣従した。むしろ信長と似た開明的な合理主義者だった可能性すらあるのだ。

第二節　黒幕説の紹介

一九九〇年代に登場した朝廷黒幕説

前節で紹介したのは、いわゆる「明智光秀《あけちみつひで》単独犯行説」に属するが、本節では俗に言う「黒幕説」を紹介する。黒幕説とは、明智光秀に謀反を指令した黒幕、もしくは光秀と連絡を取り合っていた共謀者の存在を指摘する説である。

　前述したように、黒幕説の背景には「明智光秀ごときが単独で織田信長《おだのぶなが》のような英雄を討てるだろうか（謀反を決意できるだろうか）」という人間心理がある。有力な人間・集団が光秀に協力しない限り、光秀が信長襲撃に踏み切れるはずがないし、また襲撃が簡単に成功するはずがない、という単独犯行説への違和感が黒幕説を生んだのである。しかも強権的で冷酷な信長は多くの人に恨まれていたので、信長殺害の動機を持つ者はいくらでも思い当たる。結果、様々な人物が「黒幕」認定され、無数の黒幕説が提唱された。

　こうした黒幕説の先鞭《せんべん》をつけたのが一九九〇年代に登場した朝廷黒幕説である。この時期に朝廷黒幕説が浮上したのは、著名な中世史研究者である今谷明《いまたにあきら》氏が朝廷と信長の対立関係を主張する著作を発表したことが影響している。今谷氏は、戦国時代に朝廷が衰微していたという通説を批判し、むしろ将軍権威の低下と反比例するかのように天皇権威が浮上しており、信長も天皇権威を利用して勢力を拡大したと論じた。しかし信長の天下統一事業がほぼ仕上がってくると、絶対君主たらんと欲する信長にとって高い権威を備えた天皇の存在はかえって邪魔なものになっていった。かくして信長は、当時の天皇である正親町《おおぎまち》天皇と激しく対立するようになり、正親町天皇に誠仁《さねひと》親王への譲位を迫るに至った、というのである。

　今谷氏自身は、本能寺《ほんのうじ》の変に朝廷が関与したとは主張していない。だが「織田信長の最大の敵は正親町天皇だった」という今谷説の衝撃は大きかった。これに触発され、信長の攻勢に朝廷が反撃したのが本能寺の変だった、という朝廷黒幕説を唱える人々が現れたのである。

もっとも、作家などが思いつきで好き勝手に言うだけだったら、朝廷黒幕説はここまで話題にならなかっただろう。朝廷黒幕説が注目を浴びたのは、桐野作人《きりのさくじん》・立花京子《たちばなきょうこ》両氏が『兼見卿記《かねみきょうき》』『日々記《にちにちき》』などの一次史料を丁寧に読み解いた上で朝廷黒幕説を提起したからである。特に立花氏は、学術雑誌に論文を投稿し、査読の結果、掲載に至っている。奇説珍説を唱える在野の歴史研究家の中には「私の説が認められないのは、アカデミズムの世界の大学教授などが在野の私を差別しているからだ」などと言う人がいるが、桐野・立花両氏は在野の研究者であり、その研究成果は学界でも一定の評価を得ている。被害妄想を語るべきではないと思う。

なお、その後、桐野氏は単独犯行説、立花氏はイエズス会黒幕説に転向したため、現在は朝廷黒幕説を唱える有力な論者はいない。そういう意味では朝廷黒幕説はもはや過去の学説である。しかし、以後の研究史の展開を理解するためには、朝廷黒幕説の概要は押さえておいた方がいいだろう。以下に掲げる。

①信長は自分に反抗的な正親町天皇を譲位させて皇太子誠仁親王の即位を計画。最終的には

猶子にした五の宮を即位させ、自らは太上天皇《だじょう》になろうとした。
②信長最晩年の自己神格化も、五の宮を天皇、嫡男信忠《のぶただ》を将軍とするための布石だった。
③朝廷内で誠仁親王・近衛《このえ》前久《さきひさ》・吉田《よしだ》兼見・勧修寺《かじゅうじ》晴豊《はれとよ》らによる反信長同盟が結成され、勤王家の光秀を誘って打倒信長を計画した。

朝廷黒幕説は説得力を失った

既述の通り、朝廷黒幕説の前提には、朝廷と武家政権が権力闘争を行ったという「公武対立史観」がある。ところが、今谷《いまたに》氏の問題提起を契機に、朝廷と武家政権の関係を分析する研究が進展した結果、「公武対立史観」は成り立たないことが明らかになってきた。

現在の主流学説は堀新《ほりしん》氏の「公武結合王権論」であり、信長《のぶなが》と朝廷の相互依存的関係が強調されている。信長の経済的援助により、危機に瀕《ひん》していた朝廷の財政状況は劇的に改善された。朝廷が信長を敵視していたとは考えられず、むしろスポンサーである信長の歓心を買うことに必死だったのである。公武結合王権論の提唱により、公武対立史観に根ざした朝廷黒幕説は説得力を失ってしまった。

まず①の、織田《おだ》信長による正親町《おおぎまち》天皇への譲位圧力について。朝廷黒幕説が譲位圧力の一例として挙げるのが、天正《てんしょう》九年二月の馬揃《うまぞろえ》（軍事パレード）である。今谷氏らは、一向に譲位しようとしない正親町天皇に対する信長の軍事的威嚇とみなしたが、神田千里《かんだちさと》氏が指摘するように、信長はきらびやかで華やかな行列になるよう指示していた。軍事的威圧どころかお祭り的色彩が強かったのである。正親町天皇も喜び、再度開催するよう要請した結果、三月にも馬揃が行われている。堀新氏は、前年暮に誠仁《さねひと》親王の生母である新大典侍《しんおおすけ》が急死して沈滞した朝廷の雰囲気を払うために行われた行事であると指摘している。

天皇が終身在位する近代天皇制になじんだ現代人は誤解しがちだが、中世において天皇は高齢になる前に譲位するのが一般的であり、正親町天皇も譲位を望んでいた。譲位がなかなか実現しなかったのは儀式費用の調達が困難だった（四方に敵を持つ信長は朝廷再興に専念できなかった）からにすぎない。

織田信長が天皇権威を超越しようとした証拠としてしばしば掲げられる②の自己神格化についても疑問が提出されている。信長が晩年に自己を神格化したという話はイエズス会宣教師ルイス・フロイスの書簡および『日本史』にしか見えない。日本人の記録には全く言及されていないのである。信長は一貫して伊勢《いせ》神宮《じんぐう》・石清水八幡宮《いわしみずはちまんぐう》・善光寺《ぜんこうじ》など大寺社を保護しており、自己神格化の傾向は看取されない。フロイスの書簡および『日本史』は信長の死後に書かれたものである。信長が驕《おご》り高ぶり自己神格化を図ったがゆえに全知全能の神デウスの怒りを買い非業の死を遂げた、というストーリーをフロイスがでっち上げたのだろう。

続いて③の論点、すなわち、明智光秀の共犯者として指摘された皇族・公家たちが本当に共謀していたのかどうか再検討してみよう。

誠仁親王は本能寺《ほんのうじ》の変後、天皇に代わって明智光秀《あけちみつひで》に京都の治安回復を命じたため黒幕扱いされたが、織田信長の嫡男信忠《のぶただ》が親王の居住する二条《にじょう》御所に乗り込んできてたてこもったため、危うく戦いに巻き込まれるところだった。信忠が泊まっていたのは二条御所の西隣の妙覚寺《みょうかくじ》だから、もし誠仁親王が謀議に参加していたのなら、光秀の標的の一人である信忠が妙覚寺より守りが堅固な二条御所に逃げ込んでくることは当然予測できただろう。何か理由をつけて、事前に内裏に移っておくべきところ、危険な二条御所に留《とど》まっていたということは、そもそも誠仁親王が光秀謀反を知らなかったことを示唆する。なお二条御所は信長から譲られたものであり、むしろ信長に恩義を感じていたはずである。

摂関家の近衛前久《このえさきひさ》の関与が疑われたのは、織田信忠を攻撃した明智軍が前久邸から二条御所を銃撃したからである。けれども、これは不可抗力と見るべきで、信長から破格の知行を与えられていた前久が陰謀に関与する理由はない。

公家の吉田兼見《よしだかねみ》は、本能寺の変後に勅使として光秀と交渉したこと、明智光秀敗北後に日記を書き直して光秀との交渉に関する記述を抹消したことなどから疑われたが、固有の武力を持たない朝廷・公家はその時々の京都支配大名に従うしかない。誠仁親王が本能寺の変後、光秀に京都の治安回復を命じたのも、このためである。織田信長が京都を制圧すれば信長に接近するし、明智光秀が信長を討てば光秀との関係強化に努めるし、羽柴秀吉《はしばひでよし》が光秀を討てば秀吉になびく。それが公家というものであるから、兼見が陰謀に関与していた証拠にはならない。また彼は当初から光秀の行動を「謀反」と日記に記述しており、自分を引き上げてくれた信長を殺した光秀に批判的だった。

近衛前久の家臣で武家伝奏（朝廷の対武家窓口）の勧修寺《かじゅうじ》晴豊《はれとよ》は自分の日記『日々記《にちにちき》』に「（光秀家老の斎藤利三《さいとうとしみつ》は）信長打ち談合の衆なり」と記している。立花《たちばな》氏はこれに注目し、「信長討ち果たしの計画があり、かつ晴豊がそれに同席しないまでも承知していたことを示している」と結論づけたが、解釈の飛躍だろう。『日々記』の「信長打ち談合の衆なり」の前後の記述は、「早天に済藤蔵助（斎藤内蔵助《くらのすけ》利三）と申す者、明智の者なり、武者なる物なり。かれなど信長打ち談合の衆なり。生け捕られて京中わたり申し候」である。山崎《やまざき》の戦いで敗走した斎藤利三が捕縛され京都に連行されたことを記したものだが、勧修寺晴豊は斎藤利三のことを良く知らない書きぶりである。むしろ、今回の事件で初めて斎藤利三の名を知ったという印象を受ける。加えて、彼にも光秀に荷担しなければならない積極的な動機はない。だいたい、本当に晴豊が計画に関与していたなら、自分の〝悪事〟の証拠を残しておくはずがなかろう。

三職推任問題

朝廷黒幕説に関連して、三職推任問題にも触れておこう。三職推任とは、本能寺《ほんのうじ》の変の直前、織田信長《おだのぶなが》を「太政大臣か関白か将軍」に任命するという動きがあったことを指す。岩沢《いわさわ》愿彦《よしひこ》氏が一九六四年に、『日々記《にちにちき》』の記主を勧修寺《かじゅうじ》晴豊《はれとよ》と確定し、本能寺の変前後の政治動向が記された重要史料と位置づけたことにより、織田信長が征夷《せいい》大将軍に就任する可能性があったことが明らかになった。

もう少し詳しく説明すると、武田《たけだ》氏滅亡を受けて、天正《てんしょう》十年四月二十五日、勧修寺晴豊が信長家臣の村井《むらい》貞勝《さだかつ》を訪れた。ふたりは「安土へ女房衆御下し候て、太政大臣か関白か将軍か、御推任候て然るべく候よし被申（申され）候、その由申し入れ候」という話をしたのである。

ここで問題になるのが、信長を「太政大臣か関白か将軍」に任命すべし、と発言したのは誰か、ということである。中世の日記においては主語が省略されることがままあり、右の一節もご多分に漏れず、主語がない。

解釈のポイントになるのは、尊敬を表す助動詞「被」である。「被」が使われているということは、発言者は勧修寺晴豊から敬意を払われる人物、すなわち目上の人物ということになる。岩沢氏は記主の勧修寺晴豊が朝廷の意向を代弁する形で発言したと解釈し、これが定説となっていた。三職推任は晴豊自身の発言だが、晴豊はメッセンジャーにすぎず、真の発言者は正親町《おおぎまち》天皇もしくは誠仁《さねひと》親王であるから、天皇・親王への尊敬の意味を込めて「被」という言葉を用いても不思議ではない、という理屈である。

ところが立花京子《たちばなきょうこ》氏が一九九一年に新説を発表した。立花氏は「被」の『日々記』における用法を網羅的に検討し、村井貞勝の発言と推定した。権中納言である晴豊が身分的に下位である貞勝の行為に敬語を用いるのは一見すると不自然だが、『日々記』の他の箇所でも貞勝の行為に敬語を用いているので問題ないというのである。

立花氏はここから議論を更に展開させ、主君信長の意を受けた貞勝が、信長を「太政大臣か関白か将軍」に任命するよう朝廷に強要した、と主張した。そして、この信長の強硬な姿勢が朝廷側の反発を呼び、本能寺の変につながった、というのである。このように、立花氏は三職推任問題を朝廷黒幕説の根拠に据えたのである。

三職推任の発言者を村井貞勝とみなす立花氏の解釈には異論もあるが、近年、谷口克広《たにぐちかつひろ》氏や金子拓《かねこひらく》氏も支持しており、私も村井貞勝で良いと思う。しかし、村井貞勝の発言の背景に織田信長の指示があるという主張はどうであろうか。貞勝との面談を踏まえ、勧修寺晴豊は五月四日に勅使として安土《あづち》城に赴き、「関東平定（武田氏討伐）の功績の賞として征夷大将軍に任命したい」という朝廷の意向を信長に伝えた。これに対する信長の返答については、『日々記』の該当記事が非常に難解なため、返事を保留したという説と将軍就任を断ったという説の両方があるが、少なくとも「謹んでお受け致します」と言ったわけではないことは確実である。信長の側から「太政大臣か関白か将軍になりたい」と要求しておいて、いざ勅使が話を持ってきたら受けない、というのでは筋が通らない。

また、堀《ほり》氏が指摘するように、信長が貞勝を通じて任官要求を出したのであれば、三職のいずれかではなく、「将軍になりたい」などと特定の官職を希望するはずである。信長はこの件に関与しておらず、貞勝が自分の意見を述べただけと考えられる。

織田信長は天正六年四月に右大臣・右近衛大将《うこんえのたいしょう》の官職を辞任して以降、無官であった。天正九年に朝廷が左大臣への就任を打診しているが、信長はこれを断っている。信長には妙に律儀なところがあり、朝廷の顕官に就く以上、朝廷のために尽力しなければならないという意識を持っていた。逆に言うと、四方の敵と戦っている現状では、朝廷関係の業務に専念できないので、大臣に就任するわけにはいかないのである。

だが朝廷から見ると、このような信長の態度は不安でたまらない。信長に見捨てられるのではないか、という不安が頭をもたげるのである。信長に官職を与え、朝廷の一員にすることができれば、責任感の強い信長は資金援助などの形で朝廷を強力に支えてくれるだろう。

ゆえに、ことあるたびに朝廷は信長に官職を与えようとした。

天正十年三月の武田氏滅亡は、朝廷にとって信長に官職を与える絶好の機会だった。信長を何らかの官職につけたい朝廷は村井貞勝に「どの官職なら信長は受けてくれるだろうか」と相談した。これに対し貞勝が「太政大臣か関白か将軍あたりが良いのでは」と三職を候補として挙げた、というのが真相だろう。結局、東夷を征伐したという功績に一番ふさわしい官職として、朝廷は征夷大将軍を選んだのである。

繰り返しになるが、朝廷はスポンサーである信長との関係強化を望んでおり、朝廷が信長を敵視していたという見解は成り立たない。三職推任問題も朝廷黒幕説の根拠ではなく、むしろ公武融和の証拠なのである。

「足利義昭黒幕説」は衝撃を与えた

一方、朝廷（具体的には近衛《このえ》前久《さきひさ》）が本能寺《ほんのうじ》の変に関与した可能性を認めつつも、陰謀を主導したのは毛利《もうり》氏のもとに身を寄せていた将軍足利義昭《あしかがよしあき》である、と主張したのが三重大学教授で織豊期研究者の藤田《ふじた》達生《たつお》氏である。藤田氏は一九九六年に「織田政権から豊臣政権へ―本能寺の変の歴史的背景」という論文を発表し、以後、機会あるごとに自説の補強に努めてきた。藤田氏の一連の本能寺の変研究の集大成が『謎とき本能寺の変』（二〇〇三年）である。

先述したように、守旧派の明智《あけち》光秀《みつひで》が室町《むろまち》幕府再興のために挙兵したという説は以前から存在したが、日本中世史を専門とする大学教員が、「足利義昭が光秀に織田《おだ》信長《のぶなが》殺害を指令した」と明言したことの衝撃は大きかった。加えて、藤田氏は専門家だけあって、本能寺の変に関する新史料を発掘するなど、足利義昭黒幕説を学術的なレベルにまで引き上げている。藤田説に注目が集まったのは当然だろう。藤田氏の説の概要を以下に掲げる。

①織田信長によって京都から追放された将軍足利義昭は、備後《びんご》国鞆《とも》に移った後、「鞆幕府」というべき陣容を持ち、毛利輝元《てるもと》を副将軍に任命することで、信長に対抗した。

②本能寺の変後の六月十二日、明智光秀は紀伊《きい》雑賀《さいか》衆の土橋平尉《つちはしへいのじょう》からの書状に対する返書で、足利義昭の京都復帰に尽力すると述べており、義昭が光秀に指令してクーデターを起こさせて織田政権を転覆させたと考えられる。

③光秀は謀反を起こす前に、長宗我部《ちょうそかべ》元親《もとちか》・本願寺教如《ほんがんじきょうにょ》・上杉景勝《うえすぎかげかつ》と連絡を取っており、義昭を奉じることで反信長勢力を糾合しようとしていた。

④朝廷は信長を将軍に任命する意向を示しており（それは事実上、義昭の将軍解任を意味する）、光秀はこれを阻止するためにクーデターを起こした。

朝廷黒幕説に比べて足利義昭黒幕説の方が説得力を持つのは、スポンサーである信長に感謝していた朝廷と異なり、足利義昭が自分を追放した信長を恨んでいたことは史料から明白だからである。しかも、義昭には対信長包囲網を築いた実績がある。明智光秀が義昭を奉じて全国の大名を反織田で結束させるという図式は想像しやすい。朝廷を味方につけても大義名分は確保できても軍事的なメリットは得られないが、義昭の支持を得られれば毛利氏らとの提携が期待できる。

藤田氏は以下のように論じている。「軍事的にみれば、光秀の率いる軍勢で可能なのは、信長を急襲して権力を奪取することまでであって、その後の政権を維持していく軍事力は明らかに不足していた。したがって事を起こそうとすれば、毛利氏・長宗我部氏・上杉氏など強力な軍事力をもつ戦国大名が反信長で結束していることを、光秀が確信できなければならない」と。

右の藤田氏の見解は、様々な黒幕説が誕生した理由を端的に示している。後世の我々から見ると、光秀の謀反はかなり無謀なものに感じられる。なるほど、信長は討てるかもしれないが、その後、クーデター政権をどのように維持するつもりだったのか。実際に光秀の天下は十日ほどで崩壊してしまった。光秀が精神錯乱状態だったというノイローゼ説もあるが、織田信長・信忠《のぶただ》父子を首尾良く仕留めているのだから、正常な判断力を有していたと見るべきだろう。であるならば、信長打倒後の戦略も考えていてしかるべきであり、光秀単独で織田家の反撃に対抗することが難しい以上、他勢力と事前に連携していたはずだ、ということになる。

そして、もし明智光秀が誰かと提携するとしたら、かつての主君である将軍足利義昭が最もふさわしい相手であることは疑いない。トンデモ説と言っても過言ではない他の黒幕説に比べれば妥当性は高い。

義昭黒幕説の問題点

とはいえ、義昭黒幕説にも大きな疑問が残る。まず①であるが、天正《てんしょう》十年時点の足利義昭《あしかがよしあき》に、全国の反信長《のぶなが》勢力を糾合するほどの力があったのだろうか。谷口克広《たにぐちかつひろ》氏が指摘するように、義昭は天正五年中頃からは、全国の諸大名に打倒信長を呼びかけなくなり、毛利《もうり》氏への依存を強めていった。その毛利氏ですら、中国大返しを敢行した羽柴秀吉《はしばひでよし》を追撃せず、また信長横死に驚喜した足利義昭から上洛への協力を要請されても冷淡だった。既に義昭の将軍としての影響力は衰えており、「鞆《とも》幕府」は実態を失っていたのである。

もし明智光秀《あけちみつひで》が足利義昭と事前に提携していたとしたら、その提携の最大の目的は、義昭を通じて毛利氏を動かし、羽柴秀吉を中国地方に釘付《くぎづ》けにすることだろう。逆に言えば、毛利氏を対秀吉に活用できないとしたら、わざわざ義昭を担ぐメリットはない。

藤田氏も認めるように、毛利氏が明智光秀の謀反計画を事前に把握していた形跡はない。毛利氏は羽柴秀吉との講和交渉を進めており、織田《おだ》軍との決戦を何とか回避しようとしていた。仮に足利義昭と光秀が共謀していたのだとしたら、毛利氏にも伝えただろう。毛利氏が知らなかったということは、義昭も知らなかったということである。

次に④の織田信長の将軍任官問題であるが、既に述べたように、信長は「将軍になる」とは言っていない。もったいぶって即答を避けたとも考えられるが、素直に解釈すれば、信長は将軍就任に後ろ向きだったのだろう。神田千里《かんだちさと》氏が推定するように、信長は現将軍である足利義昭に遠慮したのだと思われる。

一般には信長は秩序破壊者と見られているが、現実の信長は天皇や将軍、大寺院などを尊重している。義昭追放後も義昭との和解を模索していた節がある。徹底した合理主義者としての信長像は来日したイエズス会宣教師のイエズス会本部への報告書に基づいて創られている。宣教師たちは、彼らの庇護《ひご》者である信長が日本古来の伝統にも敬意を払っているとは本国に報告できず、信長の合理性・進歩性を誇張したのである。

続いて②の天正十年六月十二日の土橋平尉《つちはしへいのじょう》宛て書状であるが、これには「上意馳走申し付けられて示し給い、快然に候、然而、御入洛事、即ち御請け申し上げ候」と書かれている。藤田氏は右の一節を「上意（足利義昭）への与同を命ぜられていたことをお知らせいただき、大変感謝致します。しかし（義昭からの）御入洛要請につきましては、以前に私（光秀）もお請け申し上げています」と現代語訳している。ここから藤田氏は、足利義昭が本能寺《ほんのうじ》の変以前から光秀と連絡を取っていたと主張する。

しかしながら、右の一節に「以前に」という意味の言葉は含まれていない。さらに言えば、明智光秀が足利義昭の上洛に協力すると既に返事しているにもかかわらず、土橋が「将軍家のご上洛にご協力下さい」と光秀に依頼するのは不可解である。考えられる可能性としては、義昭と光秀の提携を土橋が承知していなかったか、「義昭の上洛に協力する」と返事したにもかかわらず光秀が一向に具体的な行動を起こさないので土橋が催促したか、のどちらかだろうか。前者だとしたら、義昭の上洛計画は杜撰《ずさん》すぎるし、後者だとしたら光秀は義昭を軽視していたことになり、いずれにせよ藤田説の根拠たり得ない。

藤田氏が「以前に」と解釈したのは、「然而」を「しかれども」と読み、逆接と解釈したからだろう。だが、桐野《きりの》作人《さくじん》・藤本正行《ふじもとまさゆき》両氏が主張するように、「然而」を「しかして」と読んで、順接で解釈した方が意味を取りやすい。明智光秀は足利義昭の上洛計画を、土橋からの連絡で初めて知り、協力すると返事したのである。要するに、右の史料は、本能寺の変後に光秀が義昭との連携を模索したことを裏付けるものだが、同時に本能寺の変以前に両者が連携していなかったことを示しているのだ。

それどころか、明智光秀は本能寺の変後も、主体的・積極的に足利義昭と接触しようとはしなかった。六月九日に光秀が旧幕臣の細川藤孝《ほそかわふじたか》に宛てた書状では足利義昭の名前は一切出てこない。光秀は自分と親しい藤孝が馳《は》せ参じてくれると期待していたが、案に相違して、藤孝は剃髪《ていはつ》して信長の死を悼み、光秀の勧誘を拒絶したのである。慌てた光秀は自筆書状を送って藤孝を説得しようとした。その書状に義昭の名前が出てこないのである。

もし明智光秀が足利義昭の命令を受けて織田信長を討ったのだとしたら、義昭の家臣だった藤孝を説得する最大の材料だろう。にもかかわらず義昭の話を出していないという事実は、そもそも光秀は義昭の命令を受けていないし、信長を討った後も義昭を擁立する気はなかったことを意味する。

明智光秀が土橋平尉に宛てて書状を認《したた》めた六月十二日は、山崎《やまざき》の戦いの前日にあたる。光秀の姻戚《いんせき》であり与力大名である細川藤孝・筒井順慶《つついじゅんけい》らが光秀の期待に反して味方にならず、羽柴秀吉が大軍を率いて京都に向けて進撃してくるという絶望的な状況になって、光秀はようやく足利義昭を御輿《みこし》に担ぐことを決意したのである。溺《おぼ》れる者は藁《わら》をもつかむ、である。

陰謀の事前連絡は危険すぎる

それでは③の長宗我部《ちょうそかべ》元親《もとちか》・本願寺教如《ほんがんじきょうにょ》・上杉景勝《うえすぎかげかつ》との連携はどうだろうか。長宗我部元親・本願寺教如との連携に関しては、谷口《たにぐち》氏が批判するように、根拠薄弱である。これに対し、上杉景勝との連携については、藤田《ふじた》氏は『覚上公御書集《かくじょうこうごしょしゅう》』所収の六月三日付け直江《なおえ》兼続《かねつぐ》宛て河隅忠清《かわずみただきよ》書状を掲げている。そこには「一昨日、須田相模守方より召仕の者罷り越し、才覚申す分は、『明智の所より魚津まで使者差し越し、御当方無二の御馳走申し上ぐべき由申し来たり候』と承り候」と記されている。

この『覚上公御書集』は、上杉景勝が当主だった時代の上杉家で起きた出来事を綱文《こうぶん》の形で記し、典拠となる文書を引用するという、米沢《よねざわ》藩上杉家編纂《へんさん》の編年史料集である。現存する『覚上公御書集』は江戸時代後期に平田《ひらた》範隅《のりすみ》によって書写されたものだが、原本が編纂されたのは江戸前期と考えられている。この史料集に収録されている河隅忠清書状は本能寺《ほんのうじ》の変に関する一次史料である。

この史料を紹介した藤田氏の功績は大きいが、その史料解釈には疑問が残る。藤田氏は六月三日という日付と「一昨日、須田相模守方より召仕の者罷り越し」という記述から、六月一日に上杉家臣で越中《えっちゅう》方面の司令官である須田《すだ》満親《みつちか》が上杉家臣で越後《えちご》春日山《かすがやま》城にいた河隅忠清に対して「明智《あけち》の使者が越中魚津《うおづ》城にやってきた」と連絡した、と論じた。この解釈が正しければ、明智の使者は遅くとも五月末には魚津城に入城したことになる。本章冒頭で記したように、本能寺の変は六月二日の出来事なので、光秀《みつひで》は謀反決行前に上杉に使者を派遣し、謀反計画を伝えた、というのが藤田氏の主張である。

けれども、同じく江戸前期に米沢藩で編纂された『歴代古案《れきだいこあん》』にもほぼ同文の河隅忠清書状が収録されているものの、日付と宛所を欠いている。平田範隅が筆写した際に日付と宛所を加筆した可能性がある。だから六月三日という日付はあまり当てにならない。

五月末の時点では魚津城は織田《おだ》方によって厳重に包囲されており（六月三日に落城）、明智の使者が城内に潜り込むことは容易ではない。使者が織田方に拘束され、光秀の謀反計画が発覚してしまったら万事休すである。そんな一か八かの賭けに出る必要があるだろうか。

藤田氏は、織田方と上杉方で和睦《わぼく》交渉が行われており、魚津城が開城する可能性があったから、五月二十七日から二十八日にかけては織田方の包囲が緩んでおり（二十九日に戦闘再開）、その隙を突いて明智の密使が城に紛れ込んだ、と推理する。しかし光秀は、織田方の魚津城包囲が一時的に緩むことをどうやって予見したのだろうか。光秀の使者が魚津城に入れたとしても、上杉が光秀に味方してくれるとは限らない。情報漏れのリスクを冒すほどの価値があるか疑問である。桐野作人《きりのさくじん》氏が推定するように、明智の使者が魚津城に入ったのは五月末ではなく、本能寺の変を知った柴田勝家《しばたかついえ》らが撤退した六月八日以後と考えられる。

もう一つ問題となるのが、「御当方無二の御馳走申し上ぐべき」という明智の使者の発言に対する藤田氏の解釈である。これを藤田氏は「上杉家が、わが陣営に対して最大限のご奔走を申し上げてほしい」と現代語訳している。織田家の家臣にすぎない明智光秀が上杉景勝に対して「私のために奔走してほしい」と依頼するのは尊大すぎるので、馳走の対象が光秀ということはあり得ない。ゆえに藤田氏は、光秀への馳走ではなく将軍足利義昭《あしかがよしあき》への馳走だと結論づけた。光秀は義昭の指令を受けて、景勝に義昭復権への協力を依頼したというのである。

だが、明智光秀が足利義昭を推戴《すいたい》しているのだとしたら、「上意」「公儀」などという言葉を用いて、義昭の意思であることを喧伝《けんでん》するはずである。また、仮に義昭の発言だったとしても、上杉氏に対して一方的に協力を要請するのは無礼であり、勧誘文句としては下の下である。鈴木眞哉《すずきまさや》氏や藤本正行《ふじもとまさゆき》氏が説くように、「御当方（上杉氏）は無二の馳走をしてほしい」ではなく、「御当方（上杉氏）に対して、私（光秀）は無二の馳走を致します」と解釈すべきである。明智は上杉のために尽力するので、上杉も明智に力を貸してほしい、ということである。

光秀が具体的にどのような「馳走」をするつもりだったのか不明だが、近いうちに北陸に援軍を派遣するので、それまで柴田勝家らの軍を引きつけておいてくれ、といった内容ではないだろうか。

なお、近年、石崎建治《いしざきけんじ》氏が紹介した（天正《てんしょう》十年）六月九日付け遊足庵《ゆうそくあん》（奥州芦名《あしな》氏の外交僧）宛て上杉景勝書状によって、本能寺の変についての正確な情報を上杉氏がなかなか入手できなかった事実が浮き彫りになった。この書状には、毛利《もうり》勢に包囲された羽柴秀吉《はしばひでよし》を救援すべく織田信長《おだのぶなが》が出陣したが、救援前に秀吉は戦死し、やむなく信長が撤退しようとしたところ、津田信澄《つだのぶずみ》（信長の甥《おい》、明智光秀の娘婿）の裏切りによって自害に追い込まれた、という内容が記されている。景勝が事前に明智光秀から謀反について聞いていたとしたら、このようなデマ情報に踊らされるはずはないだろう。

実は乏しい共同謀議のメリット

明智光秀《あけちみつひで》がクーデター前ではなくクーデター後に上杉景勝《うえすぎかげかつ》と連絡を取ったという事実は、陰謀における秘密保持の重要性を私たちに改めて教えてくれる。

藤田達生《ふじたたつお》氏に限らず、黒幕説の論者は、明智光秀が強大な他勢力と事前に同盟を結んでいなければ、織田信長《おだのぶなが》に対する謀反に踏み切れるはずがないと強調する。しかし、事前同盟のメリットは必ずしも自明ではない。

かつての足利義昭《あしかがよしあき》の対信長包囲網のように、反信長勢力が大同団結すれば織田氏を上回る勢力になる、というのなら話は分かる。武田信玄《たけだしんげん》が突如、織田信長との同盟を破棄し、西上作戦を開始した時は、信長の人生における最大の窮地であった。

だが天正十年時点では、たとえ織田氏以外の大名が全て反織田で結束したとしても、織田家に勝つことは難しい。毛利《もうり》氏にしても上杉氏にしても、織田氏との戦いで劣勢に立たされており、信長が死んだからといってすぐに大反撃に転じられるわけではない。そんな余力は彼らには残されていなかったのである。

事前同盟に意味があるのは共同作戦を行う時だけであって、諸勢力が一斉に織田領に侵攻する計画でもない限り、わざわざ協議する必要はない。日独伊三国軍事同盟が日本の愚策と批判されるのは、日本がドイツやイタリアと共同作戦を行う見通し（たとえば日独が同時にソ連領に侵攻する、など）がなかったにもかかわらず同盟を締結したからである。「敵の敵は味方」方式で形だけ手を結んでも、それぞれが勝手気ままに敵と戦うというのでは同盟の名に値しない。

信長の死を事前に知っていれば、大規模な反攻作戦の準備を進めることができ、信長の死と同時に発動できる、という反論があるかもしれない。しかし「信長はもうじき死ぬので、反撃準備を整えておけ」と家臣たちに触れ回るわけにもいかない。光秀が謀反計画を実行前に告白したとしても、上杉氏や毛利氏が事前にできることは少ないのである。

せいぜい事前通報のメリットは、追いつめられた上杉氏や毛利氏が早まって織田氏に降伏することを防ぐ、といった程度である。だが事前通報がなくても、信長の死で織田家中が大混乱に陥り、織田氏に一矢報いる好機が到来したと判断すれば、彼らは降伏を撤回して織田領に侵攻するだろう。逆に彼らが明智光秀に対し事前に協力を約束していたとしても、約束を守る保証はどこにもない。もともと上杉景勝や毛利輝元《てるもと》は光秀とは全く面識がなく、彼らの間に信頼関係などない。織田領侵攻が難しいと判断すれば、織田家と光秀との戦いを静観し、有利な方につくだけである。

次章で扱う関ヶ原《せきがはら》合戦を思い起こせば、そのことは容易に想像できるだろう。毛利輝元は安国寺恵瓊《あんこくじえけい》を通じて石田三成《いしだみつなり》と連絡を取り、打倒家康《いえやす》の兵を起こしたが、毛利軍は関ヶ原において傍観者の位置を占めた。輝元と三成には以前から交流があったが、それでも輝元は事実上、約束を破ったのである。百戦錬磨の光秀が見ず知らずの上杉・毛利に大きな期待を寄せていたはずがないだろう。

要するに、明智光秀と事前に共謀していようといまいと、上杉氏や毛利氏のとる行動に大きな変化はない。であるならば、陰謀発覚のリスクを冒して事前協議する必要はない。彼らは存在するだけで羽柴《はしば》・柴田《しばた》に対する牽制《けんせい》として機能するのだから、光秀はそれで十分と判断したのだろう。

ところが毛利輝元は羽柴秀吉と講和してしまい、京都に反転する秀吉を追撃しようとはしなかった。上杉景勝も柴田勝家ら北陸方面軍との対決を避け、北信濃《しなの》に進出した。これは光秀の誤算であるが、もし光秀が足利義昭・上杉景勝と事前に協議していたにもかかわらず、このような事態に陥ったのだとしたら、光秀は救いようもないほど愚かである。だが、そんなことはあるまい。わざわざ通謀しなくても、上杉・毛利は結果的に自分を利する行動に出ると光秀は考えたのであり、その判断を責めるのは酷であろう。

荒唐無稽すぎるイエズス会黒幕説

さて朝廷黒幕説を提唱していた立花京子《たちばなきょうこ》氏だったが、『信長と十字架』（二〇〇四年）で自説を大きく転換させる。イエズス会黒幕説の提唱である。その概略を左に示す。

①イエズス会は南欧勢力（スペイン・ポルトガル）によるアジア征服の尖兵《せんぺい》を担っていた。

②イエズス会は信長《のぶなが》の天下統一事業を軍事的・経済的に支援した。その目的は信長に中国を武力征服させ、キリスト教国にすることにあった。

③しかし信長は自己神格化を図るなど、イエズス会からの自立を志向するようになったため、イエズス会は光秀《みつひで》を動かして信長を討たせ、さらに秀吉《ひでよし》を動かして光秀を討たせた。

立花氏の以前の学説である朝廷黒幕説は学界でも話題になったが、このイエズス会黒幕説は荒唐無稽《むけい》すぎて相手にされていない。この説は、明治維新ロスチャイルド黒幕説と同様、**特定の個人・集団の筋書き通りに歴史が動いていくという典型的な陰謀論**である。

イエズス会黒幕説の最大の問題は、イエズス会が織田《おだ》信長に軍事的・経済的な援助を行ったことを裏付ける史料が全く存在しない点にある。日本側の史料はもちろん、イエズス会側の史料にも一切記載がない。立花氏は「秘中の秘」であったから書かれなかったと弁明するが、この論法が使えるなら、どんなトンデモ説でも成立し得る。極端な話、「本能寺《ほんのうじ》の変の黒幕は宇宙人だ」と言っているのと変わらない。

イエズス会研究が明らかにしているように、イエズス会日本支部の財政は逼迫《ひっぱく》しており、とても信長の天下統一事業に資金援助するような余裕はなかった。客観的に見て、イエズス会が信長を支援していたのではなく、信長がイエズス会を保護していたと言えよう。

また、イエズス会日本支部の重要人物であるオルガンティーノは本能寺の変後、明智《あけち》軍の安土《あづち》襲来を恐れて琵琶湖《びわこ》に浮かぶ沖島《おきしま》に避難しようとしたが、途中で追いはぎに襲われたり、湖賊に財産を奪われたりと、散々な目に遭っている。イエズス会が本能寺の変に関与していたとしたら、このようなことは起こり得ないだろう。

後知恵の秀吉黒幕説

ついでに秀吉《ひでよし》黒幕説も紹介しておこう。これは羽《は》柴《しば》秀吉が明智《あけち》光秀《みつひで》と共謀、もしくは光秀をそそのかしたという説で、多くの作家が提唱している。次節で詳述する明智憲三郎《けんざぶろう》氏は、家康《いえやす》黒幕説を主張しているが、同時に秀吉が光秀の謀反を察知していた、とも述べている。これも秀吉黒幕説の亜流と言えるだろう。

なぜ羽柴秀吉が疑われるかというと、本能寺の変勃発《ぼっぱつ》で最も利益を得た人物が秀吉であるからである。そう、**「事件によって最大の利益を得た者が真犯人である」**という例の法則である。そして、事前に準備していなければ中国大返しは不可能だと感じられることも根拠に挙げられている。

本能寺《ほんのうじ》の変後、羽柴秀吉は毛利《もうり》方と迅速に講和を結んでいる。本能寺の変が六月二日、講和成立が六月四日だから、確かに異様に早い。秀吉黒幕説論者によると、信長《のぶなが》が討たれることを事前に知っていたため、秀吉が小早川隆景《こばやかわたかかげ》・安国寺《あんこくじ》恵瓊《えけい》などへ根回しを行っていたからだという。

しかし羽柴秀吉の水攻めにより備中高松《びっちゅうたかまつ》城救援が事実上不可能になった毛利側は、秀吉に和睦を申し入れていた。主君信長から出馬の連絡を受けた秀吉は、備中・備後《びんご》・美作《みまさか》・伯《ほう》者《き》・出雲《いずも》の五カ国割譲という強気の要求をしたため交渉は難航したが、本能寺の変を知った秀吉は備後・出雲を除く備中・美作・伯耆の三カ国の割譲と備中高松城主清水宗治《しみずむねはる》の切腹に譲歩した。本能寺の変を知らない毛利氏がこれをあっさり飲むのは当たり前だろう。

なお、羽柴秀吉が本能寺の変をいち早く知った点を重視して秀吉を疑う人がいるが、織田《おだ》信長の出馬を知った秀吉は信長の動向（いつ頃到着するか）を探る必要があった。信長軍到着の時期次第で、毛利氏との交渉方針も変わってくるからである。情報網を張り巡らせていた結果、光秀謀反の報に素早く接することができたのだろう。

さて、前述の通り、大返しの異常なスピードは秀吉が事前に変を知っていた証拠と主張する人がいる。特に沼城《ぬま》（現在の岡山市）から姫路城《ひめじ》まで七〇キロの距離をわずか一日で撤収したのは驚嘆すべき速度であり、何かトリックがあるのではと勘繰りたくもなる。しかし谷口克広《たにぐちかつひろ》氏が指摘するように、一日で姫路に到着できたのは主だった家臣（騎馬武者）だけであり、歩兵は遅れて到着した。山崎《やまざき》の戦いにさえ間に合わなかった者が大勢いたというのが実情である。

明智光秀に織田信長を討たせた上で光秀を討ち、信長の地位を継承する。これを全て羽柴秀吉の計算とみなすのは、後知恵でしかない。仮に安国寺恵瓊などと事前に共謀していたとしても、本能寺の変を知った毛利氏が講和を破棄して秀吉を攻撃しないという保証はない。

現に上方での異変を知った北条氏政《ほうじょううじまさ》は上野《こうずけ》の滝川一益《たきがわかずます》に対し協力を約束するも、信長の死を確信すると上野に侵攻した。秀吉も和睦締結後しばらく毛利軍の様子をうかがってから撤退している。秀吉は織田政権における出世頭であり、毛利勢と明智勢に挟撃される危険を冒してまで信長謀殺に関与する理由はない。一つでも躓《つまず》きがあれば、ライバルの光秀を自らの手で天下人に押し上げてしまうような陰謀を秀吉が仕組むだろうか。

第三節　黒幕説は陰謀論

黒幕説の特徴

鈴木《すずき》眞哉《まさや》氏と藤本正行《ふじもとまさゆき》氏は共著『信長は謀略で殺されたのか―本能寺の変・謀略説を嗤う』（二〇〇六年）で、足利義昭《あしかがよしあき》黒幕説やイエズス会黒幕説など各種黒幕説を批判した。特に重要なのは、多数の黒幕説に共通する特徴を抽出した点にある。以下に紹介する。

①黒幕が事件を起こした動機には触れても、黒幕とされる人物や集団が、どのようにして光《みっ》秀《ひで》を勧誘・説得したかの説明がない（光秀が同意せず、逆に信長《のぶなが》に通報する恐れがある）。

②実行時期の見通しと、機密漏洩《ろうえい》防止策への説明がない。
③光秀が謀反に同意しても、重臣たちへの説得をどうしたのかの説明がない。
④黒幕たちが、事件の前も後も、光秀の謀反を具体的に支援していない事への説明がない。
⑤決定的なことは、裏付け史料がまったくないこと。

このうち③と⑤については、怨恨説や野望説などの古典学説も抱える弱点なので、黒幕説を責めるのは酷かもしれない。④については、何をもって「支援」とみなすかという議論は水掛論になりがちなので、ここでは触れない。

だが①と②は決定的に重要である。黒幕説は、明智《あけち》光秀が早い段階から謀反を計画しており、他の勢力と連絡を取っていたという理解が前提になっている。この場合、実行部隊を統括する光秀は謀反の決行時期を事前に協力者に伝える必要がある。

だが、実行時期を事前に決定、連絡するのは非常に困難なのである。織田《おだ》信長を討つには、織田家の有力武将が皆、畿内から出払っており、光秀だけが畿内周辺で大軍を統率しているという状況が必要である。ところが毛利《もうり》氏と戦う羽柴秀吉《はしばひでよし》、上杉《うえすぎ》氏と戦う柴田勝家《しばたかついえ》はともかく、他の武将が遠隔地に派遣されたのは比較的最近である。滝川一益《たきがわかずます》が伊勢《いせ》から上野《こうずけ》に国替えになったのは天正《てんしょう》十年三月、織田信孝《おだのぶたか》・丹羽長秀《にわながひで》の四国出陣が決まったのは五月七日であ

織田政権の版図と諸将(「本能寺の変」時)

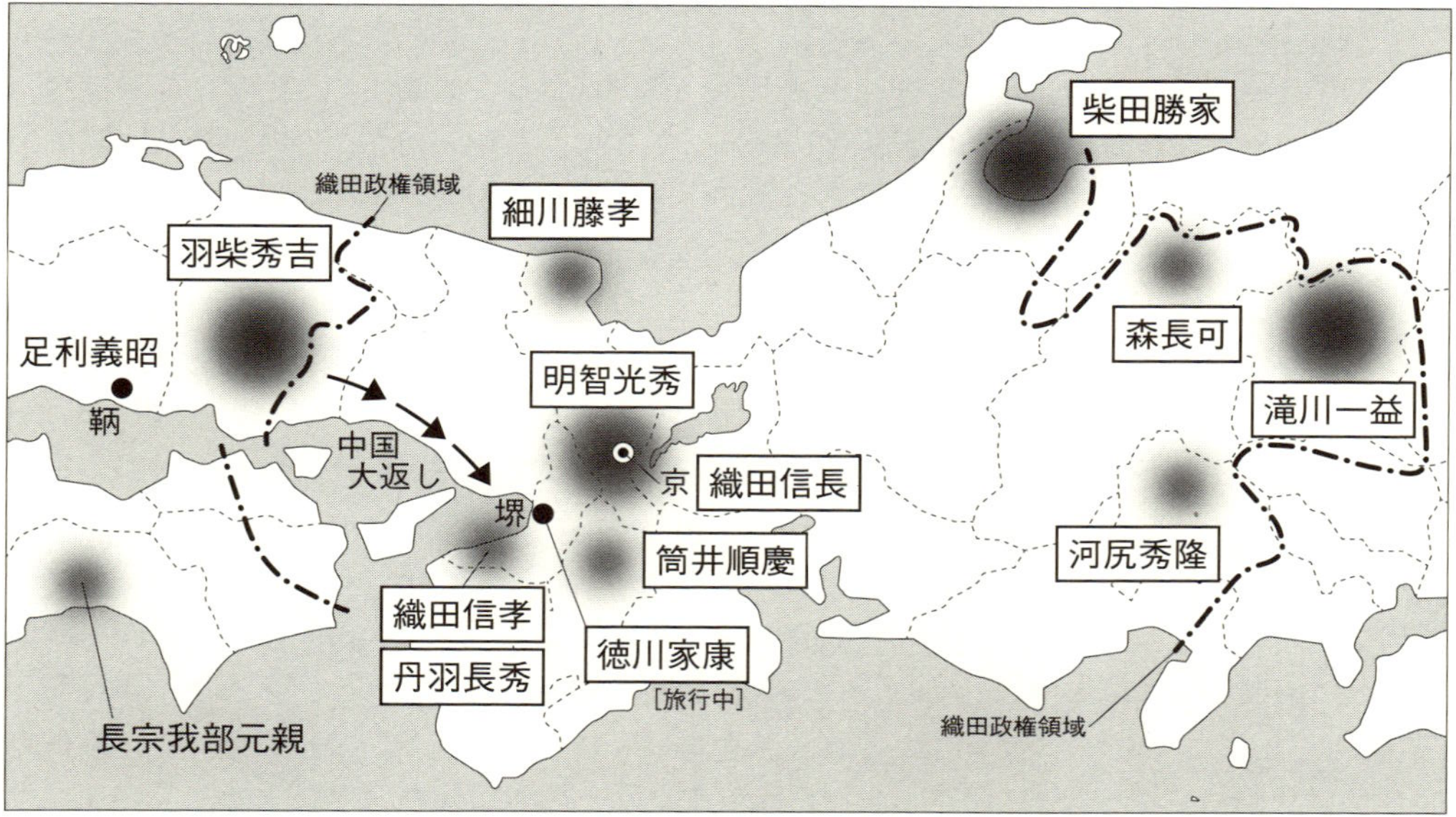

る。そして光秀が信長から中国地方への出陣（羽柴秀吉の救援）を命じられて堂々と軍勢を集められるようになったのは五月十七日である。

後で詳しく述べるが、明智光秀は織田氏と長宗我部《ちょうそかべ》氏との断交を回避すべく奔走していた。結局、光秀の努力は功を奏さず、織田信長は長宗我部征伐を決定するが、そうならない可能性もあったわけである。また、光秀が長宗我部征伐を命じられる可能性もあった。畿内に軍事的空白が生じ、光秀だけが畿内周辺で大軍を動員しているという状況が生まれることを事前に予見することは不可能なのである。仮に光秀が信長に不満を持っていたとしても、五月十七日以前には、事態打開のための現実的な選択肢として謀反を思い浮かべることすらできなかっただろう。当然、他勢力に「謀反を起こそうかと考えている」などと打ち明けるはずがない。

さらに言えば、十七日の段階でも明智光秀は謀反を決心できなかっただろう。織田信長嫡男の信忠《のぶただ》は既に家督を譲られており、天正五年後半以降は信長に代わって織田軍の総指揮をとる機会が増えていた。天正十年三月の武田氏討伐も信忠が実質的な総大将であった。仮に信長を殺せたとしても、信忠を中心に諸将が結束して光秀討伐に動くことが予想され、光秀の謀反が成功する確率は低い。

要するに謀反を成功させるには信長と信忠を同時に抹殺する必要があるが、それは至難の業なのだ。
安土《あづち》で織田信長の歓待を受けた徳川家康《とくがわいえやす》は、信長に畿内見物を勧められ、五月二十一日に上洛し、二十七日に堺《さかい》に移った。家康の接待役として共に堺へ赴くつもりだった信忠は予定を変更して、父信長を迎えるため京都に留まることにした。この時点で光秀が挙兵できる状況が初めて整った。ルイス・フロイスがイエズス会に提出した報告書に見えるように、「彼（光秀）は信長ならびに世子（信忠）が共に都に在り、兵を多く随えていないのを見て、これを殺す好機会と考え、その計画を実行せんと決心した」のである。

しかもこの状況は光秀や「黒幕」とやらの力で創り出せるものではなく、幸運、強いて言えば織田信長の油断によって条件が満たされた。したがって、突然訪れた好機を逃さず決起したという**突発的な単独犯行**と見るべきであろう。

先に触れたように、明智光秀は本能寺の変後、細川藤孝《ほそかわふじたか》を味方につけるために書状を送っているが（二三〇頁を参照）、その中で謀反の動機について「我等不慮の儀存じ立て候事、忠興など取り立て申すべきとての儀に候。更に別条なきに候」と語っている。光秀の娘婿であり藤孝の嫡男である細川忠興《ただおき》を取り立てるために謀反を起こしたというのである。

これは細川藤孝を勧誘するためのリップサービスであり、額面通りに受け取ることはできない。だが、政変後にわざわざ謀反の動機を説明しているということは、光秀は最も親しい武将である細川藤孝にも事前にクーデター計画を漏らしていなかったことを示している。また、娘婿の津田信澄《つだのぶずみ》にも計画を伝えていた様子は見られない。光秀は情報の秘匿を最優先し、協力者を募ることを控えたのである。

そもそも織田信長・信忠の京都滞在は一時的なものである。信長は中国出陣に向かう途中に京都に寄ったにすぎない。信長が京都を去れば、信忠も去るだろう。そうなれば光秀が二人を討つ機会は永遠に失われる。二人が京都に滞在している間に討たなければならない以上、光秀に誰かと相談する時間的余裕はない。黒幕説論者は光秀が水も漏らさぬ完璧《かんぺき》な計画を立てたはずと考えるが、この場合は**巧遅より拙速が求められる**のだ。よって、光秀が将軍足利義昭や全国の大名、公家衆などと連絡を取り合っていたとは考えにくい。

近年主流化しつつある四国政策転換説

鈴木《すずき》・藤本《ふじもと》氏が厳しく黒幕説を批判した結果、光秀《みつひで》謀反の動機として織田信長《おだのぶなが》の四国政策の変更がクローズアップされるようになった。織田信長が長宗我部《ちょうそかべ》討伐を決定したことが光秀の反逆を後押ししたのではないかという見解は、早くも戦前に徳富蘇峰《とくとみそほう》が指摘しているが、数ある要因の中の一つという位置づけだった。しかし黒幕説批判が進む中で、光秀謀反の直接的な契機として浮上したのである。その概要を紹介しよう。

天正《てんしょう》三年（一五七五）、織田信長は土佐《とさ》の長宗我部元親《もとちか》に対し、四国を「手柄次第に切り取」ることを認めた。信長に敵対する四国の三好《みよし》一族を牽制するための措置である。この際、明智《あけち》光秀は長宗我部氏の取次（担当外交官、信長と元親の仲介役）に任命された。

ところが同年、三好康長《やすなが》が一族を裏切り、信長に降伏、河内《かわち》半国守護に任命された。その後、信長は長宗我部元親と三好康長を両天秤《てんびん》にかけるようになったが、長宗我部氏の急速な勢力拡大に脅威を感じ、次第に康長の肩を持つようになった。

天正九年二月、三好康長が織田信長の許可を得て阿波《あわ》に入国し、勝瑞《しょうずい》城を占拠した。康長は阿波北半国を制圧し、讃岐《さぬき》東部にも進出した。これを受けて信長は、長宗我部元親に対し土佐と阿波南半国の領有のみを認め、伊予《いよ》・讃岐を返還するよう命じた。

長宗我部元親は織田信長の約束違反に激怒し、「四国は私が実力で征服した地であり、信長殿からいただいたものではないので、返す理由はない」と反発した。信長と元親の対立を懸念した光秀は家老である斎藤利三の兄で元親の義兄である石谷頼辰《いしがいよりとき》を元親のもとに派遣したが、元親は説得に応じなかった。

そして天正十年二月、信長が新たな四国分割案を示した。それは以下のようなものであった。

讃岐：織田信孝《のぶたか》（信長の三男、信長の命令で康長の養子に）
阿波：三好康長
伊予・土佐の帰属は追って決定する。

長宗我部氏の処遇については全く言及されていない。長宗我部氏は全ての領土を奪われる恐れすらあったのである。

織田信長と長宗我部元親が断交したことで、取次役だった光秀は面目を失うことになった。光秀が信長の信頼を回復するには、四国攻めの司令官になって長宗我部氏を屈服させるしかない。

これはあり得ないことではない。長年、毛利氏の取次をつとめていた羽柴秀吉《はしばひでよし》は、織田氏と毛利氏が断交すると毛利氏討伐の司令官になっている。明智光秀が四国攻めを担当することは十分にあり得たのである。

しかし織田信長は天正十年五月、三男信孝を四国攻めの司令官に任命した。随行するのも丹羽長秀《にわながひで》であり、明智光秀は四国攻めから排除された。恐らく信長は明智氏と長宗我部氏との親密な関係を問題視し、光秀に任せると手を抜く可能性があると判断したのだろう。

織田氏と長宗我部氏の関係が悪化した天正十年以降、光秀に大きな任務は与えられていない。

　天正十年三月の武田攻めに従軍するものの、先鋒《せんぽう》の織田信忠《のぶただ》軍が武田氏を滅ぼしてしまい、戦功を立てることはできなかった。その後も徳川家康《とくがわいえやす》の饗応、羽柴秀吉の援護など、脇役に甘んじた。

　通説によると、本能寺《ほんのうじ》の変当時、明智光秀は五五歳であった。だが、この説は江戸時代中期に編纂《へんさん》された『明智軍記』に依拠している。谷口克広《たにぐちかつひろ》氏は、より信憑《しんぴょう》性の高い『当代記』は六七歳としており、こちらを採用すべきであると主張している。

　谷口説に従えば、羽柴秀吉四六歳、丹羽長秀四八歳、滝川一益《たきがわかずます》五八歳、柴田勝家《しばたかついえ》五六〜六一歳と比べて明智光秀は圧倒的に年長である。天正八年に佐久間信盛《さくまのぶもり》、林秀貞《はやしひでさだ》ら老臣が相次いで追放されたことを考慮すると、織田信長の信任を失った光秀も用済みとして粛清されても不思議はなかったのである。

　かくして前途を悲観していた明智光秀が、千載一遇の好機が訪れたために謀反に踏み切った、というのが、近年主流化しつつある四国政策転換説である。

明智憲三郎氏の奇説

鈴木眞哉《すずきまさや》・藤本正行《ふじもとまさゆき》・桐野作人《きりのさくじん》・谷口克広《たにぐちかつひろ》といった各氏の黒幕説批判によって、黒幕説は下火になっていった。これに対し、鈴木氏らの議論は高柳《たかやなぎ》説への回帰にすぎないと論難し、改めて黒幕説を提唱したのが明智《あけち》憲三郎《けんざぶろう》氏である。

明智氏の説は、家康《いえやす》黒幕説とでも呼ぶべきものである（ご本人はこの呼び方を嫌っているが）。織田信長《おだのぶなが》が明智光秀《みつひで》に（中国出陣に偽装して）徳川《とくがわ》家康を討つよう命じたところ、信長の政策に不満を持っていた光秀は家康と手を結び、逆に信長を殺した、というのである。

では謀反の動機は何か。明智氏は、織田信長の四国政策転換への反発を理由の一つに挙げつつも、最大の目的は信長の唐入り計画の阻止だったと主張する。明智氏は光秀の心境を次のように推測する。「信長を支えて天下統一すれば百年続く戦国が終わり平和な世になると信じて東奔西走、粉骨砕身してきた。もう少しでそれが実現できると思ったのに、まだ戦い続けねばならない。しかも、大海を渡って、見たこともない異国の地で戦うことになる」と。

明智氏は今まで誰も解けなかった謎を完全に解明したと豪語しているが、徳川家康の事件への関与は光秀冤罪《えんざい》説で物議を醸した八切止夫《やぎりとめお》氏などが既に唱えており、明智氏の独創ではない。信長が光秀を使って家康を謀殺しようとしたところ、光秀に逆用されてしまったというアイディアも、足利義昭《あしかがよしあき》黒幕説の藤田達生《ふじたたつお》氏が披露している（家康との共謀は否定）。

ただ、明智氏が本能寺《ほんのうじ》の変関係の先行研究や史料をかなり広く見ていることは確かであり、『惟任退治記《これとうたいじき》』や熊本藩細川《ほそかわ》家が編纂した『綿考輯録《めんこうしゅうろく》』の史料批判については見るべきところもある。明智氏を家康黒幕説の代表的論者と認めて良いだろう。

とはいえ、明智説の骨格部分に関しては到底従えない。まず、織田信長が徳川家康を殺害する動機が不明である。明智氏は、家康が着々と勢力を拡大しつつあるのを信長が脅威に感じたからと説明するが、上杉氏や毛利氏などと戦っている最中に家康を殺す理由は信長にはない。

こうした批判に対して明智氏は、「「まだ天下統一も済んでいないこの時期に信長が同盟者を殺すわけがない」と決めつける研究者がいるが、そのような考え方では戦国の世に生き残れないことは明らかだ…（中略）…「同盟者を殺すわけがない」という現代の常識は戦国時代の非常識といえる。孫子の兵法に学べば、「誰もが考えつくような作戦は最善ではない」のだ。誰もが思いつくようであれば家康にも悟られてしまう。家康に悟られないうちに手を打たねばならないのだ」と反論している。

なるほど、天下統一後、もしくは天下統一直前まで徳川家康粛清の時期を引き延ばしてしまうと、家康に警戒されるかもしれない（私は天下統一後であったとしても家康を粛清する必要を感じないが）。だが、天正《てんしょう》十年六月の時点で、自らの信用を失墜させ家臣たちを動揺させてまで織田信長が家康を葬らなければならない積極的な理由は見当たらない。武田《たけだ》氏滅亡によって徳川家康との同盟の価値が消滅したと明智氏は主張するが、はたしてそうだろうか。

当時、関東では後北条氏《ごほうじょう》と反北条勢力が対峙《たいじ》していた。信長はこの対立を調停し、両勢力を織田政権に従属させようと考えていた。この任を担っていたのは滝川一益《たきがわかずます》であるが、信長は当然、家康が一益を側面支援することを期待していただろう。一益はこれまで伊勢《いせ》を本拠としており、関東の事情には疎かったからである。この時点で家康を処分して徳川残党を敵に回すより、関東平定のための手駒として利用する方が得策なのは明らかだろう。

加えて、明智氏は「家康と重臣を一堂に集めて一挙に抹殺してから三河へ攻め込み、指揮能力を失った徳川軍を降伏させること」が織田信長の計画だったというが、本当にそんなことができるのか。明智光秀らが京都から三河《みかわ》まで遠征するには多くの労苦が伴う。もちろん光秀軍通過予定の織田領国で補給態勢を整えておけば電撃的な侵攻作戦は可能だろうが、家康抹殺計画は織田家臣にも伏せている陰謀なので、光秀軍をバックアップすることはできない。

万が一、電撃作戦が成功したとしても、その場合は家康殺害の正当性が疑われる。明智氏は、織田信長は「家康が謀反を起こして自分を討とうとしたから返り討ちにした」と宣伝することで、家康抹殺を正当化しようとしたのではないか、と推測している。けれども家康殺害後、瞬く間に徳川領に侵攻しておいて、信長の言葉を信じる者などいるだろうか。前々から徳川領侵攻の準備を進めており、謀反を口実に家康を誅殺《ちゅうさつ》し徳川領を強奪した、と誰しも考えるだろう。羽柴秀吉《はしばひでよし》や柴田勝家《しばたかついえ》が「家康は冤罪なのでは」「次は自分が粛清されるのでは」と疑い出したら、織田政権は自壊する。

織田信長が徳川家康を殺そうとしていたという明智氏の主張は、単なる憶測の上に成り立っている。唯一の史料的根拠は、『本城惣右衛門覚書《ほんじようそうえもんおぼえがき》』の記述だけである。これは、当時、明智軍の兵として本能寺の変に参加していた本城惣右衛門という武士が、寛永《かんえい》十七年（一六四〇）に往時を回顧して書いた覚書である。この中で惣右衛門は、家康が京都にいるので家康を討つのかと思った、と語っている。ルイス・フロイスの『日本史』も、光秀の兵たちは臨戦態勢で京都への進撃を命じられたのを不審に思い、光秀は信長に家康襲撃を命じられているのではないかと考えた、と記している。ちなみに光秀が「敵は本能寺にあり！」と叫んだという逸話は後世の創作である。

明智氏は、光秀の兵たちが「信長の命令で家康を討つ」と考えたことを重視し、「信長が家康を討つことは戦国の常識」と断言する。だが、そのように解釈できるだろうか。光秀は信長から中国出陣を命じられたにもかかわらず、武装した上で逆方向の京都に進軍した。光秀は兵たちに「信長の閲兵を受けるため」と説明したが、兵たちの違和感は拭《ぬぐ》えなかった。臨戦態勢での入京は、京都に敵がいることを示唆する。万を超す大軍で狙う大将首となると、信長か家康しかない。主君信長への反逆は兵たちの想像の範疇《はんちゆう》を超えていたので、消去法で

「すわ家康討ちか」と思っただけだろう。むろん彼らは家康抹殺の利害得失を計算してはいない。

要するに、右の証言は「同盟者であろうと、邪魔になったら騙《だま》し討ちするのが戦国の常識」であることを意味するものではなく、「大恩ある主君に反逆するのは戦国の非常識」であることを伝えているにすぎないのである。

机上の空論

二つめの疑問点として、織田信長《おだのぶなが》による徳川家康《とくがわいえやす》抹殺計画があり、明智光秀《あけちみつひで》がその実行者であったと仮定するとしても、光秀はどうやって家康を味方に引き込んだのか。明智憲三郎《けんざぶろう》氏は、家康が五月十五〜十七日に安土に逗留《とうりゅう》した際に、信長から饗応役を命じられていた光秀が直接会って談合したと説く。しかし藤本正行《ふじもとまさゆき》氏が疑問を呈したように、信長のお膝元《ひざもと》である安土《あづち》で、光秀と家康が二人だけで密談することは極めて困難であり、また危険である。

さらに明智氏は、「家康救済の話を持ちかければ家康が乗ってくるのは間違いない」と簡単に言うが、さして親しくもない光秀に突然「信長があなたを殺そうとしている」と切り出されて、家康がそれを素直に信じるだろうか。家康抹殺のような大事は絶対に外に漏らせないから、もし信長にその気があったなら、それこそ光秀と二人きりで計画を話し合うだろう。

陰謀の証拠となるような文書は残さず、口頭でやりとりするはずである。であるならば、光秀は家康に証拠を示せない。家康の説得は不可能に近い。

本書で縷々《るる》指摘したように、陰謀実行の最大の障害は、**秘密裏に遂行しなければならないため、参加者を限定せざるを得ない**ことにある。陰謀の成功率を上げようとして協力者を募れば募るほど、情報漏れのリスクは高まり、かえって陰謀を頓挫《とんざ》させかねない。鈴《すず》木《き》眞哉《まさや》氏や藤本正行氏が批判するように、黒幕説論者はこの問題にあまりに無頓着で、協力者が多ければ陰謀は上手《うま》くいくと楽観視しているように思われる。

明智氏は「目的は謀反の「成功」です。「秘匿」は「成功」のための一手段に過ぎません。謀反成功のために協力者が必要ならば秘密が漏れないようにして何としても協力者を確保します」と主張する。一見するともっともらしいが、「秘密が漏れないように協力者を得る」具体的な方法を示していない以上、「そういう方法もあるはずだ」という希望的観測にすぎない。

ミッドウェー海戦前の作戦検討時、連合艦隊司令部の宇垣纏《うがきまとめ》参謀長が「ミッドウェー島攻撃の際に、米海軍から側面攻撃された場合はどうするのか（周知のようにこの懸念は現実化し、連合艦隊は空母四隻を失った）」と第一航空艦隊の草鹿龍之介《くさかりゅうのすけ》参謀長に尋ねたところ、草鹿は「そういうことがないよう処理する」と答えたという。明智氏の主張はこの草鹿の答えと変わらない。ただの空論である。

明智氏の推理によれば、細川藤孝《ほそかわふじたか》は明智光秀から事前に謀反の計画を打ち明けられたが、光秀を裏切って羽柴秀吉《はしばひでよし》に通報し、秀吉は事前に光秀の計画を知っていたからこそ、迅速に中国大返しを敢行することができたという。想像に想像を重ねた推理で、全くできないが、**光秀が事前に藤孝に話してしまったことが失策だったという氏の説明**は興味深い。「秘密が漏れないように協力者を確保すれば良い」と主張している明智氏自身が、**「協力者を増やせば秘密は漏れやすくなる」**という真理を図らずも認めているのである。

陰謀は「完全犯罪」ではできない

明智《あけち》氏は従来の本能寺《ほんのうじ》の変研究について、光秀《みつひで》が謀反に及んだ動機論に終始し、謀反の実行プロセスの解明を行ってこなかった、と批判する。そして、光秀が謀反の実行に踏み切ったということは成功の見込みが立ったということであるから、動機を解明するだけでなく、光秀の謀反計画がいかなるもので、どのように実行されたかを解明しなければならないと主張する。このようにして真実に迫る手法は犯罪捜査のそれに倣っており、一般の歴史研究とは次元が異なる高度な手法なので「歴史捜査」と名付けた、とのことである。

明智氏の「歴史捜査」によると、明智光秀の謀反は初動で五つの条件を成立させなければならないという。左に掲げる。

①信長《のぶなが》討ち
②信忠《のぶただ》討ち
③畿内織田《おだ》軍制圧
④東国織田軍制圧
⑤徳川《とくがわ》軍抑制

織田信長と信忠がわずかな手勢しか連れていない状況が生まれたことで、①と②は成立した。③も、細川藤孝《ほそかわふじたか》と筒井順慶《つついじゅんけい》が味方につくだろうから達成の目途はつく。だが④と⑤の条件は、明智光秀が徳川家康《いえやす》と同盟を結び、家康に東国織田軍を攻撃させない限り、満たすことはできない。だから光秀と家康の共謀は明白である、というのが明智氏の「歴史捜査」である。

既存の歴史研究が万能だとは思わないので、新しい手法をどんどん開発していただいて結構だが、明智氏の「歴史捜査」は現実に警察が行う犯罪捜査というより、推理小説家のトリック作りに近いように思われる。現に明智氏は「推理小説を読むような感覚で、従来とは次元の異なる本能寺の変の謎解きをお楽しみいただけると思います」と語っている。

現実の犯罪と、推理小説の犯罪は違う。著名な三億円強奪事件など、あれが実在の犯罪ではなく、作家が小説に架空の犯罪として描いたら、「こんな穴だらけの犯罪計画が上手くいくはずがない」と批判されるだろう。

明智氏の言い分は煎《せん》じ詰めると、謀反に失敗すれば一族滅亡は必至である以上、光秀は「完全犯罪」を目指したはずだ、ということだろう。けれども、犯人が「完全犯罪」を行い、名探偵が「完全犯罪」のわずかな綻《ほころ》びを突いて事件を解決するのは、フィクションの世界だけである。三億円強奪事件を見ても分かるように、**死角のない完璧な犯罪計画など存在しない**。必ず不安要素は残る。だから犯罪にしろ、謀反にしろ、どこかでリスクに目をつぶって決心しなければ、実行することはできない。

明智氏をはじめ、多くの本能寺《ほんのうじ》の変陰謀論者は、本能寺の変ばかり調べて、歴史上の他の陰謀に関心を示さない。だから現実と乖離《かいり》した奇説に走ってしまうのである。本書のように、日本史上の諸陰謀を幅広く見ていけば、それらが必ずしも「完全犯罪」になっていないことがすぐに分かるだろう。

第一章の平治《へいじ》の乱を思い起こしてみよう。藤原信頼《ふじわらののぶより》と源 義朝《みなもとのよしとも》のクーデターは信西《しんぜい》を抹殺することを目的としていたが、完璧を期すのであれば、平清盛《たいらのきよもり》を仕留めるべきであった。明智氏の表現を借りれば、「平清盛軍抑制」という条件を満たすことが望ましい。

だが信頼・義朝は、少数の供を連れて熊野《くまの》参詣《さんけい》に出かけた清盛に追っ手を差し向けようとはしなかった。清盛を追撃するには兵力が不足していたからである。義朝が関東にいる家臣たちを京都に呼び寄せれば清盛討伐は可能だが、それではクーデター計画が露見してしまい、元も子もない（四九頁を参照）。結局、信頼・義朝は、清盛という危険な存在を放置するという不安要素を抱えたまま、クーデターを決行したのである。

次章で詳論する関ヶ原《せきがはら》合戦についても同様のことが指摘できる。石田三成《いしだみつなり》が挙兵前に相談した大名は大谷吉継《おおたによしつぐ》や安国寺恵瓊《あんこくじえけい》など、ごく少数であった（三〇五頁を参照）。三成らは大坂城を軍事制圧し、会津《あいづ》征伐に参加しようと上洛してきた西国大名を半ば強制的に西軍に組み入れた。言うまでもなく、事前に多くの大名を味方に引き入れておいた方が確実性は増すが、挙兵の企てが露見する恐れが高まる。陰謀に一〇〇％はない。どこかで腹をくくって見切り発車するしかないのである。

共謀しなくても足止めは可能だ

明智光秀《あけちみつひで》が謀反を成功させるには①～⑤の条件を満たすことが必須《ひっす》であると明智氏は主張したが、①～⑤の重要度・優先順位は異なる。①の信長《のぶなが》討ちと②の信忠《のぶただ》討ちは絶対にしくじれないが、③〜⑤に関しては、満たされることが望ましいが、是が非でも達成すべき条件ではない。

徳川家康《とくがわいえやす》を味方にできればそれに越したことはないかもしれないが、藤本正行《ふじもとまさゆき》氏が指摘するように、陰謀発覚の危険性が高まる。④や⑤を満たすために、肝心の①や②の成功を危うくしてしまっては、本末転倒であろう。

そもそも「東国織田軍や徳川家康の攻撃を防ぐためには、家康との同盟は不可欠」という明智説の前提は正しいのだろうか。滝川一益《たきがわかずます》や河尻秀隆《かわじりひでたか》ら旧武田《たけだ》領に進駐した織田《おだ》家の武将たちは、赴任して二〜三ヶ月しか経っておらず、現地を掌握できていなかった。織田信長が死ねば、旧武田領は大混乱に陥り、明智攻めどころではなくなる、という展開は、明智光秀ほどの武将ならば容易に予測できるだろう。本能寺《ほんのうじ》の変後、武田旧臣の反乱・裏切りにより東国織田軍が大打撃を受けたことは良く知られている。

一方、いわゆる「神君伊賀《いが》越え」で堺《さかい》から三河《みかわ》に帰還した徳川家康は甲斐《かい》・信濃《しなの》の武士たちを取り込むべく、政治工作を開始している。家康に甲斐・信濃への領土的野心があったのは疑いないが、家康にしてみれば自衛措置という意識もあっただろう。甲斐・信濃で武田旧臣の反乱が起きれば、その混乱は旧武田領・現徳川領の駿河《するが》にも波及するからである。家康が甲斐・信濃対策に忙殺され、明智攻撃に踏み出せないだろうことも、光秀は予測していたはずである。

　では仮に、東国織田軍が大過なく旧武田領を統治できていたとしたら、どうであろうか。それでも明智討伐のために上洛することはできなかったと思う。大軍を率いて西上した場合、上杉《うえすぎ》氏や後北条《ごほうじょう》氏に留守を狙われる恐れがあるのはもちろんだが、徳川家康ですら信用できないからである。

　織田信長の知遇を得て大出世を遂げた明智光秀が信長を殺したのである。もはや誰も信じられない。それこそ明智光秀と共謀しているかもしれないのである。事前に共謀していなくても、光秀の勢いを見て光秀になびく可能性は否定できない。現に甲斐の河尻秀隆は、徳川家康の甲斐簒奪《さんだつ》を疑い、家康が秀隆のもとに派遣してきた本多信俊《ほんだのぶとし》を殺害している。

　同じことは徳川家康にも言える。毛利《もうり》氏のもとには「津田信澄《つだのぶずみ》と明智光秀と柴田勝家《しばたかついえ》が共謀して信長父子を討った」という情報が入ってきている。この手のデマ情報は徳川氏のもとにも届いただろう。誰が敵か味方か判断できない以上、自領を離れることには慎重にならざるを得ない。

　織田家の武将や徳川家康らは互いに疑心暗鬼になっていたと思われる。そして明智光秀はそこまで読んでいただろう。光秀にしてみれば、自分が畿内を軍事制圧するまでの間、織田家の有力武将や徳川家康が攻めてさえこなければ良いのである。だから、共謀は必須ではない。「〇〇（毛利、上杉、徳川、など）は光秀と共謀しているかもしれない」と疑わせて動きを封じるだけで構わないのである。

協力者なしで織田方諸将の足止めなどできるわけない、という明智氏の見解は、単なる思い込みである。みながみな人間不信になって身動きできない状況で、がむしゃらに前に飛び出した羽柴秀吉《はしばひでよし》が異常なのである。

明智氏は、戦国武将は偶然や幸運に期待して無謀な決断はしないと説き、本能寺の変が偶然・幸運に助けられたとする従来の歴史研究を厳しく批判した。氏によれば、戦国武将は必然・必勝の作戦によって勝つべくして勝つのだという。だから光秀も家康という協力者を求め、万全の態勢を整えて決起したはずだ、と。

だが、光秀が単独で謀反を起こすなど無謀であり得ないというのなら、秀吉の中国大返しこそが無謀であり得ない決断だろう。もし毛利氏が追撃してきたら、秀吉軍は算を乱し戦わずして崩壊する公算が大である。そんな危険を冒して秀吉が反転するはずがない、と判断したからこそ、光秀は毛利氏と事前に交渉しなかったのである。

けれども、光秀の戦略を根底から覆したのは、秀吉の「理外の理」であった。このまま手を拱《こまね》いていては光秀の天下になってしまうと危機感を抱いた秀吉は、一擲乾坤《いってきけんこん》を賭《と》した。確実に成功するという安全で〝合理的〟な策を実行すれば勝てるほど、戦国時代は甘くない。

戦国武将を過小評価しているのは、むしろ明智氏の方ではないか、と私は危惧《きぐ》している。

騙されやすかった信長

明智憲三郎《あけちけんざぶろう》氏は、「あの時点で信長が家康を討つわけがない」といった批判に対し、「現代人が信長の戦略を読むことができるのであろうか」と反問し、権謀術数の渦巻く乱世で勝ち続けた織田信長《おだのぶなが》は天才であり、その戦略は現代人の常識では推し量れないと強調する。「自分だけは信長の天才的思考を理解できる」という自信には恐れ入るが、本能寺《ほんのうじ》の変黒幕説がなぜ濫造されたのかを端的に示していて興味深い。結局は「信長神話」なのである。

黒幕説論者は一様に織田信長を過大評価している。信長のような天才が油断し、明智光秀《みつひで》ごときにあっけなく殺されるはずがない、と思っているのである。だが現実に信長は光秀の陰謀によって斃《たお》れているわけで、「天才のはずの信長が騙される」という矛盾を説明するためにひねり出したのが、明智憲三郎氏ら陰謀論者がしばしば唱える〝**逆ドッキリ**〟**説**だろう。自分が騙す側だと思っている人は意外と簡単に騙されてしまう。信長も罠《わな》を仕掛けたつもりで仕掛けられていることに気が付かなかったのだ、という理屈である。

だが、金子拓《かねこひらく》氏が近著『織田信長　不器用すぎた天下人』（二〇一七年）で強調しているように、織田信長はむしろ信頼を寄せた人間に裏切られることの多い武将であった。義弟である浅井長政《あざいながまさ》の突然の裏切りで死地に陥った話は有名だが、信長の〝裏切られ履歴〟はこれだけではない。武田信玄《たけだしんげん》が突然、信長との同盟を破棄して西上作戦を開始すると、信長は驚倒し激怒している。松永久秀《まつながひさひで》が反逆した時も信長は理由を問いただすために使者を派遣しているし、荒木村重《あらきむらしげ》の謀反に至っては、信長は初め信じなかったほどである。

織田信長の対人関係構築はお世辞にも上手とは言えない。「こちらが良くしてやれば相手は感謝するはずだ」という独善的な傾向が見て取れる。信長が非常に有能な政治的・軍事的指導者であったことは間違いないが、他人の心理を読み取る能力はさほどあったようには見えない。

織田信長は決して万能の天才ではない。彼にも弱点はあり、隙もあった。明智光秀が己の才覚で信長を討ったことを殊更に訝《いぶか》る必要はないのである。

第七章　徳川家康は石田三成を嵌めたのか

第一節　秀次事件

秀次事件の概要

徳川家康《とくがわいえやす》というと、豊臣秀吉《とよとみひでよし》に忠誠を誓っておきながら、秀吉が死ぬや否や、謀略の限りを尽くして天下を乗っ取った「狸おやじ」のイメージが強い。特に「豊臣家への忠義」をアピールして、加藤清正《かとうきよまさ》・福島正則《ふくしままさのり》ら豊臣恩顧の大名を取り込み、石田三成《いしだみつなり》ら反家康派を関ケ《せきが》原《はら》で葬った狡猾《こうかつ》さが歴史小説や歴史ドラマで強調されてきた。だが、家康の天下掌握過程については近年急速に研究が進展しており、通説の見直しが進んでいる。本章ではそうした最新の研究成果を紹介しつつ若干の私見を加えたい。

徳川家康が天下を取れたのは、豊臣秀吉の天下が意外に脆弱《ぜいじゃく》だったからである。まずは豊臣政権最初の綻《ほころ》びである文禄《ぶんろく》四年（一五九五）の豊臣秀次《ひでつぐ》事件を再検討してみよう。

天正《てんしょう》十九年（一五九一）八月、淀殿《よどどの》が産んだ豊臣秀吉嫡男の鶴松《つるまつ》が早世した。晩年に得た愛児の死を秀吉が嘆き悲しんだのは良く知られている。この時、秀吉は五五歳、当時の感覚では老人と言って良い。もともと子宝に縁がなかった秀吉が今後、男児を得る公算は低かった。十二月、秀吉の甥《おい》（姉の子）である豊臣秀次が関白に就任した。

豊臣秀吉は以後も政治の実権を握り続けたので、秀次の関白就任は秀吉による後継者指名の意味が強かった。しかし天正二十年三月、秀吉は肥前名護屋《ひぜんなごや》城に移り朝鮮出兵（文禄の役）に専念するようになる。結果的に京都の聚楽第《じゅらくてい》に居を構える秀次が国内支配に強く関与するようになり、秀次の権力が強化された。

ところが文禄二年（一五九三）八月、拾《ひろい》（のちの豊臣秀頼《ひでより》）が大坂城で誕生した。淀殿は秀吉の名護屋城移座に付き従ったが、体調不良（懐妊）のため先に大坂城に戻っていたのである。驚喜した秀吉は急いで大坂城に戻っている。

豊臣秀頼誕生により、秀吉は後継者問題を改めて考えることになった。九月四日、秀吉は秀次を伏見《ふしみ》に呼び寄せ、日本を五つに分け、その四つを秀次に、残り一つを秀頼に譲るという分割案を提示した。さらに十月一日、秀吉は生後三ヶ月の拾と秀次の娘との婚約を決定した。これは秀次を中継ぎとして、秀頼に天下を譲るという意思の表明に他ならない。しかし、この婚姻は秀次が熱海《あたみ》に湯治に行っている間に秀吉が独断で決定したものであり、かえって秀次の不安は高まったと思われる。

文禄三年正月三日、秀吉は大坂城を拾に与え、自らは築城中の伏見城に移った。正月二十九日には秀吉の所望により秀次が能を舞い、二月九日には秀吉の能を秀次が見物するなど、秀吉・秀次の関係は表面的には良好だった。

ところが文禄四年六月末、事態は急転直下する。豊臣秀次が鷹狩《たかが》りを口実に同志と謀反の密談を行っている、という風説が浮上したのである。七月三日、聚楽第に石田三成・前田《まえだ》玄以《げんい》・増田《ました》長盛《ながもり》・富田《とみた》一白《いっぱく》など秀吉の奉行衆が訪れて、秀次謀反の噂について詰問し、誓紙を提出するよう秀次に要求した。秀次は素直に誓紙を提出して無実を主張した。

だが今度は豊臣秀次と毛利《もうり》輝元《てるもと》の通謀の噂が流れ、秀次に対し伏見への出頭が命じられた。七月八日、秀次は伏見に赴くも秀吉は対面を拒否した。秀吉の命により秀次は出家して高野《こうや》山《さん》に登った。十日、秀次は高野山青巌寺《せいがんじ》に入り謹慎したが、十五日、同寺にて切腹した。これがいわゆる「秀次事件」のあらましである。

豊臣秀次は冤罪だった

豊臣秀次《とよとみひでつぐ》は本当に謀反を起こそうとしていたのだろうか。リアルタイムで書かれた当時の記録を見てみると、「昨日殿下禅定（秀次）於高野山御腹被云々、言語道断也、御謀反必定由風聞也」（『言継卿記《ときつぐきょうき》』）、「関白殿（秀次）昨十五日の四つ時に御腹切らせられ候よし申す、無実ゆえかくのこと候のよし申すなり」（『御湯殿上日記《おゆどののうえのにつき》』）など、秀次の謀反はあくまで「噂」にすぎないと記している。一次史料で謀反を事実と記しているものは存在しないのだ。

また豊臣秀吉《ひでよし》は諸大名に対し「今度関白相届かざる子細これあるについて、高野山へ遣わされ候」とのみ説明している。つまり「秀次に問題があったので、高野山に追放した」というのである。秀次に具体的にどのような落ち度があったのか明記していない点は注目される。もし秀次の叛意《はんい》が明らかならば、証拠を挙げつつ謀反計画の内容を詳しく記し、秀次処分の正当性を強調するはずである。具体的に説明できないということは、謀反計画そのものが虚構なのではないだろうか。なお、豊臣秀次の暴虐、たとえば罪のない人々を面白半分で斬り殺して「殺生関白（摂政関白のもじり）」と恐れられた、などの逸話は後世の創作である。

加えて、秀吉が秀次に補佐役として付けていた田中吉政《たなかよしまさ》・山内一豊《やまうちかずとよ》・中村一氏《なかむらかずうじ》らは、秀次に連座するどころか、むしろ秀次切腹後に加増されている。もし秀次の謀反が事実ならば、秀次の叛意に気づかず、秀次を諫《いさ》めなかった家老衆の監督責任は重大である。にもかかわらず、彼らが加増されたのは、秀次が無実であることを知りつつも秀吉の考えを忖度《そんたく》して秀次を擁護せず、むしろ秀次抹殺に荷担した功績が評価されたからだろう。

さらに、切腹は武士にとって名誉ある死であり、もし秀次が本当に謀反を起こそうとしたのであれば切腹は許されず、斬首《ざんしゅ》や磔《はりつけ》など、より重い処罰となるはずである。罪状が不明確であるため、斬首はできず切腹の強要に留《とど》まったと考えるのが自然だろう。

そもそも豊臣秀次が謀反を起こすなど、およそ常識では考えられない。山内一豊・中村一氏といった秀吉子飼いの武将がお目付役として秀次の近くにいるのに、どうやって謀反の密議を行うのか。仮に秀次が中継ぎの関白という処遇に不満を持っていたとしても、秀吉への反逆などという危ない橋を渡る必要はない。既に高齢の秀吉が亡くなるのを待てば良いのである。

こうした状況を考慮すると、豊臣秀次は冤罪《えんざい》だったと結論づけられる。秀次事件は、愛児秀頼《ひでより》に天下を譲るために秀次を邪魔と感じた豊臣秀吉の謀略であろう。例の**「加害者（攻撃側）と被害者（防御側）の立場が実際には逆である」**というパターンである。

新説「秀吉は秀次の命を奪う気はなかった」

けれども、以上で紹介した通説では十分に説明しきれない謎がある。豊臣秀次《とよとみひでつぐ》の切腹後、秀吉《ひでよし》は秀次の妻子侍女乳母《めのと》に至るまで皆殺しにしている。幼い姫も容赦なく斬首するという残酷さは明らかに謀反人の関係者に対する処罰である。秀次に切腹を許し、秀次の近親者は斬首するという秀吉の処罰にはチグハグな印象を受ける。

また、七月十二日に秀吉が高野山《こうやさん》に出した命令は、秀次の幽閉であった。すなわち秀次の世話をする者を限定し、肉親縁者との接触を断ち、見舞いを禁じる、というものである。すぐに切腹させるつもりなら、監禁方法について細かく指示する必要はないように思われる。ちなみに小瀬甫庵《おぜほあん》の『太閤記《たいこうき》』には五奉行が高野山に出した秀次を切腹させよとの命令書が収録されているが、秀吉が切腹を命じたとする一次史料は残っていないため、甫庵の創作と考えられる。

この残された疑問を解消しようと新説を提起したのが、矢部健太郎《やべけんたろう》氏である。矢部氏は、秀次が切腹した場所は、秀吉の生母である大政所《おおまんどころ》の菩提寺《ぼだいじ》として秀吉が寄進した高野山青巌寺《せいがんじ》であることに注目した。そのような特別な場所で、秀吉が秀次を切腹させるとは考えられない、というのである。そして氏は、秀頼《ひでより》早世の可能性も考慮して、生きたまま秀次を高野山に拘留しておくのが秀吉の意思であった、と主張したのである。

ところが、無実であるにもかかわらず高野山に追放された秀次は、身の潔白を示すために切腹した。神聖な場所を血で汚された秀吉は激怒し、秀次の切腹を「謀反に対する処罰」と位置づけるため、秀次の妻子を苛烈《かれつ》に処刑した。秀吉に対する抗議の切腹という評判が広まってしまっては、秀吉の権威に傷がつくので、秀吉は秀次を謀反人として扱うしかなかった、というわけだ。つまり矢部説は、秀吉からの命令によってではなく、秀次が勝手に切腹したという自発的切腹説である。

では、なぜ秀吉が秀次に切腹を命じたとする話が人口に膾炙《かいしや》したのか。実はこの話は『太閤記』など江戸時代の軍記・物語を通じて流布した。これらの後世の編纂《へんさん》物では石田三成《いしだみつなり》の讒言《ざんげん》が強調されており、関ヶ《せきが》原《はら》合戦で徳川家康《とくがわいえやす》に敵対した三成をことさら悪く描くために秀次事件が利用された、と矢部氏は推測している。

藤田恒春《ふじたつねはる》氏はすれ違い説を提起している。藤田氏は、豊臣秀吉の秀次幽閉命令を高野山に伝えるため、福島正則《ふくしままさのり》らが七月十四日夜に高野山に到着している点に着目する。この時、秀次が福島らを「検死役（切腹の見届け人）」と誤解して、先走って切腹してしまったのではないか、と氏は推理している。大河ドラマ『真田丸』は、この秀次早合点説を採用していた。なお矢部氏は、福島正則が事件後に秀次の知行地であった尾張《おわり》国を獲得していることに注意を喚起し、正則が幽閉命令の伝達という本来の任務を逸脱し、秀次を切腹へと追いつめた可能性を示唆している。

豊臣秀吉は秀次の命を取るつもりはなかった、という新説はなかなか興味深いが、疑問も残る。矢部氏は、秀頼が夭折《ようせつ》する可能性を考慮して秀次を「保険」として残すのが秀吉の考えだったと説くが、一度謀反の嫌疑を受けた者が秀吉後継者に復帰するという展開は現実的でない。

秀吉にしてみれば秀次の政治生命を奪えば十分であり、生物としての命を奪う意図はなかった、という意見もあるかもしれない。だが太田牛一《おおたぎゅういち》が記した『大かうさまくんきのうち（太閤様軍記のうち）』によれば、秀次の高野山入り後の文禄四年（一五九五）七月十三日、熊《くま》谷《がい》直之《なおゆき》・白江《しらえ》成定《なりさだ》ら秀次の家老たちが切腹に追い込まれており、高野山追放で終わりにせず、さらに秀次を圧迫しようとする秀吉の意思が見て取れる。

豊臣秀次が謀反を起こそうとしたという事実がない以上、秀吉が政権ナンバー2の秀次に切腹を命じるのは困難であったと思われる。ゆえに秀吉は秀次を精神的に圧迫し、秀次が自ら切腹するよう仕向けたのではないだろうか。どんな形であれ秀次が死んでしまえば死人に口なしで、後はどうとでもストーリーをでっち上げることができる。

確かに豊臣秀吉は、亡き母の菩提寺を血で汚したくはなかっただろう。しかし、その大政所を徳川家康に人質として差し出したこともある秀吉である。秀吉にとって、秀次を確実に抹殺することの方が重要であり、そのためなら手段を選ばないだろう。全てを秀吉の陰謀と考えた方が自然に理解できるように思えるが、如何《いかが》だろうか。

秀次事件は家康を利した

豊臣秀次《とよとみひでつぐ》失脚後、秀吉《ひでよし》は諸大名に「お拾様《ひろいさま》」への忠誠を誓う起請文を提出させた。基本的には諸大名連署（二九名）だが、宇喜多秀家《うきたひでいえ》・前田利家《まえだとしいえ》はそれぞれ単独で起請文を提出。また徳川家康《とくがわいえやす》・毛利輝元《もうりてるもと》・小早川隆景《こばやかわたかかげ》が連署で起請文を提出し、関東のことは家康に、関西のことは輝元・隆景に任せるという決定がなされた。以上の面々が後の「五大老」であることが見て取れよう。そして、起請文の宛先は前田玄以《まえだげんい》・石田三成《いしだみつなり》・増田長盛《ましたながもり》ら奉行衆である。

周知のように、豊臣秀吉の近親者はもともと少なく、しかも既に死没している者が多かった。秀吉の唯一の弟である秀長《ひでなが》が天正十九年（一五九一）に逝去、秀次の弟の秀勝《ひでかつ》は文禄《ぶんろく》の役で病没、秀次・秀勝の弟で秀長の遺領を継いだ秀保《ひでやす》も文禄四年四月に急死している。秀次が切腹し、その子女がほぼ全員処刑されたことで、将来秀頼《ひでより》の藩屏《はんぺい》となるべき豊臣一族は壊滅状態になってしまった。

そのため秀吉は、徳川家康・毛利輝元・前田利家ら有力大名を権力の中枢に加えることで、豊臣政権の建て直しを図った。つまり豊臣家が弱体化し、これを補完すべくいわゆる五大老・五奉行制の原型が成立したのである。これが家康の権力拡大につながったことは言うまでもない。

また、浅野幸長《あさのよしなが》・伊達政宗《だてまさむね》・細川忠興《ほそかわただおき》・最上義光《もがみよしあき》など、秀次と親密だった大名たちは秀吉の不興を買い、窮地に立たされたが、その多くは徳川家康の取りなしによって救われている。以後、彼らは家康に接近し、関ヶ原《せきがはら》の戦いでは東軍に属している。豊臣秀吉が謀略によって秀次を葬ったことは、結果的に家康を利したのである。

第二節　七将襲撃事件

家康私婚問題

前節で述べたように、豊臣秀次《とよとみひでつぐ》の死後、秀次と縁戚《えんせき》関係にある諸大名も謀反への参加を疑われ、秀吉《ひでよし》から追及を受けた。謀反じたいがでっち上げなのだから謀反に参加していた大名がいるはずはないのだが、秀次処罰に不満を持たないよう、秀次と親しかった大名たちを牽《けん》制《せい》したのだろう。

事件直後の文禄《ぶんろく》四年八月、豊臣秀吉は諸大名に対し、豊臣政権の許可なく婚姻関係を結ぶこと（政略結婚）を禁止した。諸大名が与党を結成し、政権の命令と関わりなく行動を共にするようになれば、豊臣家の求心力が失われるからである。さらに慶長《けいちょう》三年（一五九八）七月、死期を悟った秀吉は、いわゆる五大老・五奉行に秀頼《ひでより》を託した。集団指導体制を敷くことで、一人の大名が突出して秀頼を脅かすことを阻止しようという考えだろう。五大老の中でも、内大臣徳川家康《とくがわいえやす》と大納言前田《まえだ》利家《としいえ》が特に大きな権限を与えられ、秀吉死後は家康が伏《ふし》見《み》城に入って幼少の秀頼に代わって政務をとる一方、利家が大坂城に入って秀頼の傅役《もりやく》を務めることが定められた。

ところが同年八月に豊臣秀吉が亡くなると、徳川家康は蜂須賀《はちすか》家政《いえまさ》・黒田《くろだ》長政《ながまさ》・伊達《だて》政《まさ》宗《むね》・福島正則《ふくしままさのり》らと婚姻関係を結んでいく。翌四年正月十九日、大坂の前田利家や石田《いしだ》三成《みつなり》らは伏見の家康に詰問の使者を送った。なお、三成らの家康追及が遅くなったのは、朝鮮出兵軍の撤収に際し彼らが動揺をきたさないよう秀吉の死が慶長三年末まで伏せられていた上、撤兵処理のために三成が畿内を離れていたからである。

徳川家康は関東から兵を呼び寄せるなど強硬姿勢をとり、一触即発の事態となるが、二月十二日に家康と他の四大老・五奉行が起請文を交換して一応の解決を見た。自分を除く五大老・五奉行の全てが敵に回った上、細川忠興《ほそかわただおき》・浅野《あさの》幸長《よしなが》・加藤清正・加藤嘉明《かとうよしあき》ら武断派（反三成派）大名も利家に味方したため（福島正則・黒田長政・池田《いけだ》輝政《てるまさ》らは家康方）、不利を悟った家康は謝罪して和解したのである。前田利家は病に冒されていたため、家康との対決を避け、それ以上の追及は行わなかった。徳川家康は三月十一日に大坂に赴いて病床の前田利家を見舞い、両者の関係は改善に向かった。

「三成が家康の伏見屋敷に逃げ込んだ」は俗説

けれども、閏《うるう》三月三日に前田《まえだ》利家《としいえ》が死去すると、政局は一挙に動いた。いわゆる「七将襲撃事件」の発生である。利家逝去の翌晩、大坂で「七将」が石田《いしだ》三成《みつなり》を討つべく挙兵したのだ。

この「七将」については、参謀本部編『日本戦史　関原役』が加藤清正《かとうきよまさ》・黒田《くろだ》長政《ながまさ》・浅野《あさの》幸長《よしなが》・福島正則《ふくしままさのり》・池田《いけだ》輝政《てるまさ》・細川忠興《ほそかわただおき》・加藤嘉明《かとうよしあき》と記述したため、これに従った書籍がしばしば見られる。けれども、笠谷《かさや》和比古《かずひこ》氏が一次史料に基づき加藤清正・浅野幸長・蜂須賀《はちすか》家《いえ》政《まさ》・福島正則・藤堂高虎《とうどうたかとら》・黒田長政・細川忠興と比定しており、これに従うべきである。

七将決起の動機としては、文禄《ぶんろく》・慶長《けいちょう》の役における石田三成の作戦指導や諸将への処罰に対する不満が挙げられている。だが七将の中には増田《ました》長盛《ながもり》を非難する者もあり、基本的には石田三成・増田長盛・長束正家《なつかまさいえ》ら奉行衆が豊臣政権の運営を主導しようとすることへの反発だろう。豊臣《とよとみ》政権の吏僚にすぎない彼らが、自分たちと同格、ないし格上の大名に命令を下せたのは、豊臣秀吉《ひでよし》という絶対権力者の後ろ盾があったからである。秀吉亡き後、いくら秀吉の遺命があるとはいえ、彼らが政権の中枢を担うという政治形態にもともと無理があった。

その矛盾が、実力と声望を兼ね備えた前田利家の死によって一気に噴出したのである。

それにしても、豊臣政権の許可なく豊臣秀頼《ひでより》のお膝元《ひざもと》たる大坂で軍事行動を起こすのはあまりに大胆すぎる。「謀反」ととられて処罰されてもおかしくない。彼らには挙兵しても咎《とが》められない確信があったのだろう。すなわち、七将は事前に徳川家康《とくがわいえやす》の指令ないしは支持を受けていたと考えられるのである。しかし三成は襲撃計画を事前に察知し、佐竹義宣《さたけよしのぶ》の協力を得て大坂から伏見《ふしみ》へと逃れた。

従来、石田三成はあえて敵である徳川家康の伏見屋敷に逃げ込むという奇策に出ることで、身の安全を図ったと理解され、小説やドラマなどでも好んで描かれてきた。しかし笠谷氏の研究によって、右が後世の俗説であることが明らかになった。佐竹義宣が三成を大坂から伏見へと逃がした後、家康の屋敷に赴き、騒動の収拾を依頼したことを、『日本戦史　関原役』が「三成を擁し伏見に還り家康に投ず」と表現したのが混乱の発端である。これを読んだ徳富蘇峰《とくとみそほう》は、三成が家康邸に逃げ込んだと誤解し、著書『関原役』に「死中活を求めた」と書いてしまい、以後この理解が踏襲された。けれども笠谷氏が説くように、三成は実際には伏見城内の自邸「治部少丸《じぶしょうまる》」にたてこもったのである。

関係史料を分析した光成準治《みつなりじゅんじ》氏は、治部少丸に入った石田三成の作戦を次のように推定する。増田長盛らが大坂城の豊臣秀頼を奉じ、大坂の喉元《のどもと》を押さえる交通の要衝である尼崎《あまがさき》に陣を張った毛利輝元《もうりてるもと》と共に西日本の諸大名を結集、伏見城内の三成がこれに呼応して徳川派を挟撃するというものである。

ところが、三成の目算はすぐさま狂った。大坂城を守る片桐且元《かたぎりかつもと》らが徳川家康につき、徳川派が大坂城を掌握してしまったのである。軍事的に不利な石田三成・増田長盛・大谷吉継《おおたによしつぐ》らが徳川方を圧倒するには、名目上の最高権力者である豊臣秀頼の支持が不可欠である。御《み》輿《こし》である豊臣秀頼を家康に握られてしまった結果、上杉景勝《うえすぎかげかつ》も家康との縁組を図るなど、三成らの軍事動員に応じる大名はほとんどいない状況になってしまった。増田長盛が家康に接近するなど、奉行衆の結束も乱れ始めた。

石田三成たちは抗戦を断念せざるを得なかった。徳川家康が七将と三成の間に入り、事態の収拾に動くことになった。閏三月十日、三成は奉行職を辞任し、居城の近江佐和山《おうみさわやま》城で謹慎することになった。三成に味方した毛利輝元も起請文を交換し家康と和睦《わぼく》するが、輝元が「家康を父兄と思う」と記すなど、家康優位の形で決着したのであった。

徳川家康、「天下殿」に

反家康《いえやす》の急先鋒《きゅうせんぽう》だった石田三成《いしだみつなり》が慶長《けいちょう》四年閏三月に失脚したことによって、徳川《とくがわ》家康は行動の自由を得た。家康は当時、伏見《ふしみ》城外、宇治川《うじがわ》対岸の向島《むかいじま》に屋敷を構えていたが、三成失脚後、伏見城に入城した。これを見た人々は、家康が「天下殿」になったと囁《ささや》いたという。

さて前田利家《まえだとしいえ》の後任として大老に就いたのは、利家嫡男の利長《としなが》である。利長は豊臣秀頼《とよとみひでより》の傅役も引き継ぎ、大坂城に入った。だが八月、利長は領国経営のため加賀《かが》に帰国してしまう。同時期に同じく五大老の上杉景勝も会津《あいづ》に帰国し、家康の専横を掣肘《せいちゅう》し得る勢力が次々と畿内から去って行った。

九月、徳川家康は前田利長に謀反の嫌疑をかけ、諸大名に討伐令を発した。利長は母芳春《ほうしゅん》院《いん》を江戸へ人質として送り、家康に屈服した。五奉行のひとり浅野《あさの》長政《ながまさ》も連座し、家督を幸《よし》長《なが》に譲り隠居した。

前田利長謀反の噂を徳川家康に伝えたのは増田《ました》長盛《ながもり》であるが、長盛には利長を陥れる動機はない。ゆえに家康が自ら密《ひそ》かに噂を流していたのではないか、という説が唱えられている。司馬遼太郎《しばりょうたろう》の歴史小説『関ヶ原』もこの見解を採っている。家康と親しい浅野長政も失脚しているので、家康が全てを仕組んだとは思えないが、家康が自らの権勢拡大のために、この噂を最大限に利用したことは明白である。

十月、徳川家康は大坂城西ノ丸を北政所《きたのまんどころ》（秀吉正室）から譲り受け、豊臣秀頼の傅役の地位を実質的に獲得した。家康を伏見に、秀頼を大坂に、という豊臣秀吉《ひでよし》の遺命は、家康への権力集中を避けることを目的にしていた。だが家康が大坂城に入城して秀頼と一体化したことで、五大老五奉行制という集団指導体制は形骸化《けいがい》し、家康を頂点とする指導体制が事実上成立したのである。

慶長四年末から翌年頭にかけて、五大老のひとり宇喜多秀家《うきたひでいえ》の家中で内紛が発生し（宇喜多騒動）、徳川家康が豊臣政権を代表する形で裁定を行っている。家康は反秀家勢力の処分を故意に甘くし、反徳川派の宇喜多氏の弱体化を図った。

前田利長・浅野長政の謀反疑惑、宇喜多騒動に対する徳川家康の裁定に対し、唯一家康に異を唱えることができる立場にあった毛利輝元《もうりてるもと》は沈黙を貫いた。もはや家康に逆らう者など天下に存在しないかに見えた。

かくして徳川家康の横暴はますます加速する。家康は諸大名への知行加増を行い始めた。豊臣秀頼成人まで諸大名への加増は凍結することになっていたが、家康は秀頼後見の立場から独断で加増を実施した。その原資は豊臣家の蔵入地（直轄領）であるから、家康は自らの懐を痛めずに諸大名に恩を売ることができる。しかも豊臣家の経済力を削《そ》ぐことができるのだから一石二鳥である。増田長盛・長束正家《なつかまさいえ》ら豊臣家奉行衆は家康の命じるままに加増を実施したが、豊臣家弱体化と家康の権力拡大に内心不安を感じていただろう。

第三節　関ヶ原への道

会津征伐

前述の通り、上杉景勝《うえすぎかげかつ》は慶長《けいちょう》四年（一五九九）八月に会津《あいづ》に帰国した。景勝は慶長三年正月に越後《えちご》から会津への国替えを命じられた。会津を領していた蒲生氏郷《がもううじさと》が文禄《ぶんろく》四年（一五九五）に亡くなると、蒲生氏で御家騒動が勃発《ぼっぱつ》したため、蒲生氏を下野宇都宮《しもつけうつのみや》に減封し、景勝を会津に移封したのである。豊臣秀吉《とよとみひでよし》は、会津に有力な大名を配置して関東の徳川家康《とくがわいえやす》を牽制させようと考えたのだろう。

慶長三年三月、景勝は会津に初入国したが、秀吉死去を受けて十月には上洛したため、新領土の経営は殆《ほとん》ど進展していなかった。そこで徳川家康の勧めもあり、慶長四年八月に会津に再入国したのである。

帰国した上杉景勝に対し徳川家康は頻繁に書状を送っており、表面上は両者の関係は良好だった。しかし慶長五年正月に家康が景勝に上洛命令を出した頃から風向きが変わってくる。景勝は自身の代理として重臣の藤田信吉《ふじたのぶよし》を上洛させ、信吉は家康に歓待されるが、それゆえに帰国後の信吉は家康との通謀を疑われた。このため信吉は三月に上杉家を去った。信吉の失脚は、筆頭家老で対家康強硬派である直江《なおえ》兼続《かねつぐ》との対立が影響したようである。

藤田信吉は徳川家康に対し、上杉景勝が謀反を企てていると注進した。同時期、越後の堀《ほり》秀治《ひではる》も景勝の謀反準備を報告している。景勝は会津に転封した際、越後で徴収した年貢を全て会津に持って行ってしまったので、その後で越後に入国した堀秀治は財政難に陥り、景勝を恨んでいたのである。

同年四月、徳川家康は外交僧の西笑承兌《さいしょうじょうたい》を通じて、上洛して弁明するよう上杉景勝に命じた。西笑の書状に対し、直江兼続が返書を送った。これが世に名高い直江状である。その内容は、領国経営が進んでいないので早急な上洛はできないと主張すると共に、謀反の証拠として家康側が指摘した諸点について逐一反論し、讒言に乗せられて景勝の謀反を疑う家康の軽率さを強く非難するものであった。

直江状の評価に関しては、長大な分量や美文調の文体、あまりに挑発的な内容から、後世の創作ではないかと疑う声もある。確かに、今に残る直江状そのままの内容が徳川家康のもとに届けられたとは考えられない。しかし、家康が問題視した城・橋・道の普請は一次史料で確認できるし、家康の批判に対し大名として当然の統治行為と反論する直江状の論理構成に違和感はない。また景勝が謀反を否定し、讒人（藤田信吉・堀秀治）の取り調べが行われるまで上洛はしないと宣言したことも、景勝の家臣宛ての書状によって確かめられる。脚色はあるにせよ、直江状は一定の事実を反映していると捉《とら》えるべきだろう。

徳川家康は讒人の取り調べを拒否したため、上杉景勝は上洛に応じなかった。これに怒った家康は、慶長五年五月末に会津征伐を決定した。

ただし徳川家康が怒ったというのはポーズであって、矢部《やべ》健太郎《けんたろう》氏が指摘するように、上杉景勝が上洛を拒否することは想定の範囲内であったと思われる。「一昨年（慶長三年）に会津に国替えとなった後すぐに上洛し、昨年九月に帰国したばかりである。今年の正月に上洛しては領国経営ができない。しかも会津は雪国であり、十月から三月までは何もできない。三月に謙信《けんしん》の法要が終わって、ようやく暇ができたので、夏には上洛するつもりだった」という直江状の弁明は筋の通ったものである。景勝がすぐに上洛することができないと分かった上で家康は上洛を要請したのであり、これは挑発に等しい。直江状の過激な文面から、上杉側が家康を挑発したと見られがちだが、先に喧嘩《けんか》を売ったのは家康の方である。

六月十五日、徳川家康は豊臣秀頼《とよとみひでより》から軍資金を獲得し、会津征伐を豊臣政権の公戦と位置づけることに成功した。翌日、家康は大軍を率いて大坂を発った。

石田三成らの挙兵

徳川家康《とくがわいえやす》が畿内から去ると、石田三成《いしだみつなり》は打倒家康に動いた。後世に作成された編纂物などによれば、七月十一日、三成は会津《あいづ》征伐に参加する予定の大谷吉継《おおたによしつぐ》を佐和山《さわやま》城に招き、家康討伐戦への協力を求めた。吉継は無謀で勝ち目がないと翻意を促したが、三成の決心が固いと知り、共闘を誓った。

翌日、増田長盛《ましたながもり》・長束正家《なつかまさいえ》・前田玄以《まえだげんい》の大坂三奉行は、毛利《もうり》氏の外交僧である安国寺恵瓊《あんこくじえけい》を通じて、毛利輝元《てるもと》に上坂を要請した。毛利輝元は大軍を率いて七月十五日に広島を発ち、十七日に家康の留守居を排除し大坂城西ノ丸に入った。石田三成・毛利輝元ら（以下、西軍と呼ぶ）は豊臣秀頼《とよとみひでより》を確保することでクーデターを正当化したのである。

しかしながら、石田三成と大谷吉継との友情から関ヶ原《せきがはら》の戦いは始まった、という展開はいささか出来すぎに思える。吉継が三成を諫めたという話は江戸《えど》時代成立の二次史料にしか見えない。しかも三成が吉継に挙兵を打ち明けてから六日後には大坂城を占拠したというのは、手回しが良すぎる。七月十一日の三成・吉継会談がクーデターの始点という記述は事実ではなく、後世の創作ではないだろうか。

光成準治《みつなりじゅんじ》氏は、七月五日に宇喜多秀家《うきたひでいえ》が豊国《とよくに》神社を参詣《さんけい》しているのは、会津征伐の戦勝祈願ではなく対家康戦争の戦勝祈願ではないかと推測している。これに従えば、毛利輝元（安国寺恵瓊）・宇喜多秀家・石田三成・大谷吉継の四者は、七月頭には家康討伐計画について連絡を取り合っていたと考えられよう。

大坂三奉行は途中から参加した

七月十二日、大坂城の留守を預かっていた増田長盛《ましたながもり》は、石田三成《いしだみつなり》と大谷吉継《おおたによしつぐ》の謀反について徳川家康《とくがわいえやす》に報告している（『慶長年中卜斎記《けいちょうねんちゅうぼくさいき》』）。また日時は不明ながら、おそらくその直後に、増田長盛・長束正家《なつかまさいえ》・前田玄以《まえだげんい》の三奉行が淀殿《よどどの》や前田利長《まえだとしなが》の賛同をとりつけた上で、家康に対し大坂への帰還を要請している。司馬遼太郎《しばりょうたろう》の『関ヶ原』は、西軍敗北の可能性を大坂三奉行が考慮し、家康に恩を売っておくという保険をかけた、と解釈している。この二股《ふたまた》説は一般の方にもかなり浸透しているため、長盛らの評判はえらく悪い。

だが、増田長盛ら三奉行が石田三成らの謀議に参加していて、かつ徳川家康の歓心を買おうとしていたのなら、毛利輝元《もうりてるもと》の西軍参加も伝えるはずである。輝元が参加しているかどうかでクーデターの規模や成功確率が大きく変わってくるので、最も重要な情報と言える。その情報を故意に伏せたのであれば、家康への忠義にはならない。

とすると、笠谷《かさや》氏や光成《みつなり》氏が主張するように、三奉行は当初、石田三成と共謀しておらず、ゆえに毛利輝元の参加を知らなかった、と捉えるのが自然である。三奉行による輝元への上坂要請についても、通説では西軍総大将への就任要請と解釈されてきたが、笠谷氏が指摘するように、三成決起の風説に伴う畿内情勢の不安定化を解消するために輝元を必要としたとも解される。大坂三奉行はこの時点では大老である家康ないし輝元の力を借りて三成らを押さえ込もうと考えていたのではないだろうか。

石田三成にとって三奉行との連携は、クーデターを正当化する上で不可欠の要素だが、三奉行には腰が定まらないところがあるのが悩みの種であった。七将襲撃事件でも彼らは三成を助けようとしていないし、三成失脚後は徳川家康の言いなりになっていた。挙兵を持ちかけても、家康に通報される恐れがある。**機密保持の重要性**は本書で再三述べた通りである。

そこで石田三成は、毛利輝元・宇喜多《うきた》秀家《ひでいえ》を口説き、彼らの軍事力で大坂城を占拠して、なし崩し的に三奉行を西軍に組み入れようとしたのではないだろうか。風見《かざみ》鶏《どり》の彼らを味方につけるには、徳川家康がそうしたように、武力で威圧するのが最善だからである。

石田三成・大谷吉継の蠢動《しゅんどう》を鎮めるために大坂に招き寄せた毛利輝元が、実は三成と通じていたと知った増田長盛らは驚愕《きょうがく》したことだろう。長盛が以後の反家康闘争において消極的な姿勢に終始したのは、無理矢理参加させられたという不満があったからと考えられる。

なお白峰旬《しらみねじゅん》氏は、増田長盛の徳川家康への内通の書状を偽文書とする。その根拠は写しか現存していないこと、内容的に文章が短すぎること、安国寺《あんこくじ》恵《え》瓊《けい》の動きについて全く触れていないこと、の三点である。確かに写しか残っていない場合、その写が後世に偽作された可能性を検討する必要がある。しかし密書の類《たぐい》はそもそも伝来しにくく、原本が残っていないから偽文書だとは言えない。また関ヶ原合戦後に作成された偽文書であるのなら、むしろ石田三成や安国寺恵瓊の動向について長々と記すだろう。既述の通り、直江状《なおえじょう》は長文であるがゆえに偽文書と疑われているのである。長盛の密書の情報が少ないのは、長盛が情勢を十分に把握できていないことを反映しており、かえってこの文書の信頼性を高めていると考える。

また布谷《ぬのや》陽子《ようこ》氏は、七月十五日上杉景勝《うえすぎかげかつ》宛て島津《しまづ》義弘《よしひろ》書状に注目する。この書状で義弘は、毛利輝元・宇喜多秀家・大坂三奉行・小西行長《こにしゆきなが》・大谷吉継・石田三成が打倒徳川家康で合意したことを伝えている。布谷氏はこの書状に基づき、七月十五日の時点で反家康連合（のちの西軍）が成立していることを主張し、三成一人を首謀者とする関ヶ原合戦像は江戸時代に成立した虚構と論じている。光成・白峰両氏も布谷説を支持している。

けれども、そもそも右の文書は写であり、軽々には信用できない。その上、前日の十四日に島津義弘が本国（薩摩《さつま》）にいる島津忠恒《ただつね》（義弘の息子で島津氏当主）に宛てた書状には「爰元乱劇」としか記されておらず、義弘が西軍の構成を知悉《ちしつ》していたとは思えない。西軍に属して敗者となった島津氏としては、徳川の天下である江戸時代においては、「上方で既に西軍が成立していたので、仕方なく参加した」と正当化する必要があったのではないだろうか。

「内府ちがいの条々」で家康は窮地に陥った

毛利《もうり》輝元《てるもと》が大坂城に入った慶長《けいちょう》五年七月十七日、西軍は毛利輝元・宇喜多《うきた》秀家《ひでいえ》・増田《ました》長《なが》盛《もり》・長束正家《なつかまさいえ》・前田《まえだ》玄以《げんい》の名で十三ヶ条に及ぶ家康《いえやす》弾劾状を諸大名に発送した。これが有名な「内府ちがいの条々」である。

第一条では、慶長三年九月に起請文を交わして五大老・五奉行の結束を誓ったにもかかわらず、徳川《とくがわ》家康がその誓いを破り、五奉行の石田《いしだ》三成《みつなり》・浅野《あさの》長政《ながまさ》を追い落としたことを非難している。第二条では謀反の嫌疑をかけられた大老の前田《まえだ》利長《としなが》が起請文を提出したのになおも追いつめ、芳春院《ほうしゅんいん》を人質に取ったことを批判している。第三条では会津《あいづ》征伐の不当性を論じている。要するに最初の三ヶ条において西軍は、家康が同僚である五大老五奉行を意図的・計画的に排除して独裁体制を築いたと論じているのだ。

第四条では、豊臣秀頼《とよとみひでより》成人までは大名への知行加増は行わないという取り決めに背き、勝手に諸大名に知行を与えたことを責めている。第五条では、豊臣秀吉が定めた伏見《ふしみ》城の留守居を追い出し、家康の家臣を入れたことを糾弾している。第六条では、慶長三年九月に五大老・五奉行はその他の大名と起請文を交わして派閥形成を行わないことを誓い合ったのに、家康がこの取り決めを破っていることを論難している。

第七条では北政所《きたのまんどころ》を大坂城西ノ丸から追い出して自分が入ったこと、第八条では西ノ丸に本丸と同じように天守閣を建てたことを徳川家康の僭上《せんじょう》として非難している。第九条では、諸大名の妻子は人質として大坂に居住することになっているのに、家康が自分と親しい大名の妻子を独断で帰国させたこと、第十条では、いわゆる家康私婚問題を弾劾している。このように「内府ちがいの条々」は豊臣秀吉《ひでよし》時代の法令・政策や秀吉の遺命に反する家康の行為を列挙することで、家康に秀頼後見人としての資格がないことを主張しているのである。

第十一条では、徳川家康が若い大名たちをそそのかして徒党を組ませたことを批判している。これは七将襲撃事件のことを指しているのだろう。第十二条は、五大老全員の連名で命令を出すべきなのに、家康が一人で命令を下している家康独裁への批判である。第十三条は源氏の氏神である石清水八幡宮《いわしみずはちまんぐう》の検地を免除したことが挙げられている。矢部健太郎《やべけんたろう》氏が推定するように、石清水八幡宮をことさらに保護するのは天下への野心があるから（徳川氏は新田《にった》源氏末裔《まつえい》を称していた）、と西軍首脳部は判断したのだろう。

そして最後に会津出兵の不当性を改めて指弾して徳川家康討伐を宣言、「秀頼様」のために我らに味方せよ、と結んでいる。

毛利輝元・宇喜多秀家・増田長盛・長束正家・前田玄以の五名は五大老・五奉行の半分でしかない。だが、失脚した石田三成・前田利長・浅野長政、会津征伐の当事者である徳川家康・上杉景勝を除く、全ての五大老・五奉行が結束して家康を弾劾した事実は重い。しかも家康が豊臣政権の取り決めを次々と破っていることは客観的事実であり、そのことを的確に指摘している「内府ちがいの条々」には説得力があった。

豊臣秀頼を確保した西軍が「会津征伐は徳川家康の私戦である」と宣言したことで、家康が上杉景勝退治の大義名分とした「豊臣秀頼の支持」は失われた。討伐軍は豊臣〝正規軍〟の座から転落し、家康は窮地に陥ったのである。

「小山評定」は架空の会議

通説で「内府ちがいの条々」がさほど重視されてこなかったのは、三成《みつなり》らの家康《いえやす》糾弾にもかかわらず東軍の結束が乱れなかった、と考えられてきたからである。その最大の根拠が、いわゆる「小山《おやま》評定」である。

江戸《えど》時代に成立した各種編纂物によれば、慶長《けいちょう》五年七月二十五日（二十四日とする史料もある）、徳川《とくがわ》家康は会津《あいづ》征伐参加諸将を下野《しもつけ》国小山（現在の栃木県小山市）に集め、軍議を開いた。家康は会津征伐の中止と打倒石田《いしだ》三成を諸将に諮り、福島正則《ふくしままさのり》が家康に味方すると宣言すると他の大名もこれに続いた。また遠州掛川《えんしゅうかけがわ》城主の山内一豊《やまうちかずとよ》が城を家康に提供すると申し出て、東海道筋に城を持つ他の諸将もこれに倣った。関ヶ《せきが》原《はら》合戦を扱った小説やドラマで必ず描かれるシーンなので、ご存じの方が多いだろう。二十六日、家康は諸将に対し西上を命じているが、この命令は「小山評定」を受けてのものと通説では考えられている。

しかし近年、白峰旬《しらみねじゅん》氏が、小山評定の開催は一次史料では確認できない（東下した諸将に対して七月二十五日に小山に来るよう命じた徳川家康の書状が一通も現存していない）ことを指摘し、小山評定は現実には行われていなかったと主張した。そこで白峰説の当否を検証してみよう。

まず、白峰氏以前に高橋明《たかはしあきら》氏、本間宏《ほんまひろし》氏が注目しているように、七月二十三日の時点で徳川家康は最上義光《もがみよしあき》に対して会津征伐の中止を伝えている。したがって七月二十五日の小山評定で会津征伐の中止が決定したということはあり得ない。

高橋氏らの研究を踏まえて、白峰氏は、小山評定開催の根拠とされてきた『武徳編年集成《ぶとくへんねんしゅうせい》』所収の福島正則宛て徳川家康書状写（原文書は現存せず）を再検討した。この書状は「早々其元まで御出陣の由、御苦労共に候、上方雑説申し候間、人数の儀は止められ、御自身はお越しあるべく候、委細黒田甲斐（黒田長政《くろだながまさ》）・徳法印（徳永寿昌《とくながながまさ》）申さるべく候間、詳らかに能わず候、恐々謹言」というもので、七月二十四日の日付がある。

この『武徳編年集成』は、元文《げんぶん》五年（一七四〇）に幕臣の木村高敦《きむらたかあつ》が執筆した徳川家康の一代記であり、寛保《かんぽう》元年（一七四一）に八代将軍徳川吉宗《よしむね》に献上された。同書では、七月二十四日条に右の徳川家康書状を収録していて、翌日の七月二十五日条で小山評定のことを記述している。つまり七月二十四日に、家康（小山在陣）が黒田長政・徳永寿昌を使者として、会津に向かって先行していた福島正則を小山に呼び戻し、二十五日に小山評定が行われた、というのが『武徳編年集成』の説明である。

だが、ほぼ同文の書状の写が福島家関係史料にも見える。そして『福嶋氏世系之図《ふくしましせいけいのず》　全』所収の家康書状写では七月十九日、『天正元和年中福島文書《てんしょうげんなねんちゅうふくしまもんじょ》』所収のそれでは七月九日となっているのである。どれが正しい日付だろうか。

七月九日の時点では石田《いしだ》三成らの陰謀は表面化していないので、九日ということはあり得ない。では十九日はどうか。十九日時点で徳川家康が三成らの陰謀を把握していたことを証明できる史料は存在しないが、白峰氏が指摘するように、当時の状況を考慮すれば把握していてもおかしくない。『福嶋氏世系之図　全』には「今に所持候」と注記があるので、原文書を見ながら書写したと思われ、『武徳編年集成』所収書状より信頼性が高い。

また光成準治《みつなりじゅんじ》氏は、関係史料を博捜して、黒田長政は七月二十四日時点では江戸を離れ西に向かっていた（すなわち会津に向かっていた福島正則のもとには行けない）ことを明らかにし、白峰氏と同様に十九日という日付が正しいと結論づけている。『天正元和年中福島文書』の九日は誤写だろう。つまり家康（江戸滞在）は正則に江戸への帰還を命じたのである。

十九日は徳川秀忠《ひでただ》が江戸を発って会津に向かった日であるため、福島正則を呼び戻す一方で秀忠を出陣させるのは不自然との意見もある。だが光成氏が指摘するように、十九日の時点では、家康は毛利輝元《もうりてるもと》らの西軍参加を把握していない。上方での蜂起《ほうき》が小規模であるという認識ならば、豊臣系大名の一部を西に向かわせ、征討軍主力は北上を継続するという対応は十分にあり得る。

なお光成氏は小山評定の開催じたいは事実と考えているため、「正則がどちらに向かったのかは確定できない」とするが、状況的には正則は江戸から西上したと見るのが妥当であろう。白峰氏が指摘するように、八月四日付福島正則宛て徳川家康書状などから、正則が七月中に尾張《おわり》に戻っていることはまず間違いなく、江戸帰還後に再び北上したとは思えない。

福島正則の居城である尾張清須《きよす》城は、会津征伐に参加した東海道筋の有力大名の居城としては最西端に位置し、西軍が東進した場合、真っ先に清須城を攻撃目標とすると想定される。豊前《ぶぜん》（現在の大分県）に領地を持つ黒田長政が西上するのに、正則が西上しないということは考えにくい。そして正則が西上したとすると、正則が小山で名演説を行ったという逸話は作り話ということになり、小山評定があったかどうかさえ怪しくなる。

白峰氏は、家康顕彰を目的とする『武徳編年集成』が小山評定の実在を強調するため、福島正則宛て徳川家康書状の日付を十九日から二十四日に改竄《かいざん》したとする。小山評定は、豊臣《とよとみ》秀吉《ひでよし》の近親者である福島正則が「石田三成こそが逆臣」と主張したことが象徴するように、徳川家康の正当性を喧伝する格好の舞台装置であった。正則ら豊臣恩顧の大名たちが次々に家康支持を口にするシーンは実にドラマチックで〝絵になる〟が、それゆえに創作の臭いが感じられる。やはり小山評定は、江戸時代になってから創造された架空の会議だろう。

さて本多《ほんだ》隆成《たかしげ》氏は、小山評定を開催していないのに、徳川家康が豊臣系諸大名に西上を一方的に命令できるはずがない、として小山評定実在説に立つ。しかし上方で大規模な軍事蜂起があったにもかかわらず会津征伐続行を諸将に強要する方が無理であり、反転西上という戦略転換に対して諸将が反対する理由はない。

もっとも、彼らが家康方として西軍と正面切って戦うことまで決意していたかは疑わしい。福島正則が居城清須城にいち早く戻っているのも、三成憎しというより、留守にしている自分の領地が心配だったからだろう。この時点で美濃《みの》・近江《おうみ》方面まで進撃する気があったとは思えない。

家康は大規模決起を想定していなかった

さて徳川家康《とくがわいえやす》は七月二十一日に江戸《えど》を発ち、会津《あいづ》征伐に向かった。七月二十一日松井康《まついやす》之《ゆき》・有吉立行《ありよしたつゆき》宛て細川忠興《ほそかわただおき》書状を見る限り、家康はその前後に毛利《もうり》輝元《てるもと》の西軍参加の報に接したと思われる。家康が諸将に西上を命じたのは二十六日であるから、輝元参戦という情報を当初疑い、会津征伐を継続するつもりだったのだろう。

会津征伐については、徳川家康の真の目的は上杉景勝《うえすぎかげかつ》打倒ではなく、畿内をあえて空けることで石田三成《いしだみつなり》ら反家康勢力を決起させ、一網打尽にすることにあった、という説がある。司馬遼太郎《しばりょうたろう》の『関ヶ原』もこの説に沿っているが、家康勝利という結果から逆算した**陰謀論**にすぎない。あるいは石田三成の蜂起を予期していたかもしれないが、毛利輝元や大坂奉行衆も参加するような大規模な決起を想定していたとは到底考えられない。

前述のように七月二十三日に徳川家康は最上義光《もがみよしあき》に対し会津征伐の中止を伝えているが（二九一頁を参照）、中止の理由として「石田三成・大谷吉継《おおたによしつぐ》が謀反を起こしたと三奉行から連絡があった」ことを挙げ、三奉行の書状の写を添えている。この書状で家康は西上作戦については言及しておらず「また連絡する」とだけ述べている。上方の情勢をはっきりとつかめていないため、いったん行軍を停止して情報収集に努めていたのだろう。既述の通り、西上が正式に決定したのは七月二十六日である。毛利輝元の西軍参加が確実と分かり、会津征伐を完全に断念したのだろう。

しかし西上決定段階でも徳川家康は三奉行の西軍参加を認識していなかったようである。二十七日に家康の重臣である榊原康政《さかきばらやすまさ》が出羽《でわ》（現在の秋田県）の秋田実季《あきたさねすえ》に宛てた書状では

「石田三成・大谷吉継の謀反を鎮定するよう、淀殿・三奉行・前田利長から要請があったので会津征伐を中止し上洛する」と説明している。

もちろん徳川氏の窮地を実季に悟られないよう、三奉行の西軍参加を知りつつ伏せたという可能性もある。だが二十九日に家康が黒田《くろだ》長政《ながまさ》に宛てた書状には「あなたが西上して後、大坂奉行衆が西軍に参加したとの情報が入ってきた。改めて相談したいが、すでにあなたが西上していて不可能なので、池田《いけだ》輝政《てるまさ》に詳細を伝えた。輝政と相談してほしい」とある。親家康派の長政に対して重要情報を隠す理由はないので、本多《ほんだ》隆成《たかしげ》氏が説くように、大坂奉行衆の西軍参加を家康が認識したのは七月二十八日以降と考えるべきだろう。笠谷《かさや》和比古《かずひこ》氏も、七月二十九日最上義光宛て家康書状や八月二日伊達《だて》政宗《まさむね》宛て家康書状などでは大坂奉行衆の造反に言及しているのに、それ以前の家康書状ではむしろ奉行衆が自分を頼りにしていることを喧伝していることから、二十九日頃に知ったと説いている。

これに対し白峰旬《しらみねじゅん》氏は、七月十七日に大坂で出された「内府ちがいの条々」を、徳川家康が十日以上知らなかったことはあり得ないと本多説を批判する。そして、当時の輸送速度を考えれば、七月二十一日か二十二日には「内府ちがいの条々」は江戸に届いたと推定している。

確かに「内府ちがいの条々」が二十一日か二十二日に江戸に届いたという白峰説は一定の

説得力を持つ。しかし徳川家康は二十一日には江戸を出発しているので、家康が「内府ちがいの条々」を目にするのは更に遅れたと考えられる。それに家康が「内府ちがいの条々」を読んだとしても、その内容を即座に信じるだろうか。三奉行が自身に石田三成・大谷吉継の謀反を通報してきたという事実を踏まえれば、三成らが三奉行の名を勝手に使ったのでは、と疑うのが自然だろう。諸大名にも「内府ちがいの条々」が送られたかどうかを確認するなど、情報の裏取りをしたはずで、三奉行の西軍荷担を家康が確信したのが二十八日頃でも不思議ではない。

徳川家康にとって上方での大規模蜂起が想定外だったことは、八月五日に江戸に戻った家康が月末まで江戸に留まった事実が何よりも雄弁に物語っている。八月中の家康は、東に上杉景勝・佐竹義宣《さたけよしのぶ》、西に石田三成・毛利輝元らを敵として抱えていた。家康が西上した場合、景勝らが関東平野に侵攻してくる恐れがあったので、景勝らの意図を見極めるまでは動くに動けなかったのである。実際、家康嫡子の秀忠《ひでただ》は対上杉の前線基地である宇都宮城《うつのみや》に入り、上杉勢の進出を阻止するために、宇都宮城をはじめとする関東諸城の改修を行っている。

しかも大坂奉行衆が西軍につき、「内府ちがいの条々」が諸大名に発送された以上、福島《ふくしま》正則《まさのり》以下の豊臣《とよとみ》系大名は徳川家康にとって信を置ける存在ではなくなった。豊臣系大名のうち、明確な親家康派は池田輝政、黒田長政、細川忠興、藤堂高虎《とうどうたかとら》などごく少数にすぎない。

福島正則らは反三成という立場から家康に接近したのであって、もしも西軍が豊臣秀頼《ひでより》を擁して東進してきたならば、豊臣系大名の大半は家康から離れてしまう公算が高い。通説に従い、小山《おやま》評定が開催され東軍諸将が家康支持を明言していたとしても、「内府ちがいの条々」が周知されたのはそれ以後なので、彼らの誓いは全く当てにならないのだ。

客観的に見れば、西軍の大坂城占拠と「内府ちがいの条々」によって、家康は絶体絶命の危機に陥ったと言える。家康が意図的に石田三成らを挙兵させたと考えるのは無理がある。

慢心していた徳川家康

では、なぜ徳川家康《とくがわいえやす》は反家康勢力の一斉決起を想定していなかったのだろうか。前田利家《まえだとしいえ》死後、家康の仕掛けがことごとく奏功し、家康の思惑通りに事態が推移したことが大きいと思われる。

徳川家康は私婚問題で四大老・五奉行を敵に回し、一時苦境に立たされた。そこで家康はこの教訓を活《い》かして、四大老・五奉行の各個撃破を図った。七将襲撃事件で石田三成《いしだみつなり》を失脚させ、前田利長《としなが》に謀反の嫌疑をかけて屈服させた。そして総仕上げが会津《あいづ》征伐である。

上杉景勝《うえすぎかげかつ》に謀反の嫌疑をかけ、全国の大名を動員して討伐する。もちろん徳川家康の立場は豊臣秀頼《とよとみひでより》の名代であるが、実質的には最高指揮官であり、武家の棟梁《とうりょう》として諸大名の上に立つことになる。桐野《きりの》作人《さくじん》氏は豊臣秀吉《ひでよし》の小田原《おだわら》征伐を手本としたのではないかと推測している。

景勝を討伐した後は当然、論功行賞が行われる。これも形式的には秀頼が諸大名に恩賞を与えるわけだが、実際に恩賞を差配するのは家康である。家康から領地をもらった諸大名は、家康に恩義を感じ、家康の家臣同然となるだろう。そうなったら、もはや毛利輝元《もうりてるもと》や宇喜多《うきた》秀家《ひでいえ》が家康に対抗することは不可能になる。

しかも全国の大名を動員しての戦争だから、上杉景勝の領地を没収するだけでは恩賞地が不足する。したがって、以前家康が行ったように、豊臣家の蔵入地を割き与えることになるだろう。事実、関ヶ原《せきがはら》合戦後、家康は東軍諸将に恩賞として豊臣家蔵入地を分配しているのである。豊臣家蔵入地の分配により、家康の声望が高まる一方、豊臣家の力は大幅に削減される。豊臣秀頼が成人する頃には家康の覇権は確立しているだろう。

仮に上杉景勝が徳川家康に謝罪し、合戦が回避されたとしても、前田利長・上杉景勝の二大老を屈服させた家康を押さえ得る勢力はもはや存在しない。いずれに転んでも、会津征伐によって家康の天下は確定する。よって、わざわざ反家康勢力を一斉決起させ、自軍と同程度ないしそれ以上の大軍を相手に戦うような危ない橋を渡る必要はない。家康の各個撃破戦略は順調に進んでおり、ほぼ完成しかけていたのである。

前田利長・上杉景勝という五大老の同僚が次々と家康の標的とされている現実に直面し、毛利輝元・宇喜多秀家が自衛のために蜂起する可能性を、徳川家康は想定しなかったのだろうか。結果を知る我々から見ると、一斉決起を想定していなかった家康は甘いと思えるが、これまでの経緯を踏まえると、輝元・秀家の蜂起は予測できなかっただろう。七将襲撃事件以降、輝元は家康との協調姿勢を示しており、秀家も宇喜多騒動で疲弊していたので、慢心していた家康は両人を軽視してしまったのである。

片桐且元《かたぎりかつもと》ら豊臣家内部の家康シンパの存在も、家康の油断を招いたと思われる。かつて自分を糾弾した大坂三奉行も石田三成失脚後は家康に恭順の意を表しており、反家康勢力が大坂城を掌握する事態を家康は想定していなかっただろう。

転換点は岐阜城攻略戦

七月末に徳川家康《とくがわいえやす》は毛利輝元《もうりてるもと》に書状を送っている。その内容は不明だが、光成準治《みつなりじゅんじ》氏が推定するように、状況から判断すれば講和交渉だろう。

そして八月十七日、黒田長政《くろだながまさ》は毛利氏重臣で親家康派の吉川広家《きっかわひろいえ》に書状を送り、「今回の企ては安国寺恵瓊《あんこくじえけい》の独断によるもので、毛利輝元は承知していなかったということは内府公も理解しておられる。貴殿が輝元を説得し、内府公と和解すべきである。もし合戦となり、我らが勝利したならば、そのようなことはできなくなるので急がれよ」と催促している。通説では徳川家康の意を受けた黒田長政による毛利氏に対する内応工作と解釈されているが、これまた結果論的解釈ではないか。

当時の毛利輝元は西軍総大将であり、大坂城において豊臣秀頼《とよとみひでより》の後見を務める事実上の豊臣政権最高指導者である。輝元らの呼びかけに応じて多くの西国大名が西軍に馳《は》せ参じ、総兵力では西軍が東軍を凌駕《りょうが》していた。一方の徳川家康は東軍総大将とはいえ、「内府ちがいの条々」によって逆賊の汚名を着せられ、江戸で身動きが取れない状況にあった。輝元が家康に対して頭を下げるなど、およそ現実的ではない。家康が目指していたのは西軍との講和であろう。

七月末の時点で徳川家康が講和の道を探っていたとすると、豊臣系諸将への西上命令も、西軍主力との決戦を目的としたものではあるまい。西軍勢力圏と接する清須《きよす》城に大軍を送り、西軍に軍事的圧力をかけることで毛利輝元から譲歩を引き出すことが家康の真意であったと思われる。それは八月中旬には豊臣系諸将の清須城への集結が完了していたにもかかわらず、徳川軍主力を率いる徳川秀忠《ひでただ》の出陣が八月二十四日だったことからも裏付けられる。

徳川秀忠軍が関ヶ原《せきがはら》合戦に間に合わなかったことは有名だが、もともと秀忠に対する家康の指示は信濃《しなの》の西軍勢力の討伐であった。つまり秀忠軍の急速な西上は予定されていなかった。そもそも秀忠軍が本当に上洛を目指していたかも疑わしい。信州平定は上杉《うえすぎ》景勝《かげかつ》への備えという防御的性格が強く、東軍諸将向けに「上洛する」と言っていただけではないか。

徳川家康は腹背に敵を抱え、豊臣系諸将の寝返りを懸念していた。この状況では、講和こそが最善の策であろう。むろん講和が簡単に成立すると思うほど家康は楽天家ではないので、毛利氏との和睦交渉の傍ら、藤堂《とうどう》高虎《たかとら》や黒田長政らを介して諸大名に書状を送り続け、調略による西軍の切り崩しを図った。いずれにせよ、家康がリスクの大きい決戦を先送りする方針を採っていたことは確実である。

だが、そのような事情は豊臣系諸将には分からない。清須城に集結していた福島《ふくしま》正則《まさのり》以下の諸将は、一向に出馬しようとしない徳川家康に不信感を抱いた。彼らから見れば、家康の態度は、西軍と自分たちをぶつけて漁夫の利を得ようとするものである。清須城では家康批判の声が公然と上がり、徳川家重臣で清須に詰めていた井伊《いい》直政《なおまさ》・本多《ほんだ》忠勝《ただかつ》の両名は家康に対し一日も早い出馬を求めた。このまま江戸で濃尾《のうび》地方の戦況を傍観していたら東軍諸将が離反する恐れがあるが、かといって出馬は大きなリスクを伴う。

そこで徳川家康は賭《か》けに出た。板坂卜斎《いたさかぼくさい》の『慶長年中《けいちょうねんちゅう》 卜斎記』によれば、家康は家臣の村越茂《むらこしも》助《すけ》を使者として清須に派遣して、「おのおの方が戦おうとしないから、御出馬されないのである。戦ってくだされば、すぐに御出馬なさる」という口上を述べさせたという。腰抜け呼ばわりされた諸将は奮起し、八月二十一日に全軍を挙げて西軍の重要拠点・美濃岐阜《みのぎふ》城に向けて出陣した。豊臣系武将たちは二十二日には木曾川《きそがわ》渡河作戦を成功させ、二十三日には岐阜城を攻略した。

板坂卜斎は徳川家康の侍医であるので、『慶長年中卜斎記』も家康を顕彰する性格を持つ。家康がわざと東軍諸将を挑発するということが本当にあったかどうかは不明だが、それはともあれ、諸将が猛攻によって岐阜城を瞬く間に陥落させたことは疑いようのない事実である。この大勝利によって、戦局は東軍優位へと転換する。

岐阜城攻略の報が同月二十七日に届くや、徳川家康は和睦路線を放棄し、ただちに出馬を決断した。秀忠に対しても、信州平定作戦を中止し美濃方面に急ぐよう指示している。臨機応変な戦略変更は家康の天才を示すものだが、逆に言えば、岐阜城攻略まではむしろ家康は追い込まれていたのである。会津《あいづ》征伐から関ヶ原合戦までの全期間を通じて東軍が終始優勢だったという見方は、江戸時代に成立した「徳川史観」に他ならない。

九月十五日に行われた関ヶ原合戦についても近年、激しい論争が行われている。まだ結論は出ていないが、西軍の小早川秀秋《こばやかわひであき》が合戦以前ないし合戦開始直後に東軍に寝返り、あっという間に決着がついたことは、ほぼ確定した。なかなか内応の約束を果たそうとしない秀秋に痺《しび》れをきらし、徳川家康が秀秋の陣に鉄砲を打ち込んだという、いわゆる「問鉄砲《といでっぽう》」の逸話は江戸時代の創作である。家康の大胆な決断が東軍の勝利を決定づけたという関ヶ原合戦像は、家康を神格化する「徳川史観」に基づくものであり、なお一層の再検討が求められている。

石田三成と上杉景勝に密約はなかった

ところで、石田三成《いしだみつなり》と上杉景勝《うえすぎかげかつ》は事前に提携していたのだろうか。景勝が徳川家康《とくがわいえやす》の上洛要請に応じなかったのは、家康を挑発して奥羽《おうう》に誘い出し、その隙に石田三成らが上方で挙兵するという計画があったから、という説がある。司馬遼太郎《しばりょうたろう》の『関ヶ原』もこの見解を採っている。三成らの挙兵によって会津《あいづ》征伐は中止となり、景勝は救われたのだから、そう考えたくなる気持ちは分かる。

しかしながら、六月二十日付け兼続《かねつぐ》宛て三成書状は軍記類にしか見えず、偽文書と考えられる。挙兵直後の七月晦日《みそか》に三成は真田昌幸《さなだまさゆき》に書状を送っているが（こちらは原本が残っている）、そこでは事前に挙兵を知らせてくれなかったことを責める昌幸に対し、「家康が大坂にいる間は諸大名が信用できなかったので知らせることができなかった」「挙兵を実現させることができるか分からないのに知らせても仕方がないと思った」と弁明している。会津征伐に参加するまで在京していた真田昌幸にも連絡できなかったのだから、会津の上杉景勝と連絡をとっていたとは思えない。実際、三成は昌幸に景勝への情報伝達の中継を依頼している。

本書で繰り返し述べているように、**陰謀実行の最大の難しさは、参加者を増やせば、情報が漏洩《ろうえい》するリスクが高まる点にある。**明智光秀《あけちみつひで》と異なり、石田三成には徳川家康を打倒するだけの兵力がないので、有力大名との事前提携は必須《ひっす》であるが、最小限に抑えるに越したことはない。

前述の通り、布谷陽子《ぬのやようこ》氏は七月十五日上杉景勝宛て島津義弘《しまづよしひろ》書状を根拠に、石田三成が大坂奉行衆や島津義弘・上杉景勝らと早い段階から提携していたと主張している（二八七頁を参照）。しかし既に論じたように、右文書は偽文書の疑いがある。上洛した島津義弘の軍勢は千人にも満たず、彼が打倒徳川家康の謀議に積極的に関与することはあり得ない。義弘が八月に本国に送った書状などを読んでも、家康を殊更に敵視している雰囲気は感じられない。なお桐野作人《きりのさくじん》氏も義弘の積極関与には否定的である。

実際に石田三成が事前に密約を結んでいたのは、毛利輝元《もうりてるもと》・宇喜多秀家《うきたひでいえ》・大谷吉継《おおたによしつぐ》ぐらいだろう。この三人の協力を得られれば、それなりの規模の蜂起が可能であり、諸大名を糾合する核になり得る。大坂三奉行との事前提携はなかったと考えられるので、当然、島津義弘・上杉景勝らとの接触も決起後であろう。

石田三成と上杉景勝との間で事前に謀議があったと考えられてきたのは、三成らが決起することを知らずに、景勝が徳川家康を挑発するはずがない、という予断が研究者にあったからである。確かに三成との同盟もなく家康を挑発するのは、後世の我々からは自殺行為に思える。

けれども、徳川家康による迅速かつ大規模な会津征伐軍編成は、上杉景勝・直江《なおえ》兼続にとって想定外だったと思われる。加賀《かが》の前田《まえだ》利長《としなが》討伐と異なり、会津征伐は大遠征である。石田三成ら反家康勢力が残存する中、家康が畿内を長期間空けられるはずがない、というのが常識的な判断だろう。事実、水野《みずの》伍貴《ともき》氏が指摘するように、家康が畿内を離れることで政変が発生することを予期した大名も少なくなかったのである。家康が反家康勢力を過小評価した結果、会津征伐は断行されたが、前年に会津に帰国し、その後の家康の権力拡大を十分に認識していなかった景勝にそこまで読み切るのは不可能だったと言って良い。

したがって、石田三成と上杉景勝・直江兼続の間に具体的な密約があったとは考えられない。実際、三成の期待に反し、景勝は関東に進攻せず、奥羽・越後《えちご》の制圧を優先した。上方の三成らと奥羽の景勝とで関東の家康を挟撃するという西軍の戦略は破綻《はたん》し、家康の西上を許した。これが西軍敗北の一因となった。「事前協議しなくても上杉は足止めの役割を果たしてくれるはず」と考えた三成は、明智光秀と同じ過ちを犯したと言えよう。

直江兼続が意図的に徳川家康を挑発し、家康を奥羽におびき出す。その隙に石田三成が挙兵する。だが、それこそが家康の思う壺《つぼ》であり、三成・兼続は家康の掌《てのひら》で踊らされた――こういう虚々実々の謀略戦はフィクションとしては面白いが、現実の歴史とは異なる。勝負というものは、双方が多くの過ちを犯し、より過ちが少ない方が勝利するのである。

終章　陰謀論はなぜ人気があるのか？

第一節　陰謀論の特徴

因果関係の単純明快すぎる説明

本書では、日本中世における様々な陰謀・政変を紹介すると共に、それらの真相を解き明かしたと称する荒唐無稽《むけい》な陰謀論の数々を取り上げてきた。では、そもそも陰謀論とは何だろうか。

もともと「陰謀論」という言葉は新語なので、明確な定義はない。本書では、**「特定の個人ないし組織があらかじめ仕組んだ筋書き通りに歴史が進行したという考え方」**と定義しておく。言い換えるなら、「陰謀の発案者は一〇〇％完璧《かんぺき》に未来を見通すことができる完全無欠の天才（超能力者？）である」という発想が陰謀論の根底にある。

南京《ナンキン》虐殺事件の犠牲者数の検証などの昭和史研究で著名な秦郁彦《はたいくひこ》氏によれば、陰謀論は以下の特徴を有するという。第一に**「因果関係の単純明快すぎる説明」**である。ある出来事が起こった時、実際には複数の要因があるのに、一要因に単純化して説明するのである。

例の「田母神《たもがみ》論文」で有名になった「コミンテルン陰謀説」はその典型だろう。コミンテルンとはコミュニスト・インターナショナルの略称で、世界各国の共産主義政党が集まった国際組織のことだが、スターリン時代にはソ連共産党の下請け的存在になっていた。航空幕僚長（当時）の田母神俊雄《としお》氏は、アメリカ財務省の特別補佐官で戦後にソ連のスパイの容疑をかけられたハリー・ホワイトが「日本に対する最後通牒ハル・ノートを書いた張本人」で、「ルーズベルト大統領の親友であるモーゲンソー財務長官を通じてルーズベルト大統領を動かし、我が国を日米戦争に追い込んでいく」と主張した。日独に挟撃されることを恐れたソ連が、日本がアメリカと戦うよう、ホワイトを通じて仕向けたというのである。

しかし、そもそもアメリカの対日外交を担当しているのは国務省（国務長官はコーデル・ハル）である。対日最後通牒《つうちょう》ハル・ノートはモーゲンソーの私案も参照しているが、基本的には国務省で作成したものである。

しかもホワイトが起草したモーゲンソー私案には、排日移民法の廃止や二十億ドルの対日借款など日本に宥和《ゆうわ》的な条項が含まれていた（ハル・ノートにはない）。ここには、ドイツと戦うイギリスへの支援が最優先課題である現状において、日本を過度に刺激することは得策でないというアメリカ政府内の対日宥和派の意思が反映されている。ハル・ノートではなくモーゲンソー私案が日本に提案されていたら、日米戦争は回避されていたかもしれない。これはコミンテルン陰謀説の大きな矛盾である。

ゾルゲ事件に見られるように、ソ連が諜報《ちょうほう》活動や謀略を行ったことは事実である。しかしホワイトと接触したソ連の元工作員のビタリー・グリゴリエッチ・パブロフは、ＮＨＫの取材に対し「ホワイトとは一度会っただけで、彼はソ連のエージェントではない」と明言している。ソ連にアメリカを操る力などない以上、コミンテルンが日米を戦争に導いたという説は牽強付会《けんきょうふかい》と言わざるを得ない。

本書で検討した事例で言えば、応仁《おうにん》の乱における日野富子《ひのとみこ》悪女説も**「因果関係の単純明快すぎる説明」**である。応仁の乱は、将軍家の後継者問題、細川《ほそかわ》氏と山名《やまな》氏との権力争い、畠山《はたけやま》氏の家督争い、斯波《しば》氏の家督争いなど、様々な要因が絡み合って半ば偶発的に勃発《ぼっぱつ》した。これを「全て日野富子が悪い！」と単純化してしまうのである。

論理の飛躍

第二に、**「論理の飛躍」**である。状況証拠しかないのに、自分の思いだけで「きっとこうするだろう」、「こうであったに違いない」など憶測や想像で話を作っていくのだ。憶測の上に憶測を重ねていけば、それはもはや連想ゲームでしかない。ユダヤ陰謀論はこの典型で、トロツキーらロシア革命指導者にユダヤ人が多く含まれていることを理由に、ロシア革命をユダヤ人の陰謀と説く者もいる。

ユダヤ陰謀論に近い構造を持つ日本中世の陰謀論というと、第六章で取り上げた本能寺《ほんのうじ》の変イエズス会黒幕説が真っ先に挙げられよう。立花京子《たちばなきょうこ》氏は「織田信長《おだのぶなが》とイエズス会は交流があった」「イエズス会の本国であるスペイン・ポルトガルには鉄砲・大砲などの軍事技術があった」という事実から、「イエズス会が信長を天下人にするため、軍事技術を提供した」という結論へ飛躍してしまう。

また立花氏は、イエズス会宣教師ルイス・フロイスが著書『日本史』において、織田信長は自己を神として礼拝するよう人々に命じたため造物主デウスの怒りを買って滅亡したという記述に着目した。着目するのは良いのだが、なんと立花氏は、デウスが信長を殺したというのは喩《たと》えであり、イエズス会が信長抹殺を決定したことを右の記述は意味している、と主張したのである。これはまさに論理の飛躍である。イエズス会が本能寺の変の黒幕であることをフロイスが暗に仄《ほの》めかした理由は全く説明されていない。常識的に考えれば、思考の方向は逆である。天下人目前だった信長が非業の死を遂げるという、想像を超える事態が発生したからこそ、宣教師であるフロイスは「信長はデウスを信仰していなかったから天罰が下った」と解釈したのである（既述の通り、自己神格化うんぬんはフロイスの脚色と思われる）。

徳川家康《とくがわいえやす》黒幕説にも、この種の論理の飛躍が見られる。前述の通り、明智憲三郎《あけちけんざぶろう》氏の仮説は、織田信長が明智光秀《あけちみつひで》に徳川家康を討つよう命じたところ、信長の政策に不満を持っていた光秀は家康と手を結び、逆に信長を殺した、という**「立場の逆転」**説である。

この説の傍証として、明智氏は、本能寺の変直前の信長のある行動に注目する。すなわち「信長は六月一日に本能寺でも、公家衆にわざわざ「六月四日に中国へ出陣する」と語っている。これも家康を欺《あざむ》くためのカムフラージュであろう。このとき信長本人は中国に出陣するつもりはなかったのだ」というのである。

織田信長が公家《くげ》衆に中国出陣の日程を伝えたのは、徳川家康に「信長は中国に出陣する」と思い込ませるためである、という明智氏の推理の根拠は乏しい。氏が提示した根拠は、『惟任退治記《これとうたいじき》』を読む限りでは信長の出陣はまだ決定事項ではなかったように思える、という一点に尽きる。

明智氏は「おそらく『惟任退治記』には、秀吉が信長から実際に指示を受けた状況がそのまま書かれているのであろう」と説くが、これも明智氏の憶測でしかない。より信頼性の高い史料である『信長公記《しんちょうこうき》』に従い、信長の出陣は決定していたと考えるべきである。仮に『惟任退治記』の記述が事実を正確に反映したものだとしても、中国に出陣するつもりがない信長が、秀吉に中国出陣の可能性を伝えるのは不自然だろう。したがって、カモフラージュというのは氏の想像（妄想？）でしかない。

おそらく明智氏は、なぜ語る必要がなさそうなことを「わざわざ」語ったのかと考え、カモフラージュという結論に飛躍したのだろう。だが当時、天下人である織田信長が上洛するたびに、京都の公家衆は信長の歓心を買うため、ご機嫌伺いをしていた。実際、この時も多くの公家が出陣祝いのため本能寺を訪れているのである。「六月四日に中国へ出陣する」という情報は、つまり「それまでは京都に滞在する」という意味である。信長から「六月四日出陣」と聞いた公家は、まだ出陣祝いに行っていない知り合いの公家にこの情報を伝え、「明日か明後日《あさって》に行った方がいいよ」と促しただろう。だから信長は「わざわざ」語ったのである。妙な裏を読む必要はないのだ。

結果から逆行して原因を引きだす

第三に、**「結果から逆行して原因を引きだす」**である。本書で縷々《るる》指摘したように、

「事件によって最大の利益を得た者が真犯人である」というテクニックは陰謀の犯人を捜す上でそれなりに有効である。だが、やりすぎると珍妙な陰謀論になる。

日中戦争についても、日本軍との戦いで疲弊した国民党政権（蔣介石《しょうかいせき》）を国共内戦で中国共産党（毛沢東《もうたくとう》）が打倒して中国全土を統一したため、「日中戦争は日本と蔣介石を争わせるために中国共産党が仕組んだ！」と唱える人は少なからずいる。こういう人々の目には、日本側が積極的に戦線を拡大していった事実は映っていないようである。

中世の話で言えば、第六章で紹介した「本能寺《ほんのうじ》の変の黒幕は豊臣秀吉《とよとみひでよし》」などは、結果から逆算した珍説の代表例と言える。陰謀論者は「棚からボタ餅《もち》」ということは絶対に起こらないと確信しており、受益者の陰謀を見出《みいだ》そうとするのである。

後世の人間は結果を知っているから、「勝者は明確な目標を設定しており、その目標を実現するために全てを計算しており、事前に立てた作戦通りに行動していたにちがいない！」と考えがちである。第七章で論及した徳川家康《とくがわいえやす》が石田三成《いしだみつなり》を挑発したという説も、家康は全てを見通していたという理解を前提にしている。

しかし、当時を生きていた人は未来を知らないので、試行錯誤するのが普通である。前章で論じたように、「内府ちがいの条々」で窮地に追い込まれた徳川家康は毛利輝元《もうりてるもと》との和睦《わぼく》を模索しており、会津《あいづ》征伐の目的が反家康勢力の一斉決起を促すことにあったとは思えない。

家康が決戦しか考えていなかったという主張は、結果からの逆算でしかない。

この**結果からの逆算**は、やろうと思えば、いくらでも遡《さかのぼ》らせることができる。**「起点を遡ることで宿命的な対立を演出する」**のも陰謀論者の常套《じょうとう》手段である。秦郁彦《はたいくひこ》氏は「ある結果をもたらした原因は多岐にわたり軽重の順位をつけにくい。しかも対象期間を長くとるほど間接的な因果関係が混入して、「風が吹けば桶屋がもうかる」式の説明法が可能になってしまう。実際に陰謀史観の多くは、好みの事象を見つけようと起点を百年ぐらい前までさかのぼらせるのは珍しくない」と述べている。

秦氏がその典型として挙げているのが、藤原正彦《ふじわらまさひこ》氏の『日本人の誇り』である。藤原氏はペリー来航（一八五三年）から大東亜戦争を経て米軍による占領が公式に終わったサンフランシスコ講和条約の発効（一九五二年）までの百年を「百年戦争」と定義し、ペリー来航の頃からアメリカは日本を支配しようと考えており、種々の陰謀をめぐらせてきたと主張している。

だが、中学・高校レベルの歴史知識さえ有していれば、日米は対立し続けていたわけではなく、友好的な時期も長いことにすぐ気づくだろう。近年の研究で指摘されているように、対日戦を決意したルーズベルト大統領にも日米交渉に期待を持っていた時期があった。藤原氏は対立点だけを強調することで、「アメリカは最初から最後までずっと日本を敵視していた」と陰謀論に誘導しているのである。

本書で扱った事例から探すと、源《みなもとのよりとも》頼朝・義経《よしつね》兄弟の対立が挙げられよう。養和元年（一一八二）七月二十日、鶴岡若宮宝殿《つるがおかわかみやほうでん》上棟式典で、頼朝は義経に大工に褒美として与える馬を引くよう命じた。義経がこれを嫌がると頼朝が叱責《しっせき》し、義経が恐怖して直ちに馬を引いた。頼朝の弟として特別扱いを望む義経、義経も家臣の一人であるという頼朝、両者の認識の違いを示す逸話として良く知られている。

こういったエピソードを強調することで、頼朝・義経兄弟が当初から対立しており、決裂は不可避であったかのように説く人もいるが、〈昔から二人の間に摩擦があった→二人の対立は宿命的なもの→頼朝は最初から義経を排除しようとしていた〉というのは、結果からの逆算にすぎないことは第二章で論じた。頼朝は平氏滅亡後、後白河法皇に接近する義経への不信感を強めたが、すぐに粛清を考えたわけではなく、最初は平和的に義経を取り込むことを目指していた。

挙証責任の転嫁

陰謀論者は挙証責任を批判者側に転嫁することが多い。分かりやすい例を挙げると、ＵＦＯはいるという人間が、いないという人間に対して「ＵＦＯが存在しないということを証明せよ！」と迫るのである。俗に言う**「悪魔の証明」**である。陰謀論が一〇〇％成り立たないことを証明することは非常に困難なため、陰謀論はしぶとく生き残る。

陰謀論は明確な証拠に立脚していない。このため、当然ながら「史料的根拠がない」と批判される。これに対して陰謀論者は、証拠となる史料が廃棄された、あるいは隠蔽《いんぺい》されている、などと弁明することが多い。南京《ナンキン》虐殺事件が虚構であることは中国共産党の一党独裁が崩壊し情報公開されれば確定する、などといったムチャクチャなことを言う人もいる。

立花京子《たちばなきょうこ》氏は、豊臣秀吉《とよとみひでよし》がイエズス会と提携していたことを示す明確な史料的根拠がないという批判に対し、イエズス会の力を借りて天下を取ったという真実を知られたくない秀吉が関係を示す史料を隠滅してしまったと考えられる、と反論している。この論法が認められるなら、どんな奇説珍説も成立してしまう。

また家康《いえやす》黒幕説の明智憲三郎《あけちけんざぶろう》氏は「信長、家康、光秀の『歴史』は、すべて秀吉の捏造だった！」と主張している。時の権力者である秀吉が、自分に都合の良いストーリーを組み立て、それに合わせて様々な文献の書き換えを行ったため、我々は真実を見失ったというのである。

確かに、「歴史は勝者が作る」ものであり、勝者による歴史の改竄《かいざん》は珍しくない。だが明智氏の場合、自説に都合の悪い史料について「秀吉が書き換えた」と言っているだけである。

もしそう主張したいなら、文献の書き換えが行われたことを証明すべきだが、そこをごまかして「通説はおかしい！　納得できない!!」と先行研究を非難するのである。

たとえば明智氏は、『惟任退治記《これとうたいじき》』が明智光秀《みつひで》の怨恨《えんこん》と野心を詳述し、光秀の単独犯行を強調しているのは、豊臣秀吉による情報操作だと主張する。秀吉は光秀と徳川《とくがわ》家康の共謀を知りながら、あえてその事実を公表しなかったのだという。なぜなら秀吉にも明智光秀謀反を察知していたにもかかわらず、わざと見逃したという後ろ暗い部分があったから——。まるで実際に見てきたかのような説明だが、明智氏の議論は一事が万事、この調子である。

歴史家は限られた現存史料を通じてしか過去に接近することができない。そして当然のことながら、残されている史料より失われた史料の方が遥《はる》かに多い。よって、どんなに綿密に構築された歴史学説にも弱点はある。その弱点を突くだけなら意外に簡単なのである。

陰謀論者は自説が想像の積み重ねであるのを棚に上げて、他人の説を「推測にすぎない」「確実な証拠がない」と攻撃する。歴史学は「確からしさ」を競う学問なのに、彼らは自説が一〇〇％正しいと信じて疑わない。その時点で、彼らに歴史研究者を名乗る資格はないのである。

第二節　人はなぜ陰謀論を信じるのか

単純明快で分かりやすい

人はなぜ陰謀論を信じるのか。これは**「因果関係の単純明快すぎる説明」**という陰謀論の特徴に負うところが大きい。陰謀論はしばしば大事件の要因を一つに絞る。そして一つの要因に絞ることで、複数の要因に言及する通説よりも分かりやすくなるのだ。

一例を挙げよう。第一次世界大戦末期のドイツは継戦能力を失っていたが、まだドイツ領に連合国が侵攻してくる状況ではなかった。しかも連合国の一角であるロシアで革命が起こり、ソ連が成立すると、レーニンは早期終戦を望み、一九一八年三月にドイツと講和条約を結んだ。このブレスト＝リトフスク条約では、ソ連はドイツに領土を割譲しており、この時点では自国の勝利を信じるドイツ国民は少なくなかったのである。

ところが同年十一月にドイツのキールで水兵らが反乱を起こすと、各地で暴動が相次いだ（ドイツ革命）。ドイツ皇帝ヴィルヘルム二世はオランダに亡命し、新たに発足したワイマール共和国が連合国と休戦協定を結び終戦となった。勝っていると思っていたら、突然敗者の位置に立たされたドイツ国民は敗戦の理由を探し始めた。結果、行き着いたのが「ユダヤ人や共産主義者が革命を扇動したからドイツは負けたのだ」という単純明快な陰謀論である(「背後の一突き」)。そして、この陰謀論がナチス台頭の土壌となったのである。

応仁《おうにん》の乱に関する議論でも同様のことが指摘できよう。『応仁記』が説く日野《ひの》富子《とみこ》悪女説は、単純明快であるがゆえに広く世間に浸透し、現代に至ったと考えられる。あれこれ勉強したり考察したりしなくても、簡単に理解できる説明だからこそ、陰謀論は好まれるのだ。

陰謀論の**「結果から逆行して原因を引き出す」**という特徴も、陰謀論の分かりやすさに大きく寄与している。結果から逆算するということは、原因と結果を直線的につなげることに他ならない。そこには紆余《うよ》曲折、すなわちプレイヤーの迷いや誤断はない。

関ヶ《せきが》原《はら》の家康《いえやす》神話はその典型である。徳川《とくがわ》家康が毛利《もうり》輝元《てるもと》・石田《いしだ》三成《みつなり》らと対立したという原因と、家康が関ヶ原の戦いで勝利したという結果がある。これを一直線につなぐと、家康が最初から反家康勢力の一掃という陰謀をたくらみ、計画通りに三成らを倒した、という筋書きになる。大規模な反家康勢力の決起に家康が驚き、和睦を模索した時期もあったと考えるよりも分かりやすいことは自明であろう。ゆえに、歴史に詳しくない大多数の人の支持を得やすいのである。

「歴史の真実」を知っているという優越感

近代以降に成立した陰謀論は、やたら大げさで通説を全否定する傾向がある。田母神《たもがみ》氏は現在の日本の歴史教育は「自虐史観」であると全否定する。昨年亡くなった英語学者の渡部《わたなべ》昇一《しょういち》氏も田母神論文について「文科省検定の日本史の教科書よりははるかに正しい」と評価している。田母神論文がアパグループ主催の第一回『「真の近現代史観」懸賞論文』（傍点は筆者が付した）の最優秀賞を受賞したことは、これを象徴している。

明智憲三郎《あけちけんざぶろう》氏も自著に『本能寺の変　四二七年目の真実』『本能寺の変　４３１年目の真実』と名付け、「四百三十年に渡って誰からも聞いたことがない答」「真実を知っていただきたいと思って書いた」と主張している。過去を復元することの困難さを知る歴史学者は安易に「真実」という言葉を使わないのだが、陰謀論者は乱発する。陰謀論者にとって陰謀論こそが「真実の歴史」なのであり、世間一般で信じられている歴史像は偽りの歴史ということになる。

また彼らは妙に使命感が強い。立花京子《たちばなきょうこ》氏は「私をして永年研究をつづけさせている力は、謎解きの面白さは別として、私が着想した仮説を論証して公にしなければ、私たちは真実と違う話を、自国の歴史としていつまでも受容することとなる恐れであります。過去から先祖の経験を学び、未来の誤りを未然に防ぐために、歴史をより真実に近く共通に認識することが、私たちにとってまず必要なことだと思います」と述べている。

明智氏も、明智光秀《みつひで》の怨恨や野望を強調する通説は歴史を面白おかしくとらえた「三面記事史観」にすぎないと批判し、「大きな歴史の構図を見失った三面記事史観からは何も学ぶことはできない。戦国時代の本当の歴史に学ぶことによって何かが見付かるはずだ」と熱弁をふるっている。そして、光秀が織田信長《おだのぶなが》の唐入りを阻止するために本能寺《ほんのうじ》の変を起こしたという自身の仮説から、豊臣秀吉《とよとみひでよし》の朝鮮出兵、そして近代日本の「唐入り」（中国大陸侵攻）へと議論を展開し、壮大な歴史観を提示している。明智説は日本の軍国主義に対する批判と結びついており、啓蒙《けいもう》的・教訓的な要素を持っているのだ。

詐欺師的な陰謀論者もいることはいるが、多くの陰謀論者は自説を「歴史の真実」と確信し、真実を人々に伝えるために著書を発表している。これはもはや布教活動であり、自身の正しさを信じ切っているために、通説の全否定に傾くのである。この自信満々な口調に呑《の》まれてしまう読者は多い。

レストランの裏メニューやゲームの裏技がなぜ人気があるかといえば、自分が他の一般人とは違う特別な存在であるという優越感をもたらすからだろう。藤岡信勝《ふじおかのぶかつ》・自由主義史観研究会『教科書が教えない歴史』、井沢元彦《いざわもとひこ》『井沢元彦の教科書には載らない日本史』など、「教科書には書いていない真実の歴史」を売りにする書籍は多い。

陰謀論も、表の歴史、公式的な歴史とは異なる裏の歴史、真実の歴史という触れ込みがあるからこそ、人気を博す。「教科書の記述を盲信する一般人と違って、私は歴史の真実を知っている」という自尊心を陰謀論は与えてくれるのだ。まして、前述のように、陰謀論は教科書的な歴史像より単純明快で分かりやすいことが多い。歴史の勉強をせずとも簡単に理解できて、かつ周囲の人間に対して優越感を抱けるなら、これほどコストパフォーマンスが良いものはないだろう。

インテリ、高学歴者ほど騙されやすい

さて、右派が稚拙な陰謀論に引っかかる様を、左派の知識人は揶揄嘲笑《やゆちょうしょう》しがちである。けれども、頭が悪いから陰謀論を信じてしまうとは、必ずしも言えない。教養があるインテリが陰謀論に騙《だま》される例は枚挙に暇《いとま》ない。

戦前日本のユダヤ陰謀論の代表格に四王天延孝《しおうてんのぶたか》がいる。四王天は陸軍大学校を卒業し陸軍中将にまで昇ったエリート軍人である。しかし四王天はシベリア出兵従軍中にユダヤ陰謀論に感化されてしまい、ロシア革命はユダヤ人の陰謀と本気で信じるに至った。そして『シオン賢者の議定書』（ユダヤ人による世界征服計画を記したとされるもの。反政府運動に悩む帝政ロシアが民衆の不満をユダヤ人に向けさせるために作成した偽書）の邦訳をはじめ、ユダヤ陰謀論

に関する多数の著作を発表している。ヒトラーが台頭すると四王天はこれを歓迎し、ユダヤに支配された米英ソの打倒を叫ぶようになる。四王天はフリーメイソン陰謀論にもはまり、蔣介石《しょうかいせき》やルーズベルトはフリーメイソンであると主張している。

一方、安江《やすえ》仙弘《のりひろ》のように、ユダヤ人保護に奔走した軍人もいた。安江の行動は賞賛に値するが、安江がユダヤ人に同情的だったのは、「日ユ同祖論」（日本人とユダヤ人は本来同じ民族であったという考え）という珍説を信じていたことも影響している。日本人はたとえインテリであってもユダヤ人に関する正確な知識を欠いているので、ユダヤ人陰謀論にせよ、日ユ同祖論にせよ、奇説珍説に惑わされやすいのである。

偽史研究者の原田実《はらだみのる》氏は「自分の情報収集能力や知的能力に自信のある人ほど、初めて聞く話や、考えもしなかったような話が出てくる本を過大評価してしまう傾向がある」と指摘している。ユダヤ陰謀論、フリーメイソン陰謀論、日ユ同祖論、それから「源 義経《みなもとのよしつね》＝ジンギスカン」説など、有名な陰謀論・トンデモ説は戦前の段階で既に出揃っている。オカルト・偽史マニアならば、「ああ、またそのネタか」と一笑に付す。だが、こういった荒唐無稽な説は、インテリが普段読むようなまともな本には出てこない。だから、たまたま目にすると、とても斬新《ざんしん》で画期的な説に映り、コロッと騙されてしまうのである。オカルト色の強い教義を持つオウム真理教に多くの高学歴者が引き寄せられたのも、このためだろう。

第六章で述べたように、本能寺《ほんのうじ》の変家康《いえやす》黒幕説は、明智氏の独創ではなく、以前から幾人かによって唱えられている。だが単なる歴史愛好家だと、本能寺の変の論争史を詳細に把握してはいない。結果、「四百三十年に渡って誰からも聞いたことがない答」という煽《あお》り文句を鵜呑《うの》みにしてしまう。カリスマ予備校講師の出口汪《でぐちひろし》氏も、明智氏の説を「様々な史料を駆使し、既成の歴史をひっくり返した衝撃の書。新しい歴史の始まり」と激賞していた。

疑似科学との類似性

このように見ていくと、陰謀論と疑似科学の類似性に気づかされる。疑似科学とは、科学的な装いを備えつつ、実際には科学的根拠を有さない理論を指す。科学と疑似科学の境界は実のところ曖昧《あいまい》であるが、ここでは「〇〇さえ食べれば、ガンは治る！」といった露骨にインチキなものだけを対象にする。アメリカの心理学者テレンス・ハインズ氏によれば、疑似科学は以下の特徴を持つという。

第一に、反証不可能性である。カール・ポパーは反証されえない理論は科学的ではないと論じているが、疑似科学は反証を拒絶しており、ゆえに科学と似て非なるものである。彼らは実験によって否定されても「実験のやり方に問題があった」などと言い訳をして、決して自分たちの誤りを認めないのである。

第二に、検証への消極的態度である。疑似科学の根拠となっているデータなどは、たいてい非公開の実験によって得られたものである。疑似科学の批判者が公開実験などを要求しても、彼らは色々と理由をつけて断ってしまう。疑似科学と言えるか微妙だが、STAP細胞論争で、STAP細胞の作製に成功したと称する小保《おぼ》方《かた》晴子《はるこ》氏が、懐疑派から公開の場での再現実験を求められても応じなかった事例を思い浮かべると理解しやすいだろう。

ちなみに明治末の千里眼事件（御船《みふね》千鶴子《ちずこ》や長尾《ながお》郁子《いくこ》らの透視能力に関する真贋《しんがん》論争）では数度の公開実験によって、千里眼がイカサマであることが明らかになった。以後、日本では超能力の有無が公開実験で検証された事例はない。

第三に、立証責任の転嫁である。本来、疑似科学の主張者が自説の正しさを科学的に証明しなければならないが、疑似科学の側は「私の説が成り立たないことを証明しろ」と批判者に要求する。

既に論じたように、こうした特徴は陰謀論も有する。陰謀論者は自説が間違っている可能性を認めない。また決定的史料の発掘・公開に不熱心である。

一例を挙げる。「信長は南欧勢力から援助を受けて全国制覇を遂行していた」という立花《たちばな》京子《きょうこ》氏の説は、氏自身が認めるように「確かな史料的証拠が得られていない」。どう贔屓《ひいき》目に見ても、状況証拠からの推測でしかない。

であるならば、決定的な証拠となる新史料の発見が最優先されるべきであろう。イエズス会関係史料の中には活字化されていないもの、日本語訳されていないものも少なくない。そういった史料を博捜すれば、もしかすると「信長は南欧勢力から援助を受けて全国制覇を遂行していた」ことを示す決定的な物証が出てくるかもしれない。

けれども、生前の立花氏がそのような努力をしていた形跡は見られなかった。南欧勢力の介入によって日本社会が中世から近世に移行した、などという気宇壮大な説を提起する以上、ポルトガル・スペイン・イタリアなどでイエズス会関係史料を調査する必要があると思うが、立花氏が利用した史料はルイス・フロイスの『日本史』など以前から良く知られたものだけだった。朝廷黒幕説の頃は『日々記《にちにちき》』を丁寧に読み解くといった地道な努力を厭《いと》わなかった立花氏が、実証的な研究手法を捨てて思いつきに走ってしまったのは残念である。

陰謀論者は追加調査によって自説を補強するより、むしろ通説の揚げ足取りや、批判者への攻撃に向かう。ひどい人になると、「自分の説が定説にならないのは、真実を隠蔽しようとする人たちがいるからだ」と新たな陰謀論を作ったりする。

本能寺《ほんのうじ》の変に黒幕がいようと、黒幕が誰であろうと、私たちの日常生活に支障はない。しかし、効果が疑わしい高額なガンの民間療法に引っかかったら人生の破滅である。陰謀論への耐性を身につけることは、疑似科学を利用した悪徳商法を見抜く上でも役に立つと思う。

専門家の問題点

歴史的事件に関する陰謀論が後を絶たないのは、歴史学界にも責任がある。原田実《はらだみのる》氏は、「研究者には世間でどのような話題がはやっているかについても無関心な人が多いし、専門家集団内部ではそれが称賛の対象にすらなる」と、陰謀論やトンデモ説の跳梁跋扈《ちょうりょうばっこ》への問題意識が希薄なアカデミズムの世界を批判している。

私の属する日本史学界の場合、世事に疎くひたすら研究に打ち込んでいる人を殊更に褒《ほ》め讃《たた》えるということはないように思うが、そういう学問一筋の人に畏敬《いけい》の念を払う空気があるのは事実である。本書冒頭でも触れたが、本能寺《ほんのうじ》の変や坂本龍馬《さかもとりょうま》暗殺などについて日本史学界は「ああいうので盛り上がるのは素人」という態度をとっている。アカデミズムの歴史研究者がそんなテーマを扱おうものなら、「マスコミ受けを狙ったスタンドプレイ」とバカにされる。いきおい、専門家は陰謀論には近づかなくなる。おそらく本能寺の変の様々な陰謀論を網羅的に把握し論点整理ができている人は、日本中世史学界においても少数派だろう。

世間で流行している陰謀論の存在を認識していても、専門家はあえて否定しようとはしない。一目で荒唐無稽と分かるような話の間違いを証明しても、学界では研究業績にならないからである。私の知る限りでは、明智憲三郎《あけちけんざぶろう》氏の家康《いえやす》黒幕説を批判しているアカデミズムの研究者はゼロである。藤本正行《ふじもとまさゆき》氏のような在野の歴史研究者しか明智氏を批判していない。立花京子《たちばなきょうこ》氏の研究にしても、本能寺の変朝廷黒幕説に対しては歴史学界の人間が批判を加えているが、イエズス会黒幕説は批判されていない。これはイエズス会黒幕説に非の打ち所がないからではなく、荒唐無稽すぎるため誰も相手にしなかったのである。

陰謀論ではないが、類似の現象として『東日流外三郡誌《つがるそとさんぐんし》』事件を紹介しておこう。『東日流外三郡誌』は、青森県五所川原《ごしょがわら》市在住の和田喜八郎《わだきはちろう》（一九二七〜一九九九）が、自宅を改築中に屋根裏から落ちてきた長持ちの中に入っていたとして一九七〇年代に紹介した歴史書である。そこには、古代の津軽《つがる》を拠点に大和《やまと》朝廷と敵対し続けた荒覇吐（アラハバキ）族の歴史が綴《つづ》られていた。その記述は古事記や日本書紀にも記されていない独自のものであり、もし事実なら大発見である。

しかし考古学的調査との矛盾、史料中に登場する用語の新しさ、発見状況の不自然さなどから、現在では偽書との評価が確定している。偽書の作成者は筆跡から、和田喜八郎その人と考えられている（偽書説が強くなってからは、和田は公開したのは原本ではなく自分が書写したものだと主張しだした）。

ところが、和田の巧みな売り込みもあり、青森県北津軽《きたつがる》郡市浦《しうら》村（平成の大合併により消滅）が一九七五年に同書の一部を『市浦村史 資料編』として刊行した。村史編纂《へんさん》室でも同書を疑問視する声があったようだが、「真偽の評価は読者に委《ゆだ》ねる」ということで刊行したという。結果的に『東日流外三郡誌』は公的機関のお墨付きを得た形になり、大和朝廷によって存在を抹消された幻の東北王朝について記した歴史書として、オカルト雑誌のみならず一部のマスコミからも持てはやされた。

この『東日流外三郡誌』の真贋論争は基本的に在野の歴史研究者によって担われた。アカデミズムの歴史研究者はほぼ無視していた。

偽書派の安本美典《やすもとびてん》氏が編集する『季刊　邪馬台国』五二号（一九九三年）に日本古代史研究者の小口雅史《おぐちまさし》氏（当時、弘前大学人文学部助教授）が「『東日流外三郡誌』をどうあつかうべきか　近時の論争に寄せて」という論考を寄せている。そこで小口氏は「地元紙の投書欄には、なぜ弘前大学国史学研究室が、この書を本格的に取り上げないのかという批判すら載ったこともあった。しかし私たち研究者は、人の一生という、限られた時間の中で研究生活を送っている。研究に取り組まなければいけないこと、明らかにしなければいけないことは非常に多い。そのさい、研究して史料としての利用価値があると判断されるものならば、もちろん、時間を割いて研究し、おおいに学問の進展に寄与させる必要がある。しかしわざわざそれを否定するために研究することは、およそ時間の無駄でしかない。この手のものは黙殺するのが学界の常識である」と述べている。要するに偽書であることは一見して明らかだったので、わざわざ取り上げなかったというのである。

私も日本史学界の片隅に籍を置く身なので、小口氏の気持ちは痛いほど分かる。一見して偽物と分かる史料、論ずるに値しない珍説トンデモ説は、いちいち批判せずに黙殺すべきだ、これは小口氏の個人的な意見というより、日本史学界の共通認識であろう。だが、全ての日本史研究者が「時間の無駄」と考えて無関心を決め込めば、陰謀論やトンデモ説は致命傷を負うことなく生き続ける。場合によってはマスコミや有名人に取り上げられ、社会的影響力を持つかもしれない。誰かが猫の首に鈴をつけなければならないのだ。それが、本書を著した理由である。

あとがき

本書刊行のタイミングから、「ははあ、『応仁の乱』(中公新書)が売れたので、慌てて次の本を出したのだな」と思う人がいるかもしれない。だが実は、本書の構想を練り始めたのは『応仁の乱』とほぼ同時期である。担当編集者の岸山征寛《きしやまゆきひろ》氏と定期的に打ち合わせ(という名のお茶会、飲み会)を行うようになったのは、二〇一四年からなのだ。ただ、執筆にとりかかったのは、『応仁の乱』の方が先である。『応仁の乱』刊行後すぐに書き上げる予定だったが、『応仁の乱』が予想外の大ヒットを記録した結果、取材や講演などの仕事が次々と舞い込んだため、執筆が思うように進まず、岸山氏をずいぶん待たせることになってしまった。

そもそも、なぜ『応仁の乱』を先に書いたかというと、それまでに発表した一般書『一揆《いっき》の原理』(洋泉社、のちちくま学芸文庫)、『戦争の日本中世史』(新潮選書)がかなり軽いタッチであり、学界では眉《まゆ》をひそめる向きもあったからである。この二作に続いて『陰謀』では、売れ筋を狙った軽薄な印象が否めないので、重厚で本格派の（というと聞こえはいいが、要はあまり売れないと推定される）一般書を一冊挟みたいという思惑があった。私的な事情で『陰謀』を後回しにした点、岸山氏に申し訳なく思っている。

本書を執筆した理由は「まえがき」で述べた通りだが、改めてまとめておこう。第一に、本能寺《ほんのうじ》の変などの陰謀絡みの「謎解き」は、歴史にそれほど興味関心がない人でも食いついてくれる話題なので、歴史を教える〝入り口〟としては有用だからである。本書で示したように、陰謀というイロモノめいたものが対象であっても、歴史学の実証的な手法に則《のっと》って研究することは可能である。本書では私の仮説もいくつか提示したが、それらが絶対に正しく他の学者の説は絶対に間違っていると主張する気はない。だが、結論に至る議論の進め方は、奇をてらわず、歴史学の手法を踏み外さないよう心がけたつもりである。本書を通じて歴史学の思考法について理解を深めていただければ、著者として望外の幸せである。

第二に、「歴史上の陰謀の謎を解く」を謳《うた》った粗雑な書籍が書店に氾濫《はんらん》しており、学問的に無価値で学界では相手にされていない奇説珍説が一定の支持を得ていることに、歴史学者として危機感を覚えたからである。特にテレビの歴史バラエティー番組が学問的検証を経ずに珍説を無責任に紹介することが事態を悪化させている。明智憲三郎《あけちけんざぶろう》氏の「本能寺の変の黒幕は徳川家康《とくがわいえやす》」説もテレビで好意的に紹介されたことがあるし、「坂本龍馬《さかもとりょうま》暗殺の黒幕は薩《さつ》摩《ま》藩」というトンデモ説もいまだにテレビで取り上げられている。確かに陰謀研究の場合、事件の全容を解明することは難しく、様々な可能性が想定できることは少なくない。しかしそれは、「成り立つ可能性がゼロではないので、どんな突飛な珍説でも提唱してよい」ということを意味しない。確からしさより面白さ珍奇さを優先するマスコミ・出版界の風潮に釘《くぎ》を刺す必要があると考えた次第である。

第三に、現代日本では、インターネット（特に電子掲示板やSNS）の普及の影響か、陰謀論が以前より力を増しているように思え、これに警鐘を鳴らしたかったからである。右の人は何かにつけて「反日勢力の陰謀」と言い募り、左の人は事あるたびに「安倍《あべ》政権の陰謀」「日本会議の陰謀」と叫ぶ。複雑化する現代社会を陰謀論で説明しようとする知的態度は極めて危うい。けれども、近現代の陰謀論をめぐる論争は現在進行形の政治的対立としばしば結びつくので、感情的になりがちで、冷静な議論を行うのは難しい。右の人に対してコミンテルン陰謀説は成り立たないと論理的に説明しても、なかなか受け入れてもらえないのである。ならば、遠回りではあるが、イデオロギー対立と直接関係のない中世の陰謀を題材に陰謀論のパターンを論じれば、人びとが陰謀論への耐性をつける一助になるのではないか。本書は中世史の本だが、本書で展開した分析方法は、近代史や現代社会を読み解く上でも役立つはずである。

なお本書は、二〇一六年度に立教大学で開講した全学共通カリキュラム「歴史学への招待」の講義内容を基にしている。この科目は文学部学生以外を対象にしていたため、日本史の知識を十分に持たない学生も少なからず受講しており、ピント外れの質問・意見などに困惑させられることもあった。その一方で、常識に縛られない自由な発想に富んだ質問・意見も多々見られ、とても勉強になった。当時の受講生のみなさんにこの場をお借りしてお礼を申し上げたい。

二〇一八年二月十日

呉座《ござ》　勇一《ゆういち》

参考文献

※増補版・文庫版といった形で何度かリニューアルされている本については、基本的に最新の書誌を掲載している。論文も初出時ではなく最新の収録媒体を提示している。副題は省略した。

第一章

川合康『日本中世の歴史3　源平の内乱と公武政権』吉川弘文館、二〇〇九年
河内祥輔『保元の乱・平治の乱』吉川弘文館、二〇〇二年
竹内理三『日本の歴史6　武士の登場』中公文庫、二〇〇四年
橋本義彦『藤原頼長』吉川弘文館、一九八八年
古澤直人「平治の乱における源義朝謀叛の動機形成」『経済志林』八〇―三、二〇一三年
同右「平治の乱における藤原信頼の謀叛」『経済志林』八〇―四、二〇一三年
同右「平治の乱の要因と12月9日事件の経緯について」『経済志林』八〇―四、二〇一三年
美川圭『院政』中公新書、二〇〇六年
元木泰雄『保元・平治の乱』角川ソフィア文庫、二〇一二年

同右「保元の乱における河内源氏」『大手前女子大学論集』二二、一九八八年

第二章

川合康「「鹿ケ谷事件」考」『立命館文学』六二四、二〇一二年
河内祥輔『頼朝がひらいた中世』ちくま学芸文庫、二〇一三年
五味文彦『源義経』岩波新書、二〇〇四年
下向井龍彦『日本の歴史07　武士の成長と院政』講談社学術文庫、二〇〇九年
東島誠「「義経沙汰」没官領について」『遥かなる中世』11、一九九一年
菱沼一憲「源義経の挙兵と土佐房襲撃事件」『日本歴史』六八四、二〇〇五年
同右『源義経の合戦と戦略』角川選書、二〇〇五年
元木泰雄『平清盛の闘い』角川ソフィア文庫、二〇一一年
同右『源義経』吉川弘文館、二〇〇七年
安田元久『後白河上皇』吉川弘文館、一九八六年
山本幸司『頼朝の精神史』講談社選書メチエ、一九九八年

第三章

網野善彦『蒙古襲来』小学館文庫、二〇〇〇年

石井進『日本の歴史7　鎌倉幕府』中公文庫、二〇〇四年
同右『鎌倉びとの声を聞く』日本放送出版協会、二〇〇〇年
奥富敬之『鎌倉北条氏の興亡』吉川弘文館、二〇〇三年
五味文彦『増補 吾妻鏡の方法』吉川弘文館、二〇〇〇年
近藤成一『シリーズ日本中世史②　鎌倉幕府と朝廷』岩波新書、二〇一六年
佐藤進一『日本中世史論集』岩波書店、一九九〇年
高橋慎一朗『北条時頼』吉川弘文館、二〇一三年
永井晋『鎌倉幕府の転換点』ＮＨＫブックス、二〇〇〇年
南基鶴『蒙古襲来と鎌倉幕府』臨川書店、一九九六年
藤本頼人「源頼家像の再検討」『鎌倉遺文研究』三三、二〇一四年
細川重男「「霜月騒動」再現」『ぶい&ぶい』〇一七、二〇一一年
同右『鎌倉幕府の滅亡』吉川弘文館、二〇一一年
同右『北条氏と鎌倉幕府』講談社選書メチエ、二〇一一年
本郷和人『新・中世王権論』文春学藝ライブラリー、二〇一七年
村井章介『北条時宗と蒙古襲来』ＮＨＫブックス、二〇〇一年
山本幸司『日本の歴史09　頼朝の天下草創』講談社学術文庫、二〇〇九年

第四章

市沢哲編『太平記を読む』吉川弘文館、二〇〇八年
岡野友彦『北畠親房』ミネルヴァ書房、二〇〇九年
亀田俊和『足利直義』ミネルヴァ書房、二〇一六年
同右『【実像に迫る】007　征夷大将軍・護良親王』戎光祥出版、二〇一七年
同右『観応の擾乱』中公新書、二〇一七年
川合康『鎌倉幕府成立史の研究』校倉書房、二〇〇四年
河内祥輔『日本中世の朝廷・幕府体制』吉川弘文館、二〇〇七年
佐藤進一『日本の歴史9　南北朝の動乱』中公文庫、二〇〇五年
清水克行『足利尊氏と関東』吉川弘文館、二〇一三年
細川重男「足利尊氏は「建武政権」に不満だったのか?」呉座勇一編『南朝研究の最前線』洋泉社、二〇一六年
峰岸純夫『足利尊氏と直義』吉川弘文館、二〇〇九年
村井章介『中世の国家と在地社会』校倉書房、二〇〇五年

第五章

家永遵嗣「軍記『応仁記』と応仁の乱」学習院大学文学部史学科編『歴史遊学』、二〇〇一年

同右「再論・軍記『応仁記』と応仁の乱」学習院大学文学部史学科編『〔増補〕歴史遊学』、二〇一一年
同右「足利義視と文正元年の政変」『学習院大学文学部研究年報』六一、二〇一四年
末柄豊「応仁・文明の乱」『岩波講座 日本歴史8 中世3』、二〇一四年

第六章

明智憲三郎『本能寺の変 431年目の真実』文芸社文庫、二〇一三年
同右『織田信長 四三三年目の真実』幻冬舎、二〇一五年
池上裕子『織田信長』吉川弘文館、二〇一二年
今谷明『信長と天皇』講談社学術文庫、二〇〇二年
岩沢愿彦「本能寺の変拾遺」『歴史地理』九一―四、一九六八年
小和田哲男『明智光秀と本能寺の変』PHP文庫、二〇一四年
金子拓『織田信長〈天下人〉の実像』講談社現代新書、二〇一四年
同右『織田信長』河出書房新社、二〇一七年
神田千里『織田信長』ちくま新書、二〇一四年
桐野作人『真説 本能寺』学研M文庫、二〇〇一年
同右『だれが信長を殺したのか』PHP新書、二〇〇七年

桑田忠親『明智光秀』講談社文庫、一九八三年
鈴木眞哉・藤本正行『新版 信長は謀略で殺されたのか』洋泉社、二〇一四年
高柳光寿『明智光秀』吉川弘文館、一九八六年
立花京子『信長権力と朝廷 第二版』岩田書院、二〇〇二年
同右『信長と十字架』集英社新書、二〇〇四年
谷口克広『検証 本能寺の変』吉川弘文館、二〇〇七年
徳富蘇峰『近世日本国民史 織田信長』講談社学術文庫、一九八〇—一九八一年
藤田達生『本能寺の変の群像』雄山閣、二〇〇一年
同右『謎とき本能寺の変』講談社現代新書、二〇〇三年
同右『証言 本能寺の変』八木書店、二〇一〇年
藤本正行『本能寺の変』洋泉社、二〇一〇年
堀新『日本中世の歴史7 天下統一から鎖国へ』吉川弘文館、二〇一〇年
同右『織豊期王権論』校倉書房、二〇一一年
三鬼清一郎『織豊期の国家と秩序』青史出版、二〇一二年

第七章

笠谷和比古『関ヶ原合戦』講談社学術文庫、二〇〇八年

同右『関ヶ原合戦と近世の国制』思文閣出版、二〇〇〇年
桐野作人『関ヶ原島津退き口』学研M文庫、二〇一三年
白峰旬「フィクションとしての小山評定」『別府大学大学院紀要』一四、二〇一二年
同右「「小山評定」の誕生」『別府大学大学院紀要』一六、二〇一四年
同右『新解釈　関ヶ原合戦の真実』宮帯出版社、二〇一四年
同右「いわゆる小山評定についての諸問題」『別府大学大学院紀要』一九、二〇一七年
高橋明「奥羽越の関ヶ原支戦」公益財団法人福島県文化振興財団編『直江兼続と関ヶ原』戎光祥出版、二〇一四年
徳富蘇峰『近世日本国民史　徳川家康㈠』講談社学術文庫、一九八一年
布谷陽子「関ヶ原合戦の再検討」『史叢』七三、二〇〇五年
藤田恒春『豊臣秀次』吉川弘文館、二〇一五年
堀越祐一「五大老・五奉行は、実際に機能していたのか」日本史史料研究会編『秀吉研究の最前線』洋泉社、二〇一五年
本多隆成「小山評定の再検討」『織豊期研究』一四、二〇一二年
同右『徳川家康と関ヶ原の戦い』吉川弘文館、二〇一三年
同右「「小山評定」再論」『織豊期研究』一七、二〇一五年
水野伍貴『秀吉死後の権力闘争と関ヶ原前夜』日本史史料研究会、二〇一六年

光成準治『関ヶ原前夜』ＮＨＫブックス、二〇〇九年
矢部健太郎『敗者の日本史12　関ヶ原合戦と石田三成』吉川弘文館、二〇一三年
同右『関白秀次の切腹』ＫＡＤＯＫＡＷＡ、二〇一六年
山本博文『島津義弘の賭け』中公文庫、二〇〇一年

終章

小澤実編『近代日本の偽史言説』勉誠出版、二〇一七年
斉藤光政『偽書「東日流外三郡誌」事件』新人物文庫、二〇〇九年
須藤眞志『ハル・ノートを書いた男』文春新書、一九九九年
テレンス・ハインズ著、井山弘幸訳『ハインズ博士「超科学」をきる』化学同人、一九九五年
長山靖生『偽史冒険世界』ちくま文庫、二〇〇一年
秦郁彦『陰謀史観』新潮新書、二〇一二年
原田実『江戸しぐさの正体』星海社新書、二〇一四年
藤原正彦『日本人の誇り』文春新書、二〇一一年

呉座勇一（ござ・ゆういち）
1980（昭和55）年、東京都に生まれる。東京大学文学部卒業。同大学大学院人文社会系研究科博士課程修了。博士（文学）。専攻は日本中世史。現在、国際日本文化研究センター助教。2014年『戦争の日本中世史』（新潮選書）で第12回角川財団学芸賞受賞。『応仁の乱』（中公新書）は47万部突破のベストセラーとなった。他著に『一揆の原理』（ちくま学芸文庫）、『日本中世の領主一揆』（思文閣出版）がある。

本書は書き下ろしです。

陰謀《いんぼう》の日本中世史《にほんちゅうせいし》

呉座勇一《ござゆういち》

2018年 3月10日　初版発行
2018年 4月 5日　再版発行

発行者　郡司 聡
発　行　株式会社KADOKAWA
〒102-8177　東京都千代田区富士見2-13-3
電話　0570-002-301（ナビダイヤル）

装 丁 者　緒方修一（ラーフイン・ワークショップ）
ロゴデザイン　good design company
オビデザイン　Zapp!　白金正之
印 刷 所　暁印刷
製 本 所　BBC

角川新書

ISBN978-4-04-082122-1 C0221